»Die *Gesta Romanorum* sind eine Sammlung von Erzählungen, Legenden und Anekdoten, von Geistlichen mit moralischen Nutzanwendungen versehen, welche im späten Mittelalter in ganz Europa als unterhaltende und erbauliche Lektüre sehr verbreitet waren. … Gewählt wurde natürlich nicht nach moralischen Werten, sondern rein nach der Schönheit der Erzählungen, wobei weder auf die Liebhaber von Pikanterien noch auf prüde Seelen besonders Rücksicht genommen wurde.« *Hermann Hesse*

Dieser Band versammelt eine von Hermann Hesse vorgenommene Auswahl aus dem großen Märchen- und Legendenbuch, das als eines der bedeutendsten Volksbücher des europäischen Mittelalters gilt und bis heute eine wahre Fundgrube für all diejenigen ist, die sich für den Reichtum europäischer Erzähltradition begeistern.

Hermann Hesse, am 2. Juli 1877 in Calw/Württemberg als Sohn eines baltendeutschen Missionars und der Tochter eines schwäbischen Indologen geboren, 1946 ausgezeichnet mit dem Nobelpreis für Literatur, ist am 9. August 1962 in Montagnola bei Lugano gestorben.

Seine Bücher, Romane, Erzählungen, Betrachtungen, Gedichte, politischen, literatur- und kulturkritischen Schriften sind mittlerweile mit einer Gesamtauflage von 100 Millionen Exemplaren in aller Welt verbreitet und haben ihn zum meistgelesenen europäischen Autor des 20. Jahrhunderts in den USA, Japan und Korea gemacht.

insel taschenbuch 4145

Gesta Romanorum

GESTA ROMANORUM

Das älteste Märchen- und Legendenbuch des christlichen Mittelalters

AUSGEWÄHLT VON HERMANN HESSE

Insel Verlag

Der Text der vorliegenden Ausgabe folgt der
1915 im Insel Verlag erschienenen Übersetzung von J. G. T. Graesse.
Umschlagabbildungen: Pierre Justin Ouvrié,
Das Schloss von Pierrefonds, 1863, Foto: akg-images; ullstein Bild

Erste Auflage 2012
insel taschenbuch 4145
Insel Verlag Berlin 2012

Vertrieb durch den Suhrkamp Taschenbuch Verlag
Umschlag: bürosüd, München
Satz: Hümmer GmbH, Waldbüttelbrunn
Druck: CPI – Ebner & Spiegel, Ulm
Printed in Germany
ISBN 978-3-458-35845-9

GESTA ROMANORUM

ZUR EINFÜHRUNG

Die *Gesta Romanorum* sind eine Sammlung von Erzählungen, Legenden und Anekdoten, von Geistlichen mit moralischen Nutzanwendungen versehen, welche im späteren Mittelalter in ganz Europa als unterhaltende und erbauliche Lektüre sehr verbreitet waren. Ursprünglich waren wohl alle diese Geschichten, wie der Titel sagt, der römischen Geschichte und Sage entnommen, mit der Zeit kam eine Reihe von späteren Anekdoten und Heiligenlegenden hinzu.

Der Verfasser oder Kompilator sowie die Heimat dieses seltsamen und einflußreichen Buches ist unbekannt.

Es gibt nicht viele wichtige Werke der älteren Literatur, über welche so viel geforscht und geschrieben wurde und über die man doch so erstaunlich wenig weiß. Für Mutmaßungen ist hier nicht der Ort; es sei darum in kürzesten Worten das Wenige mitgeteilt, was wir über die *Gesta Romanorum* wirklich wissen.

Die älteste Handschrift der lateinischen *Gesta Romanorum* ist englischer Herkunft und stammt aus dem Jahre 1342. Von da bis zu Beginn des 16. Jahrhunderts finden sich sehr zahlreiche, meist lateinische Handschriften, die alle untereinander sehr stark abweichen, daneben einige englische und deutsche Übersetzungen oder Nachbildungen, die zum Teil Neues enthalten, während die Übersetzungen in andre Sprachen nur Wiedergaben der lateinischen Texte sind. Man nimmt nun an, die *Gesta* seien nach 1300 in England oder Deutschland entstanden; über den Urheber ist nichts bekannt, die paar gelehrten Vermutungen hierüber sind ohne Überzeugungskraft. Gewiß ist nur, daß das moralische Anekdotenbuch sich überall, besonders aber in Deutschland, einer großen Beliebtheit erfreute, sehr viele Male abgeschrieben, bearbeitet, gedruckt wurde.

Mit der Reformation verschwindet es allmählich, und ein Teil seiner beliebtesten Stoffe ging in die damaligen frühen Fassungen der sogenannten deutschen Volksbücher über. Von der Mitte des 16. Jahrhunderts an, wenn nicht früher, scheinen die *Gesta* rasch in Vergessenheit gesunken zu sein.

Die Übersetzung, die wir vorlegen, stammt von Johann Georg Theodor Graesse und ist zuerst im Jahre 1842 erschienen. Versuchsweise habe ich auch eine alte deutsche Übersetzung, aus dem 15. Jahrhundert, verglichen. Aber es schien mir für einen Dichter unsrer Tage keine wünschenswerte Aufgabe, eine archaisierende Nachbildung jenes alten deutschen Textes herzustellen; auch scheint mir die Übersetzung Graesses durchaus lesbar, treu und gar nicht ohne Reiz zu sein, und so begnügte ich mich mit einer Auswahl aus Graesses Text. Gewählt wurde natürlich nicht nach moralischen Werten, sondern rein nach der Schönheit der Erzählungen, wobei weder auf die Liebhaber von Pikanterien noch auf prüde Seelen besonders Rücksicht genommen wurde. Die Auswahl der Erzählungen, die Schaffung zahlreicher neuer Überschriften und die schonende Kürzung einiger weniger allzu umfangreicher Geschichten stellen meine persönliche Arbeit dar; alles übrige ist wörtlich von Graesse übernommen. Gelehrte der neueren Zeit, unter denen Oesterley als bester Kenner genannt sei, haben gelegentlich ein wenig mißachtend über Graesse gesprochen; ihr Urteil mag gerecht sein, soweit es den Graesseschen Mutmaßungen über Herkunft und Autor der *Gesta* gilt – über seine Übersetzung wüßte ich nur Lobendes zu sagen.

Die lateinische Literatur des deutschen und englischen Mittelalters ist überaus wenig mehr bekannt. Die langen moralischen Anhängsel einstiger mönchischer Herausgeber habe ich zum Teil weggelassen. Hingegen sei es mir erlaubt, in dieser neuen Auflage des Buches nun auch die Schlußsätze meines Vorwortes wegzulassen, in welchen ich von »jenen dunkeln Jahrhunderten«, aus welchen die *Gesta* stammen, etwas oberflächlich gesprochen habe. Inzwischen hat sich nicht nur bei mir, sondern in der ganzen geistigen Welt eine Wandlung vollzogen, wir sehen Welt und Geschichte in neuen Zusammenhängen, und Werte sind uns sichtbar geworden, welche früher jenseits unsres Horizontes lagen. Als das schönste Zeichen und Zeugnis dieser Wendung sei hier das Buch eines Jünglings mit Anerkennung genannt, »Die Welt des Mittelalters und wir« von P. L. Landsberg. Auch Spenglers Werk hat mir viele neue Betrachtungsmöglichkeiten gezeigt.

Montagnola, im Juni 1923
Hermann Hesse

DER KLARE BACH

Es war ein König Otto, in dessen Reiche ein leichtsinniger Priester lebte, der gar häufig seine Untergebenen beunruhigte und einen gar großen Anstoß bei vielen gab. Nun war aber einer unter seinen Pfarrkindern, der niemals bei der Messe sein wollte, wenn jener sie feierte. Da geschah es an einem Feiertage, daß er gerade zur Zeit der Messe auf dem Felde spazieren ging und so dürstete, daß es ihm vorkam, als wenn er sterben müsse, könnte er nicht seinen Durst löschen. Nun begab es sich aber, daß er beim Gehen an einen gewissen Bach vom klarsten Wasser kam, aus dem er, sobald er ihn erblickt hatte, sogleich zu schöpfen und tüchtig zu trinken begann. Als er aber davon gekostet hatte, so bekam er immer größeren Durst, je mehr er trank; darüber wunderte er sich und sprach zu sich selbst: ›Ich will die Quelle dieses Bächleins aufsuchen, damit ich aus ihr trinke.‹ Während er aber hin spazierte, da begegnete ihm ein sehr schöner Greis und sprach zu ihm: »Mein Lieber, wo gehst du hin?« Der aber sprach: »Ich empfinde einen unglaublichen Durst: ich fand ein Wasserbächlein, aus welchem ich trank, und je mehr ich trank, desto durstiger ward ich. Darum suche ich die Quelle dieses Bächleins, auf daß ich aus ihr trinke, ob ich vielleicht so meinen Durst löschen mag.« Da sagte der Greis: »Siehe, hier ist die Quelle, aus welcher das Bächlein herauskommt; aber sage mir doch, warum du nicht mit den andern Christen die Messe hörst?« Der aber antwortete: »Herr, wahrhaftig, unser Pfarrer führt ein abscheuliches Leben, und ich glaube, daß er nicht eine lautere und gottgefällige Messe feiert.« Hierauf sprach der Greis: »Mag es so sein, wie du sagst; aber hier ist die Quelle, aus welcher das süße Wasserbächlein entspringt, aus dem du getrunken hast.« Da sah sich jener um und erblickte einen räudigen Hund mit offnem Maule, durch dessen Zähne und geöffneten Rachen auf wunderbare Weise der Springquell herausquoll. Als er das deutlich erkannt hatte, da erschrak er sehr und wurde bestürzt; er schauderte am ganzen Leibe und wagte aus Ekel nicht zu trinken und dürstete doch außerordentlich. Dies sah der Greis und sprach zu ihm: »Fürchte dich nicht, weil du aus diesem Bache getrunken hast: das wird dir keine Beschwerden verursachen.« Als jener das hörte, so trank er, löschte seinen Durst und sprach: »O Herr, nie hat ein Mensch so süßes Wasser getrunken.« Da sagte der Greis: »Siehe, gleichwie dieses Wasser durch das Maul dieses räudigen Hundes fließt und doch seine eigentümliche Farbe und Geschmack behält, nicht beschmutzt oder verändert wird, so, mein Lieber, ist es mit der Messe, die durch einen unwürdigen Priester gefeiert wird. Und darum, wie sehr dir auch der Lebenswandel solcher Priester mißfallen mag, sollst du dennoch ihre Messe hören.« Als der Greis das gesagt hatte, verschwand er, und jener offenbarte andern, was er gesehen hatte, und hörte nachher mit Frömmigkeit die Messe und brachte dieses vergängliche und unbeständige Leben zu einem seligen Ende: worauf er von diesem dem Untergange unterworfenen Leben zu einem unveränderlichen geführt wurde. Dieses aber möge uns allen gewähren Jesus Christus, Mariä Sohn.

VON EINER UNLAUTERN LIEBE

Es gab einen Kaiser, der eine schöne Frau hatte, welche er gar sehr liebte. Diese empfing aber im ersten Jahre ihrer Ehe und gebar einen Sohn, welchen sie als Mutter gar sehr liebte und sogar jede Nacht in einem Bette mit ihm schlief. Als er aber drei Jahre alt war, da starb der König, und über den Tod desselben erhob sich ein großes Wehklagen. Auch die Königin beweinte seinen Tod viele Tage; als sie ihn aber dem Grabe übergeben hatte, da lebte sie in einem gewissen Schlosse und hatte ihren Sohn bei sich. Sie liebte aber den Knaben so, daß sie seine Gegenwart nicht entbehren konnte, und beide schliefen beständig beisammen, bis der Knabe das achtzehnte Jahr überschritten hatte. Und als der Böse eine so große Liebe zwischen einer Mutter und ihrem Sohne sah, da reizte er sie zu einer Gottlosigkeit, so daß der Sohn seine Mutter erkannte. Die Königin aber empfing alsbald; aber als sie schwanger war, da verließ ihr Sohn das Reich aus Betrübnis und begab sich in ferne Weltteile. Indessen gebar die Mutter, als ihre Stunde gekommen war, einen sehr schönen Knaben; allein kaum sah sie ihn geboren, als sie ihn auch ermordete, indem sie ihm die Kehle abschnitt. Es fiel aber Blut aus der Kehle des Kleinen auf die linke Hand der Königin, und es wurden vier runde Kreise von dieser Gestalt: o o o o. Die Königin aber konnte durch keine Kunst diese Kreise von ihrer Hand wegbringen, und darum scheute sie sich so, daß sie beständig einen Handschuh trug, damit diese Kreise nicht zu sehen wären. Nun war diese Königin gar sehr der heiligen Jungfrau ergeben, schämte sich aber so sehr, daß sie von ihrem eigenen Sohne ein Kind bekommen und dasselbe getötet hatte, daß sie deshalb durchaus nicht beichten wollte, und beichtete allezeit nur fünfzehn ihrer übrigen Sünden. Nun verteilte aber diese Königin aus Liebe zur heiligen Maria reichliches Almosen und wurde von allen geliebt und war bei allen angenehm. Nun begab es sich aber in einer Nacht, daß ihr Beichtvater vor seinem Bette auf den Knien lag und sein *Ave Maria* hersagte. Da erschien ihm die heilige Jungfrau und sprach: »Ich bin die Jungfrau Maria und habe dir etwas Geheimes zu verkündigen.« Darüber freute sich der Beichtiger sehr und sprach: »O teuerste Herrin, sage deinem Knechte, was dir gefällig ist.« Sie aber sprach: »Die Königin dieses Reichs ist dein Beichtkind, und doch hat sie eine Sünde begangen, welche sie dir aus allzu großer Scheu nicht zu entdecken wagt. Am morgenden Tage wird sie zu dir zur Beichte kommen, sage ihr von mir, daß ihre Almosen und Gebete vor das Angesicht meines Sohnes gekommen und von ihm angenommen worden sind. Ich befehle ihr aber, daß sie dir von jener Sünde beichte, welche sie heimlich in ihrer Kammer begangen hat, da sie ihren einzigen Sohn tötete. Ich habe für sie gebeten, und ihre Sünde ist ihr verziehen, wenn sie beichten will. Wenn sie sich aber bei deinen Worten nicht beruhigen will, so bitte sie, daß sie den Handschuh von ihrer Linken ablege, und du wirst auf ihrer Hand die begangene und nicht gebeichtete Sünde sehen; und wenn sie auch das nicht will, so ziehe ihr den Handschuh mit Gewalt ab.« Bei diesen Worten verschwand die Jungfrau Maria. Am Morgen aber beichtete die Königin demütig alle Sünden mit Ausnahme dieser einzigen. Als sie ihm aber alles, was ihr gefiel, gesagt hatte, da sprach ihr Beichtiger: »Herrin und geliebteste Tochter, die Leute sprechen vielerlei, warum du an deiner linken Hand einen Handschuh trügest: zeige mir kühnlich deine Hand, damit ich sehen kann, ob etwas an ihr verborgen ist, was Gott nicht gefällt.« Jene aber sprach: »Herr, meine Hand ist nicht gesund, und darum will ich sie Euch nicht zeigen.« Als er jedoch das hörte, da nahm er sie beim Arme, zog trotz dem, daß sie nicht wollte, ihr den Handschuh ab und sagte: »Herrin, fürchte dich nicht, die heilige Jungfrau Maria, welche dich zärtlich liebt, hat mir befohlen, also zu tun.« Als er aber die geöffnete Hand sah, erblickte er vier blutrote und runde Kreise: im ersten Kreise stand viermal *c c c c*, im zweiten viermal *d d d d*, im dritten viermal *m m m m* und im vierten viermal *r r r r*. Um die Kreise herum stand wie auf einem Petschaft eine rote Umschrift, die folgende Worte enthielt, und zwar zuerst um die vier *c*: »*Casu Cecidisti Carne Caecata*« (durch Zufall bist du gefallen, von fleischlicher Lust verblendet), bei den *d*: »*Daemoni Dedisti Dona Donata*« (du hast dich dem Bösen als Geschenk gegeben), bei den *m*: »*Monstrat Manifeste Manus Maculata*« (dies zeigt offenbar deine Hand mit den Flecken) und bei den *r*: »*Recedit Rubigo Regina Rogata*« (die roten Flecken gehen weg, wenn die Königin befragt worden ist). Als das die Königin gesehen hatte, fiel sie ihrem Beichtiger zu Füßen und beichtete demütig mit Tränen ihre begangene Sünde. Als sie nun Vergebung ihrer Sünden erhalten und Buße getan hatte, da entschlief sie nach wenigen Tagen in dem Herrn, und über ihren Tod erhob sich ein großes Wehklagen im Lande.

VOM LEBEN DES HEILIGEN ALEXIUS, DES KAISERS EUFEMIANUS SOHN

Es gab einen gewissen Kaiser, in dessen Reiche, d. h. dem römischen Staate, ein gewisser Jüngling Alexius lebte, der Sohn eines sehr edeln Römers namens Eufemianus und eines der Ersten am kaiserlichen Hofe. Diesen umgaben dreitausend Sklaven, die mit goldnen Gürteln umgürtet und seidnen Gewändern bekleidet waren. Es war aber der ebengenannte Eufemianus sehr barmherzig, und jeden Tag waren in seinem Hause drei Tafeln für Arme, Waisen, Fremde und Witwen gerüstet, welche er eifrig bediente; und um die neunte Stunde nahm er selbst mit frommen Männern sein Mahl in der Furcht des Herrn zu sich. Er hatte aber eine Frau namens Abael, welche gleiche Gottesfurcht und Gesinnung hegte. Da sie aber keinen Sohn hatten, so schenkte ihnen Gott auf ihr Bitten einen solchen, worauf sie sich fest vornahmen, von nun an in lauter

Keuschheit zu leben. Der Knabe ward also den Lehrern der freien Künste übergeben, um in ihnen unterwiesen zu werden. Als er nun in allen Künsten der Weltweisheit sich auszeichnete und schon zum männlichen Alter gekommen war, ward ein Mädchen aus der kaiserlichen Familie ausgewählt und mit ihm als Gattin verbunden. Nun kam die Nacht: in dieser beobachtete er mit seiner Vermählten erst ein geheimnisvolles Stillschweigen, dann aber begann sie der heilige Jüngling in der Furcht des Herrn zu unterweisen und gab ihr seinen goldenen Siegelring und die Spange seines Degengehenks, womit er umgürtet war, aufzuheben, indem er also sprach: »Nimm dies und bewahre es, solange es dem Herrn gefällt, und der Herr sei mit uns!« Hierauf aber begab er sich zum Meere, und als er heimlich ein Schiff bestiegen hatte, gelangte er bis Laodicäa und von da weiter nach Edessa, einer Stadt in Syrien, wo ein Bild unsres Herrn Jesus Christus, ohne menschliche Arbeit gemacht, auf einer Leinwand bewahrt wurde. Als er dahin gekommen war, verteilte er alles, was er mit sich gebracht hatte, an die Armen und fing an, in schlechten Kleidern mit andern Bettlern sich an die Pforte der Kirche Mariä, der Mutter Gottes, zu setzen. Von den Almosen aber behielt er nur so viel für sich zurück, als für ihn hinreichen mochte, das übrige aber schenkte er andern Armen. Sein Vater aber, der die Entfernung seines Sohnes schwer beweinte, sandte durch alle Teile der Welt seine Diener aus, auf daß sie ihn fleißig aufsuchen sollten. Als nun aber von diesen etliche zur Stadt Edessa gekommen waren, wurden sie zwar von ihm erkannt, allein, da sie ihn nicht erkannten, so teilten sie an ihn ebenso wie an die andern Armen Almosen aus, welches er annahm und Gott also dankte: »Herr, ich danke dir, daß du mich von meinen Sklaven Almosen empfangen läßt.« Die Diener nun kehrten zurück und meldeten, daß er nirgends gefunden werden könne. Seine

Mutter nun legte vom Tage seines Wegganges einen Sack auf den Boden ihres Schlafzimmers, wo sie wehklagend und weinend also sprach: »Hier will ich immer in Trauer verharren, bis ich meinen lieben Sohn wiederhaben werde.« Die Gemahlin desselben aber sprach zu ihrer Schwiegermutter: »Bis ich von meinem süßen Bräutigam hören werde, will ich wie eine Turteltaube bei dir bleiben.« Als nun aber Alexius in genannter Kirchenvorhalle siebzehn Jahre im Dienste Gottes verharrt hatte, da sprach das Bild der heiligen Jungfrau, welches dort war, zu dem Wächter des Tempels: »Laß den Mann Gottes hereinkommen, weil er würdig ist des Himmelreichs und der Geist des Herrn auf ihm ruht.« Als aber der Wächter nicht wußte, von wem sie sprach, sagte sie abermals zu ihm: »Der ist es, welcher draußen in der Halle sitzt.« Da ging der Wächter eilends hinaus und führte ihn in die Kirche. Als aber dieser Vorgang allen bekannt worden war und er von jeglichem verehrt zu werden begann, da entfernte er sich von dort, weil er irdischen Ruhm meiden wollte. Er bestieg aber ein Schiff, und da er nach Tarsus im Cilicien segeln wollte, kam das Schiff durch die Leitung Gottes, von Stürmen verschlagen, in den Hafen von Rom. Als Alexius dieses wahrnahm, sprach er zu sich selbst: ›Ich will unerkannt in dem Hause meines Vaters bleiben und niemandem lästig fallen.‹ Er begegnete aber seinem Vater, der aus dem Palaste kam und von einer Menge Diener umgeben war, und fing an, ihm laut nachzurufen: »Knecht Gottes, befiehl, daß ich, der ich fremd bin, in deinem Hause aufgenommen werde, und laß mich von den Brosamen deiner Tafel speisen, auf daß der Herr sich auch deines Sohnes, welcher in der Fremde ist, erbarmen wolle.« Als das der Vater gehört hatte, befahl er, ihn um seines Sohnes willen zu sich aufzunehmen, gab ihm in seinem Hause einen besonderen Platz, setzte ihm Speise von seiner Tafel vor und wies ihm einen eignen Diener an. Jener aber beharrte im Beten und kasteite seinen Leib mit Fasten, und die Diener des Hauses verspotteten ihn und gossen ihm häufig schmutziges Aufwaschwasser auf den Kopf; er aber war bei alledem gar sehr geduldig. So blieb denn Alexius siebzehn Jahre unerkannt im Hause seines Vaters, und als er sah, daß das Ende seines Lebens in der Nähe war, verlangte er Papier und Tinte und setzte seinen ganzen Lebenslauf auf. Am Sonntag aber nach der Feier der Messe ertönte in dem Allerheiligsten eine Donnerstimme vom Himmel herab: »Kommet zu mir alle, die ihr arbeitet und beladen seid!« Als das aber alle hörten, fielen sie auf ihr Antlitz nieder, und siehe da, die Stimme sprach zum zweiten Male: »Suchet den Mann Gottes, auf daß er für Rom bete!« Jene aber suchten und fanden nicht, und wiederum hieß es: »Suchet im Hause des Eufemianus!« Als der aber befragt wurde, sagte er, er wisse von nichts. Da kamen die Kaiser Arkadius und Honorius mit dem Papste Innozenz zu dem Hause des genannten Mannes, und siehe, die Stimme des Dieners von Alexius gelangte zu ihrem Herrn und lautete also: »Siehe zu, o Herr, ob das nicht unser Fremder sein mag, der ein Mann von hohem Alter und Geduld ist.« Da lief Eufemianus hin zu ihm, fand ihn aber schon verblichen, und sein Gesicht sah er gerötet wie eines Engels Antlitz, und er wollte das Papier, welches jener in der Hand hatte, nehmen, aber er konnte es nicht. Als er aber hinausging und dieses dem Kaiser und dem Papste hinterbracht hatte und jene zu ihm hineingetreten waren, sprachen sie: »Wir sind allzumal Sünder. Indessen führen wir das Steuerruder des Reichs und haben die gemeine Sorge für das Hirtenamt. Gib uns also das Papier, damit wir wissen, was auf demselben geschrieben steht.« Der Papst aber trat zu ihm, nahm das Papier in seine Hand und gab es alsbald wieder weg und ließ es vor allem Volke und seiner Umgebung und dem Vater desselben lesen. Als aber Eufemianus dieses hörte, fiel er, von großer Furcht bewegt, indem ihn seine Kräfte verließen, auf die Erde nieder. Als er aber wieder ein wenig zu sich gekommen war, zerriß er seine Kleider und fing an, die grauen Haare seines Hauptes und seinen Bart auszuraufen und sich selbst zu zerfleischen, stürzte auf seinen Sohn hin und rief aus: »Ach, mein lieber Sohn, warum hast du mich in solche Trauer versetzt und so viele Jahre lang in Seufzer und Klagen gestürzt! Ach, ich Elender, was sehe ich? Dich, den Beschützer meines Alters, auf der Bahre liegen und nicht mit mir sprechen! Ach, wie werde ich denn einen andern Tröster finden?« Die Mutter, als sie das hörte, wie eine Löwin, welche das Netz zerreißt, so mit zerrissenen Kleidern und aufgelöstem Haare, hob ihre Augen gen Himmel, und da sie vor der allzu großen Volksmenge nicht zu dem heiligen Leichnam gelangen konnte, rief sie laut aus: »Macht mir Platz, auf daß ich den Tröster meiner Seele erblicke, der aus meinen Brüsten getrunken hat!« Und als sie zu dem Leichnam gelangt war, legte sie sich über ihn und schrie: »Ach, mein liebster Sohn, Licht meiner Augen, warum hast du also an uns getan? Warum hast du so grausam an uns gehandelt? Du sahest deinen Vater und mich Elende in Tränen und zeigtest dich uns nicht; deine Sklaven beleidigten dich, und du ertrugst es!« Und immer wieder warf sie sich von neuem über den Leichnam, und bald streckte sie ihre Arme über ihn aus, bald betastete sie mit ihren Händen sein Engelsangesicht, küßte ihn und rief: »Weinet mit mir alle, die ihr hier seid, die ich den, der mein Einziger war, siebzehn Jahre lang in meinem Hause gehabt und nicht erkannt habe! Und die Sklaven haben ihn beschimpft und mit Fäusten ins Gesicht geschlagen. Ach, wer wird meinen Augen einen Tränenquell verleihen, damit ich Tag und Nacht den Schmerz meiner Seele ausweine?« Seine Gemahlin aber, angetan mit einem adriatischen Gewande, kam weinend gelaufen und sprach: »Wehe mir, die ich heute verwaist bin und als Witwe erscheine! Niemanden mehr habe ich, auf den ich meine Augen erheben, niemanden mehr, nach welchem ich blicken kann. Jetzt ist mir mein Spiegelbild geraubt, meine Hoffnung untergegangen; jetzt hat ein Schmerz begonnen, der kein Ende mehr hat.« Das Volk aber, als es solches hörte, weinte auf klägliche Weise. Darauf legten der Papst und die Kaiser den Leichnam auf eine anständige Bahre und führten ihn mitten durch die Stadt. Und dem Volke wurde verkündigt, der Mann Gottes, welchen die ganze Stadt suchte, sei gefunden worden, und alle eilten dem Zuge entgegen. Wenn aber ein Kranker jenen heiligen Leichnam berührte, wurde er alsbald geheilt: Die Blinden erhielten das Gesicht wieder, die Besessenen wurden ledig vom Bösen, und alle Gebrechlichen von jeder Unpäßlichkeit, wenn sie nur den Körper berührt hatten, hergestellt. Die Kaiser aber, als sie diese großen Wunder gewahrten, fingen an, selbst mit dem Papste die Bahre zu tragen, auf daß sie selbst von diesem heiligen Leibe geheiligt würden. Danach befahlen die Kaiser, eine Menge Silber und Gold auf den Straßen auszuwerfen, damit der große Haufen durch seine Liebe zum Gelde beschäftigt würde und den heiligen Leichnam zur Kirche bringen ließe. Das Volk aber vergaß seine Liebe zum Gelde und drängte sich mehr und mehr, den heiligen Leib zu berühren, so daß sie ihn endlich nur mit großer Mühe zum Tempel des heiligen Märtyrers Bonifatius führten, und indem sie dort sieben Tage lang im Lobe Gottes verharrten, erbauten sie ihm ein Denkmal aus Gold und kostbaren Edelsteinen, in welches sie den heiligen Leichnam mit großer Verehrung niederlegten. Aus dem Grabmale selbst aber duftete ein so süßer Geruch hervor, daß es wie voll von allen möglichen Gewürzen erschien. Er starb aber im Jahre des Herrn 328.

DER DIENER GUIDO

Ein gewisser Kaiser gab ein Gesetz, daß, wer ihm dienen wolle, einen Dienst erhalten solle, sobald er drei Schläge an die Pforte seines Palastes getan hätte, aus denen man erkennen könnte, daß er eine Anstellung begehre. Nun begab es sich aber, daß im römischen Reiche ein Armer war, mit Namen Guido. Als der von dem Gesetze gehört hatte, dachte er bei sich: ›Ich bin arm und aus schlechtem Geblüte entsprungen. Es ist besser für mich, in Dienst zu gehen und Reichtümer zu erwerben, als immer so in Dürftigkeit zu leben.‹ So trat er hin zu dem Palast und tat dem Gesetze gemäß drei Schläge an das Tor, und der Torwärter öffnete alsbald die Pforte und führte ihn hinein. Der aber beugte seine Knie und begrüßte den Kaiser, und der Kaiser sprach zu ihm: »Sage mir, mein Lieber, was verlangst du denn?« »Herr, einen Dienst.« Der Kaiser versetzte: »In welcher Anstellung verständest du wohl mir zu dienen?« Jener aber sagte: »Herr, ich bin in sechs Dienstleistungen erfahren. Zuerst verstehe ich den Leib eines großmächtigen Fürsten bei Tag und Nacht zu bewachen, sein Bett zu machen, ihm seine Speisen zu bereiten, seine Füße zu waschen. Mein zweiter Dienst besteht aber darin: Ich verstehe zu wachen, wenn andere schlafen, und zu schlafen, wenn andere wachen. Meine dritte Fertigkeit besteht aber darin, daß ich verstehe, einen guten Trank zu kosten und nach dem Geschmacke über jedweden Trank mein Urteil abzugeben. Mein viertes aber ist, daß ich die Leute zur Ehre des Wirtes zum Schmause einzuladen weiß. Meine fünfte Dienstleistung aber liegt darin, daß ich es verstehe, Feuer ohne Rauch anzumachen und dabei die Umstehenden und Sitzenden zu erwärmen. Mein sechster Dienst ist: Ich verstehe den Leuten einen guten Weg nach dem Gelobten Lande zu zeigen, auf welchem sie gesund wieder nach

Hause kommen können.« Da sagte der Kaiser: »Das sind ja schöne Fähigkeiten, die vielen Nutzen bringen, also sollst du bei mir bleiben, und zuerst will ich mit dir in bezug auf meinen eigenen Leib einen Versuch anstellen: Du sollst mich in diesem Jahre bewachen.« Jener aber versetzte: »Herr, ich bin bereit, Eurem Willen Genüge zu tun.« Guido machte aber jede Nacht auf ziemlich anständige Weise sein Bett, wusch und wechselte öfter die Bettwäsche, lag jede Nacht gewaffnet vor dem Eingange des Schlafzimmers, indem er ein kleines Hündlein bei sich hatte, einen tüchtigen Beller, auf daß, wenn er ja durch irgendeinen Zufall eingeschlafen wäre und jemand plötzlich käme, er durch das Bellen des Hundes geweckt würde. Einmal in jeder Woche wusch er ihm die Füße und diente ihm in allem so klug und mannhaft, daß durchaus in keinem Stücke ein Mangel an ihm entdeckt werden konnte. Darum lobte ihn aber auch der Kaiser in allem gar sehr, und als das Jahr geendigt war, machte er ihn zu seinem Seneschall, auf daß er seinen Dienst erfülle, nämlich: Ich verstehe zu wachen. Als aber dieser Guido also angestellt war, da arbeitete er den ganzen Sommer hindurch und wachte und besorgte alles Notwendige für den Winter. Wie aber der Winter kam und andere anfingen zu wachen und zu arbeiten, da ruhte er selbst aus und schlief und erfüllte so seine Dienstpflicht: Ich weiß zu wachen, wenn andere schlafen. Als das der Kaiser gesehen hatte, wie gar klug er diese beiden Anstellungen versehen hatte, freute er sich sehr, rief seinen Mundschenken und sprach zu ihm: »Mein Lieber, gießet in meinen Becher Essig, den allerbesten Wein und Most und gebt ihn dem Guido zu trinken, denn das ist sein dritter Dienst. Denn er versteht sich darauf, einen guten Trunk zu kosten.« Und also geschah es. Als aber Guido gekostet hatte, sprach er: »Er war gut, er ist gut und wird gut sein, denn das Sprichwort heißt: der Most wird gut sein, der Wein ist gut, der Essig war gut.« Als aber der Kaiser gesehen hatte, wie klug er über den Trunk geurteilt hatte, sprach er zu ihm: »Mein Lieber, geh durch meine Länder und Kriegslager und lade alle meine Freunde zu mir zu einem Gastmahl ein, weil das Fest der Geburt unseres Herrn in der Nähe ist, und das soll deine vierte Dienstleistung sein.« Jener aber sprach: »Herr, ich bin bereit.« Er ging also durch die Lager und Reiche und lud auch nicht einen einzigen Freund des Kaisers ein, sondern alle Feinde desselben, so daß am Abend des Geburtsfestes unseres Herrn der kaiserliche Hof ganz voll von seinen Feinden war. Als aber der Kaiser alle seine Feinde zusammen sah, da regten sich alle seine Eingeweide, er rief den Guido und sprach: »Mein Teuerster, hast du mir nicht gesagt, du verstündest auf eine anständige Weise die Leute zu Tische zu bitten?« Jener versetzte: »Freilich, Herr!« Da erwiderte ihm der Kaiser: »Und ich habe dir ja gesagt, du möchtest alle meine Freunde zu mir laden, und du hast meine Feinde gebeten.« Jener aber sagte: »Herr, es möge mir vergönnt sein, mich zu verantworten. Zu welcher Zeit oder zu welcher Stunde im Jahre deine Freunde zu dir kommen mögen, stets werden sie mit Freuden empfangen. Mit jenen aber ist es nicht so, weil sie deine Feinde sind. Darum habe ich sie hierher geführt, auf daß sie durch deine freundliche Miene und dein gutes Weib aus Feinden deine Freunde werden mögen.« Und also geschah es, daß, ehe noch das Gastmahl zu Ende war, alle seine Freunde geworden waren. Der Kaiser aber freute sich sehr und sprach: »Mein Lieber, der Herr sei dafür gesegnet, alle meine Feinde sind mir zu Freunden geworden: Erfülle jetzt deine fünfte Dienstanerbietung und mache mir und meinen Freunden Feuer ohne Rauch.« Jener aber sprach: »Herr, ich bin bereit.« Was tat aber Guido? Er legte im Sommer Holz in die Sonnenhitze, das so ausgetrocknet war, daß es alsbald zu glühen anfing und sogleich eine

Flammenglut ohne Rauch gab, so daß der Kaiser mit allen seinen Freunden erwärmt wurde. Dann sprach der Kaiser zu Guido: »Nun ist noch dein letzter Dienst übrig, und wenn du den auf kluge Weise erfüllt hast, werde ich dich zu Reichtum und Ehren bringen.« Jener aber sprach: »Herr, so viele nur nach dem Gelobten Lande ziehen wollen, die mögen mir zum Ufer des Meeres folgen.« Männer, Weiber und Kinder, als sie das hörten, folgten ihm nun in beinahe ungeheurer Anzahl. Als er aber dort angelangt war, sprach er zum Volke: »Ihr Lieben, seht ihr im Meere das, was ich sehe?« Jene aber sagten: »Das wissen wir nicht.« Er jedoch versetzte: »Seht, im Meere steht ein großer Felsen, erhebet eure Augen und schauet hin!« Jene aber sagten: »Herr, wir sehen ihn deutlich genug, aber warum du das sagst, wissen wir nicht.« Jener aber sprach: »Auf jenem Felsen ist ein gewisser Vogel, der beständig auf seinem Neste sitzt und immer sieben Eier darin hat, an denen er sich gar sehr ergötzt. Die Natur des Vogels aber ist eine solche, daß, solange er auf dem Neste sitzt, das ganze Meer ruhig ist; wenn es sich aber zuträgt, daß der Vogel vom Neste wegfliegt, dann wird das Meer so unruhig, daß, wenn da jemand über das Meer fahren wollte, er ohne Zweifel bald versinken müßte; allein solange er auf dem Neste sitzt, wenn da jemand hinüberfährt, wird er ohne Gefahr gehen und zurückkommen.« Und jene sagten: »Wie werden wir aber wissen können, wenn der Vogel auf seinem Neste sitzt und wenn nicht?« Jener aber sprach: »Er verläßt sein Nest nur aus einer einzigen Ursache. Denn es gibt einen andern Vogel, der sein Feind ist und Tag und Nacht daran arbeitet, sein Nest zu beschmutzen und seine Eier zu verletzen. Wenn aber der Vogel, der im Neste sitzt, sich beschmutzt oder sein Nest zerstört sieht, fliegt er alsogleich vor Schmerz aus seinem Neste auf, macht das Meer unruhig und erregt die furchtbarsten Stürme, und dann dürft ihr auf keine Weise das

Meer zu betreten eilen.« Jene aber sagten: »Herr, was für ein Mittel kann dagegen angewendet werden, auf daß der Vogel, der jenem feind ist, sich dem Neste nicht nähere und wir so folglich sicher hinüberkommen können?« Jener aber sprach: »Es gibt unter dem Himmel keine Sache, welche jener feindselige Vogel so haßt, als das Blut eines Lammes. Bestreichet das Nest von außen und innen mit dem genannten Blute, und solange auch nur ein Tropfen jenes Blutes übrig ist, wird der jenem feindliche Vogel niemals wagen, seinem Neste zu nahe zu kommen; dann wird das Meer ruhig und friedlich sein, und ihr werdet zum Gelobten Lande sicher kommen und zurückkehren können.« Als sie das hörten, nahmen sie Lammblut, bestrichen das Nest inwendig und auswendig damit, gingen zum Gelobten Lande, und alle kamen gesund und wohlbehalten wieder nach Hause. Der Kaiser aber, welcher sah, daß jener alle Geschäfte so klug erfüllt hatte, erhob ihn zu Kriegsämtern und großem Reichtum.

DER KRIEGER JULIANUS

Es war einst ein Krieger, Julianus genannt, der, ohne es zu wissen, seine beiden Eltern tötete. Denn als dieser edle junge Mann an einem gewissen Tage der Jagd pflegte und einen aufgespürten Hirsch verfolgte, wendete derselbe sich plötzlich nach ihm um und sprach: »Du, der du mich verfolgst, wirst der Mörder deines Vaters und deiner Mutter sein!« Als jener das gehört hatte, fürchtete er sich sehr, daß ihm das begegnen möchte, was er von dem Hirsche vernommen hatte. Er verließ deshalb alle, ging hinweg und kam in eine weit entfernte Gegend und schloß sich da an einen gewissen Fürsten an. Hier benahm er sich denn auch so wacker im Felde und im Palaste, daß ihn der Fürst zu einem Kriegsobersten machte, ihm die Witwe eines Kastellans zur Ehe gab und er somit ihr Schloß als Mitgift empfing. Die Eltern Julians aber, die wegen des Verlustes ihres Sohnes in großer Trauer allwegen sich herumtrieben und aufs eifrigste ihren Sohn suchten, gelangten endlich an das Schloß, wo Julianus war. Als nun die Gemahlin Julianus' sie erblickt und, weil jener nicht zu Hause war, sie befragt hatte, wer sie wären, und jene alles, was ihrem Sohne begegnet war, erzählt hatten, so merkte sie, daß diese die Eltern ihres Mannes sein müßten, insofern sie diese Dinge oft schon von ihrem Manne gehört hatte. Also nahm sie dieselben freundlich auf, und aus Liebe zu ihrem Manne überließ sie ihnen ihr eignes Bett und ließ für sich selbst an einem andern Orte eins zurechtmachen. Am frühen Morgen aber ging die Kastellanin zur Kirche, und siehe da, auch Julianus kam früh in ihr Schlafzimmer, um seine Frau zu wecken, und als er bei seinem Eintreten zwei Personen beieinander liegen fand, vermutete er, es müssen seine Frau mit ihrem Buhlen sein, zog stillschweigend sein Schwert und burchbohrte beide zugleich. Da er aber vor das Haus trat, sah er seine Frau aus der Kirche kommen, wunderte sich sehr und fragte sie, wer die wären, welche in ihrem Bette schliefen. Jene aber sprach: »Es sind Eure Eltern, welche Euch so lange gesucht haben; diese habe ich in unser Schlafzimmer gebettet.« Als der das hörte, fiel er beinahe tot vor Schrecken zur Erde nieder und fing an, bitterlich zu weinen und zu sagen: »Weh mir Elendem, was soll ich machen, der ich meine teuern Eltern getötet habe? Und siehe, so erfüllt sich das Wort des Hirsches; ich wollte ihm entgehen, und gerade so habe ich Unglücklicher es wahr gemacht. Lebe jetzt wohl, süße Schwester, denn fürder will ich nicht ruhen, bis ich weiß, ob Gott meine Reue angenommen hat.« Sie aber sprach zu ihm: »Liebster Bruder, es sei ferne, daß du mich verlässest und ohne mich wegziehest, sondern da ich teil an deinen Freuden gehabt habe, will ich auch Anteil an deinen Schmerzen haben.« Hierauf begaben sie sich zusammen hinweg an einen großen Strom, wo viele Personen in Lebensgefahr zu kommen pflegten, und erbauten da ein großes Hospiz, auf daß sie dort Buße täten und alle, die es wollten, unverzüglich über den Fluß setzten und alle Armen in ihrem Hospiz aufnähmen. Nach langer Zeit aber, als einst um Mitternacht Julianus ermüdet eingeschlafen und gerade eine grimmige Kälte war, vernahm er eine kläglich schreiende Stimme, welche ihn mit traurigem Tone anflehte, sie herüberzuholen. Als er das gehört hatte, stand er alsbald auf, fand einen Menschen, der fast schon vor Kälte erstarrt war, trug ihn in sein Haus, machte ein Feuer an und suchte ihn zu erwärmen; allein er konnte durchaus nicht warm werden, und weil Julianus fürchtete, er möchte ihm unter den Händen sterben, so trug er ihn in sein Bett und deckte ihn fleißig zu. Nach kurzer Zeit aber stieg der, welcher ihm erst krank und aussätzig erschienen war, von glänzendem Licht umgeben zum Himmel auf und sprach also zu seinem Wirte: »Juliane, der Herr hat mich zu dir gesendet und mir aufgetragen, dir kundzutun, daß er deine Buße angenommen hat und ihr beide in kurzem im Herrn entschlafen werdet.« Bei diesen Worten verschwand er, und Julianus mit seiner Gattin, reich an guten Werken und Mildtätigkeit, entschlief nach wenig Zeit in dem Herrn.

VON DER GOTTLOSEN LIST DER ALTEN WEIBER

Es gab eine Kaiserin, in deren Reich ein Kriegsmann lebte, der eine edle, keusche und ehrbare Frau hatte. Nun begab es sich aber, daß dieser Ritter eine Reise zu machen hatte; allein vorher sprach er zu seinem Weibe: »Ich lasse keinen Wächter bei dir, denn ich glaube, daß du eines solchen nicht bedarfst.« Hierauf rüstete er seine Begleitung aus und zog davon, seine Gattin aber blieb in ihrem keuschen Lebenswandel zu Hause. Nun begab es sich aber, daß sie sich von den Bitten einer ihrer Nachbarinnen bewegen ließ, in das Haus derselben zum Gastmahl zu kommen; und wie sie wieder in ihr eignes zurückkehrte, erblickte sie ein junger Mann, begann sie mit heißer Brunst zu lieben und sandte viele Boten zu ihr, weil er mit gleicher Wärme von ihr geliebt zu werden begehrte. Sie aber wies denselben zurück und verachtete ihn ganz und gar. Er aber, da er sich durchaus nicht beachtet sah, kränkte sich sehr und schwand dahin; dennoch ging er oft wieder nach ihr, allein er vermochte durchaus nichts zu erlangen, da ihn die Dame ganz und gar verachtete. Nun begab es sich aber, daß eines Tages der Jüngling traurig und bekümmert zur Kirche ging und ihm auf dem Wege eine alte Frau begegnete, die im Geruche der Heiligkeit stand. Als die den jungen Mann so traurig sah, befragte sie ihn um die Ursache so großen Kummers; er aber sprach: »Was nützt es mir, dir das zu erzählen?« Jene aber versetzte: »Du mußt deine Wunde aufdecken, wenn du die Hilfe des Arztes erwartest. Zeige mir also die Ursache deines so großes Schmerzes an, und mit Gottes Hilfe werde ich dich heilen.« Als das der Jüngling gehört hatte, entdeckte er ihr, wie er sich in jene Dame verliebt habe. Da sagte die Alte: »Gehe schnell in dein Haus, ich will dich binnen kurzer Zeit heilen.«

Als sie das gesprochen hatte, eilte der Jüngling nach Hause, die Alte aber kehrte gleichfalls in das ihrige zurück. Nun hatte die Alte eine gewisse kleine Hündin, welche sie zwei Tage zum Hungern nötigte; am dritten Tage aber gab sie dem ausgehungerten Hündlein Senfbrot zu fressen; als dieses aber dasselbe verzehrt hatte, tränten wegen der Bitterkeit desselben seine Augen den ganzen Tag über. Hierauf begab sich die Alte mit der Hündin zu dem Hause der Dame, welche der Jüngling so sehr liebte, und wurde sogleich, weil sie für eine Heilige geachtet wurde, mit großen Ehrenbezeigungen aufgenommen. Während sie nun aber einander gegenüber saßen, da sah die Dame den weinenden Hund, wunderte sich sehr und fragte nach der Ursache dieser Erscheinung. Da sprach die Alte: »O teuerste Freundin, wolltet mich nicht fragen, weswegen er weint und einen so großen Schmerz empfindet, den ich dir kaum mitteilen kann.« Die Dame aber forschte immer mehr und dringender, auf daß sie es sagen möchte. Da sprach die Alte zu ihr: »Diese Hündin war meine gar zu züchtige und ehrbare Tochter, in welche sich einst ein Jüngling sterblich verliebt hatte; sie war aber so keusch, daß sie seine Liebe ganz und gar zurückwies, weshalb der Jüngling, der sich gar zu sehr darüber betrübte, vor Schmerz starb, und für diese ihre Schuld hat nun Gott meine Tochter in das Hündlein verwandelt, welches du hier vor dir siehst.« Als die Alte so gesprochen hatte, fing sie an zu weinen und sagte: »So oft nun meine Tochter sich erinnert, was für ein schönes Mädchen sie war, so oft weint auch das Hündlein und läßt sich durch nichts trösten, ja, sie reizt alle vor gar zu heftigem Schmerz zum Weinen.« Als das die Dame hörte, dachte sie bei sich: ›O weh mir, mich liebt auf ähnliche Weise ein Jüngling und ist krank aus Liebe zu mir.‹ Und so erzählte sie den ganzen Hergang der Sache der Alten. Als die das gehört hatte, sprach sie: »O liebste Frau, wollet nicht die Liebe des Jünglings von Euch weisen, damit nicht auch Ihr vielleicht in eine Hündin verwandelt werdet wie meine Tochter, was ein unersetzlicher Schaden wäre.« Nun sprach die Dame zu der Alten: »O gute Frau, gebt mir einen guten Rat, auf daß ich nicht eine Hündin werde.« Sie aber sprach: »Schicket sogleich nach jenem Jüngling und tut ihm ohne weiteren Aufschub seinen Willen.« Aber jene versetzte: »Ich bitte Eure Heiligkeit, Ihr wollet Euch zu ihm aufmachen und ihn hierher mit Euch bringen, denn es könnte ein Aufsehen werden, wenn ein andrer zu ihm ginge.« Hierauf erwiderte die Alte: »Ich habe Mitleid mit dir und will ihn gern hierher führen.« Sie machte sich also auf den Weg, brachte den Jüngling mit, und dieser schlief bei der Dame. Und also beging die Frau der Alten wegen einen Ehebruch.

DER SCHUSS AUF DEN LEICHNAM

Es lebte einst ein sehr edler König, weise und reich, der eine ihm sehr teure Gattin hatte, die der ihm schuldigen Liebe uneingedenk drei Söhne außerhalb ihrer Ehe gebar, die beständig aufrührerisch gegen den König und demselben in nichts ähnlich waren. Nachher aber empfing sie aus dem Samen des Königs einen vierten Sohn, gebar und säugte ihn. Nun begab es sich aber, daß, als der Kreislauf seiner Tage geschlossen war, der König starb und sein königlicher Leib in einem Sarge verschlossen wurde. Da fingen nun nach seinem Tode die vier obengenannten Söhne an, um die Oberherrschaft im Reiche zu streiten. Endlich kamen sie darin miteinander überein: Sie wollten zu einem alten Krieger, der vormals Geheimschreiber des verstorbenen Königs gewesen war, gehen und sich einfach auf seine Entscheidung verlassen – und also geschah es. Als nun aber der Krieger sie geduldig angehört hatte, sprach er: »Höret meinen Rat! Und wenn ihr denselben werdet befolgt haben, wird alles gut sein. Es ist aber ersprießlich für euch, daß ihr den Leichnam des seligen Königs aus seinem Sarge herausnehmt und dann ein jeder von euch seinen Bogen und Pfeil in Bereitschaft hält; wer nun am tiefsten in den Leichnam hineinschießen wird, der soll sein Reich erhalten.« Dieser Rat gefiel ihnen, sie gruben den Leichnam aus seinem Ruheplatz aus und befestigten ihn an einem Baume. Der erste aber, welcher seinen Pfeil abschoß, verwundete die rechte Hand des Königs, weshalb man ihn beinahe schon zum alleinigen Erben und Herrn des Reichs ausrief. Der zweite aber schoß seinen Pfeil gewissermaßen voller Fröhlichkeit näher in das Gesicht hinein, woher er sich den Sieg mit größerer Gewißheit zuschrieb. Der dritte aber durchbohrte das Herz desselben und meinte nun, er werde vor seinen andern Brüdern auf das sicherste die Herrschaft ohne Widerstreit in Besitz nehmen können. Als nun aber der vierte zu dem Leichnam hintrat, seufzte er schwer und sprach mit kläglicher Stimme: »Weh mir, mein Vater, daß ich deinen Leichnam von deinen eignen Söhnen verwundet sehen muß; fern sei es von mir, daß ich nach dem Leibe meines Vaters, sei er nun lebendig oder tot, jemals schießen sollte.« Als er so gesprochen hatte, da hoben ihn die Fürsten des Landes und das ganze Volk miteinander auf ihre Schultern und setzten ihn als den wahren Erben und Herrn des Reiches auf den Thron seines Vaters; die andern drei aber wurden aller ihrer Würden und Reichtümer beraubt und aus dem Lande gejagt.

VON DEM ANDENKEN AN DEN TOD

Es gab einst einen gewissen Fürsten, der sich sehr an der Jagd ergötzte; nun begab es sich einmal, daß, als er zum Jagen ausgezogen war, zufällig ein Kaufmann ihm auf derselben Straße nachfolgte, und da er den Fürsten erblickte, wie er schön, angenehm anzuschaun und mit kostbaren Gewändern bekleidet war, sprach er in seinem Herzen zu sich: ›O mein Herrgott, dieser Mann da liegt dir wohl sehr am Herzen; sieh, wie schön er ist, munter und angenehm anzusehn, und wie alle in seiner Umgebung anständig gekleidet sind.‹ Als er dies so bei sich gedacht hatte, sprach er zu einem von den Dienern des Fürsten: »Sage mir, mein Lieber, wer ist denn Euer Herr?« Der aber versetzte: »Er ist Herr über viele Länder und gar mächtig durch seinen Reichtum an Gold, Silber und Dienerschaft.« Da sprach der Kaufmann: »Der steht bei Gott wohl angeschrieben, denn er ist der Schönste und Weiseste von allen, die ich gesehn habe.« Wie jener das hörte, erzählt er im geheimen alle Worte des Kaufmanns seinem Herrn. Als nun der Herr gegen die Abendstunden nach Hause zurückkehrte, bat er den Kaufmann, bei ihm zu übernachten. Der unterstand sich nicht, dagegen etwas einzuwenden, sondern begab sich mit dem Fürsten in die Stadt. Als er nun das Schloß desselben betreten hatte, erblickte er so viele schöne, mit Gold ausgemalte Zimmer und so viele Reichtümer, daß er sich gar sehr wunderte. Wie nun die Stunde des Abendessens da war, hieß der Fürst den Kaufmann sich neben seiner Gemahlin zu Tische setzen, und als dieser eine so schöne und liebenswürdige Dame erblickte, geriet er fast außer sich und sprach in seinem Herzen: ›O mein Gott, dieser Fürst hat alles, was sein Herz begehrt: eine schöne Frau und Tochter, Söhne und Diener mehr als zuviel.‹ Wie er noch so nachdachte, wurden vor die Fürstin und ihn Speisen gesetzt, und siehe, die kostbarsten Delikatessen wurden auf einem Totenkopfe serviert und vor die Dame hingestellt, und allen wurde im großen Saale von silbernen Schüsseln durch ihre Diener aufgewartet. Wie nun der Kaufmann einen Totenkopf vor sich sah, da bewegten sich alle seine Eingeweide, und er sprach in seinem Herzen: ›Weh mir, ich fürchte, an diesem Orte mein Leben einzubüßen.‹ Die Dame beruhigte ihn, so viel sie vermochte. Als nun aber die Nacht gekommen war, führte man ihn in ein anständiges Zimmer, wo er ein Bett bereitet fand, das mit Vorhängen umgeben war, und in einem Winkel des Gemachs große Kandelaber. Als er nun das Bett bestiegen hatte, verschlossen die Diener die Türe, und der Kaufmann blieb allein in dem Gemache zurück und betrachtete sich den Winkel, wo das Licht war, und sah zwei tote Menschen daselbst an den Armen aufgehängt. Wie er das gesehn hatte, ergriff ihn eine unerträgliche Furcht, so daß er durchaus nicht einschlafen konnte; des Morgens früh aber stand er auf und sprach: ›Weh mir! ich fürchte, ich muß heute neben jenen beiden hängen.‹ Als nun aber der Fürst aufgestanden war, ließ er den Kaufmann zu sich rufen und sprach: »Mein Lieber, wie gefällt es dir bei mir?« Der aber versetzte: »Mir gefällt alles recht wohl, außer daß man mich bei Tische auf einem Totenkopfe bediente, so daß ich unglaublichen Ekel empfand und nicht essen konnte. Als ich mich aber zu Bette gelegt hatte, sah ich zwei Jünglinge in einem Winkel des Gemachs aufgehängt, so daß mich eine so gewaltige Furcht ergriff, daß ich nicht schlafen konnte, und deshalb laßt mich um Gottes willen jetzt weiterziehen.« Da sprach der Fürst: »Mein Lieber, du sahst meine allzu schöne Frau und einen Totenkopf vor ihr. Der Grund ist folgender: Der, dessen Kopf da war, war einst ein edler Herzog, der meine Frau beredete und sie verführte. Kaum hatte ich sie aber einmal zusammen getroffen, ergriff ich mein Schwert und hieb ihm den Kopf ab. Darum nun setze ich zum Zeichen ihrer Beschämung jenes Haupt jeden Tag vor sie hin, um ihr die Sünde, welche sie begangen hat, wieder vor das Gedächtnis zu führen. Der Sohn des Getöteten hat jene zwei mir so nahe verwandten Jünglinge ermordet, die in jenem Gemache hängen. Darum nun besuche ich jeden Tag ihre Körper, auf daß ich immer hitziger werde, ihr Blut zu rächen. Wenn ich aber die Treulosigkeit meiner Gattin bedenke und den Tod jener Jünglinge vor mein Gedächtnis zurückführe, kann ich keine Freude mehr haben. Gehe also, mein Lieber, hin in Frieden und beurteile fürder nicht mehr nach dem Scheine das Leben eines Menschen, bevor dir nicht die vollständige Wahrheit bekannt worden ist.« Da nahm der Kaufmann Abschied von ihm und machte sich zu seinen Handelsgeschäften auf den Weg.

DER SCHMIED FOCUS

Titus herrschte im römischen Reiche und gab ein Gesetz, daß der Geburtstag seines Erstgeborenen von allen heilig gehalten werden sollte und daß, wer diesen Ehrentag seines Sohnes durch eine niedrige Arbeit beflecken würde, des Todes sterben müßte. Als er dieses Gesetz hatte bekanntmachen lassen, rief er seinen Meister Virgilius zu sich und sprach: »Mein Lieber, ich habe zwar ein solches Gesetz gegeben, allein demohngeachtet können doch oft im geheimen Vergehen begangen werden, zu deren Kenntnis ich nicht gelangen kann. Wir bitten dich also, daß du vermöge deiner Weisheit ein Mittel findest, durch welches ich diejenigen erkennen kann, welche gegen das Gesetz fehlen.« Jener aber sprach: »Herr, dein Wille geschehe.« Alsbald ließ Virgilius mitten in der Stadt durch seine Zauberkünste eine Bildsäule entstehen, welche dem Kaiser alle an jenem Tage heimlich begangenen Sünden sehen ließ, und also wurden auf die Anklage dieses Standbildes unendlich viele Menschen verurteilt. Nun gab es aber in der Stadt einen gewissen Handwerksmann, namens Focus, der an jenem Tage wie an den übrigen arbeitete. Als er aber einstmals auf seinem Lager hingestreckt lag, dachte er bei sich darüber nach, wie so viele Menschen durch die Anklage jener Bildsäule ums Leben kämen. Frühe nun stand er auf und begab sich zur Bildsäule und sprach also zu ihr: »O du Bildsäule du, viele Menschen werden auf deine Anklage hingerichtet! Ich gelobe aber meinem Gott, daß, so du mich verklagen wirst, ich dein Haupt zerbrechen werde!« Als er so gesprochen hatte, machte er sich wieder nach seinem Hause auf den Weg. In der ersten Stunde aber schickte der Kaiser nach seiner Gewohnheit seine Boten zu der Bildsäule, um sie zu befragen, ob jemand gegen das Gesetz getan hätte. Wie die aber zu der Bildsäule gekommen waren und ihr den Willen des Kaisers hinterbracht hatten, sprach diese: »Ihr lieben Leute, hebet eure Augen auf und sehet, was auf meiner Stirne geschrieben steht.« Wie jene aber ihre Augen in die Höhe erhoben hatten, erblickten sie auf ihrer Stirne ganz deutlich folgende drei Sätze: Die Zeiten ändern sich; die Menschen werden immer schlimmer; wer die Wahrheit sagen wird, wird seinen Kopf gebrochen sehen. »Gehet hin und meldet eurem Herrn, was ihr gesehen und gelesen habt.« Also machten sich die Boten auf und hinterbrachten ihrem Herrn alles. Als das der Kaiser gehört hatte, gebot er seinen Soldaten, sich zu waffnen und nach der Bildsäule zu gehen, und so gegen sein Geheiß irgend jemand etwas wider dieselbe vornähme, sollten sie ihn gefesselt an Händen und Füßen vor ihn führen. Die Soldaten begaben sich also zu jener Bildsäule und sprachen zu ihr: »Es gefällt dem Kaiser also, daß du ihm diejenigen anzeigst, welche gegen das Gesetz getan haben, und so auch, wer die waren, welche dich bedrohten.« Da sprach die Bildsäule: »Holet den Schmied Focus, denn dieser sündigt nicht allein alle Tage wider das Gesetz, sondern hat gegen mich auch Drohungen ausgestoßen!« Da ergriffen ihn jene und führten ihn vor den Kaiser. Da sprach dieser zu ihm: »Mein Lieber, was ist es, was ich von dir höre? Warum verletzest du denn das gegebene Gesetz?« Jener aber versetzte: »Herr, ich kann das Gebot nicht halten, denn ich brauche jeden Tag acht Denare, und ohne zu arbeiten, kann ich selbige nicht verdienen.« Da versetzte der Kaiser: »Und weshalb acht Denare?« Der aber sprach: »Ich bin gehalten, jeden Tag im Jahre zwei Denare zu bezahlen, die ich in meiner Jugend geliehen habe; zwei verleihe ich, zwei verliere ich, und zwei gebe ich aus.« Da sagte der Kaiser: »Du mußt dich hierüber deutlicher gegen mich aussprechen.« Darauf versetzte der Schmied: »Zwei Denare muß ich jeden Tag meinem Vater auszahlen, weil derselbe, da ich noch ein kleiner Knabe war, jeden Tag zwei Denare für mich ausgegeben hat. Nun befindet sich mein Vater jetzt in Dürftigkeit, also befiehlt mir meine Vernunft, daß ich ihm alle Tage zwei Denare gebe. Zwei andere Denare leihe ich meinem Sohne, der jetzt noch in der Lehre ist, auf daß, wenn es mir geschieht, daß ich in Armut gerate, er mir einst jene zwei Denare wiedergeben kann, wie ich es jetzt mit meinem Vater mache. Zwei andere Denare bezahle ich jeden Tag für meine Frau. Da diese mir aber entgegen, eigenwillig und hinterlistig ist, so verliere ich aus diesen drei Gründen alles, was ich ihr gebe. Zwei andere Denare endlich gebe ich für mich selbst in Speisen und Getränken aus. Leichter kann ich also auf gute Weise durchaus nicht durchkommen und ebensowenig diese Denare ohne beständige Anstrengung erhalten. Ihr habt jetzt meinen Grund gehört, fället also ein gerechtes Urteil.« Da sagte der Kaiser: »Mein Lieber, du hast dich gut verantwortet, gehe hin und arbeite treulich nach deiner Weise.« Nachher starb aber der Kaiser schnell, und der Schmied Focus wurde von allen wegen seiner Klugheit zum Kaiser erwählt, und er verwaltete auch sein Reich auf ganz verständige Weise; als er aber gestorben war, so wurde auch sein Bild mit unter den andern Kaisern abgezeichnet, über seinem Kopf aber seine acht Denare.

VON ALLZU GROSSEM HOCHMUT, UND WIE DIE STOLZEN OFT ZUR TIEFSTEN NIEDRIGKEIT GELANGEN

Es herrschte einst der gar mächtige Kaiser Jovinianus; als der einstmals auf seinem Bette ausgestreckt lag, da schwoll sein Herz unglaublich von Hochmut auf, und er sprach bei sich: ›Gibt es denn einen andern Gott als mich?‹ Wie er noch so dachte, ergriff ihn der Schlaf, und als er früh aufstand, rief er seine Krieger zusammen und sprach also zu ihnen: »Meine Lieben, es wird gut sein, Speise zu uns zu nehmen, denn ich bin gesonnen, heute auf die Jagd zu gehen.« Diese aber waren bereit, seinen Willen zu erfüllen, nahmen Speise zu sich und machten sich zur Jagd auf. Während aber der Kaiser ritt, ergriff ihn eine unerträgliche Hitze, und es kam ihm vor, als müsse er sterben, so er sich nicht in kaltem Wasser baden könne. Er schaute sich also um und erblickte in der Entfernung ein breites Gewässer. Er sprach also zu seinen Soldaten: »Bleibet hier, bis ich mich werde abgekühlt haben.« Hierauf gab er seinem Pferde die Sporen und sprengte eilig zu dem Wasser, sprang vom Pferde, legte alle Kleidungsstücke ab, trat ins Wasser und blieb so lange darin, bis er ganz abgekühlt war. Während er aber noch darin wartete, kam ein gewisser Mann herbei, der ihm in allem, in Gesicht und Gebärden ähnlich war, legte seine Kleider an, bestieg sein Roß und ritt zu den Kriegern desselben. Von allen wurde er wie der Kaiser selbst aufgenommen, und als das Spiel zu Ende war, machte er sich mit den Soldaten nach dem Palaste auf den Weg. Nachher kam nun aber Jovinianus schnell aus dem Wasser heraus, fand aber weder sein Pferd noch seine Kleider. Er wunderte sich hierüber gar sehr und ward sehr traurig; weil er nun aber nackt war und niemanden sah, dachte er bei sich: ›Was soll ich tun? Ich bin erbärmlich hintergangen worden.‹ Endlich kam er wieder zu sich und sprach: ›Hier in der Nähe wohnt ein Soldat, den ich zu einer Kriegsoberstenstelle erhoben habe; zu dem will ich hingehen und mir Kleider und ein Pferd verschaffen, und so will ich dann nach meinem Palaste reiten und zusehn, auf welche Weise und durch wen ich so umgetauscht worden bin.‹ Jovinianus machte sich also ganz nackend auf den Weg nach der Burg jenes Kriegers und klopfte an das Tor. Der Pförtner aber fragte nach dem Grunde seines Pochens, und Jovinianus sprach: »Öffnet das Tor und sehet, wer ich bin.« Der aber machte das Tor auf, und wie er ihn erblickt hatte, erstaunte er und sprach: »Wer bist du denn?« Der aber versetzte: »Ich bin der Kaiser Jovinianus; gehe hin zu deinem Herrn und sage ihm, daß er mir Kleider leihe; denn ich habe meine Kleidungsstücke und mein Pferd eingebüßt.« Der aber entgegnete: »Du lügst, schändlicher Spitzbube, denn bereits vor deiner Ankunft ist der Herr Kaiser Jovinianus mit seinen Kriegern auf dem Wege nach seinem Palaste hier vorbeigekommen; mein Herr hat ihn begleitet, ist aber bereits zurückgekehrt und sitzt jetzt bei Tische. Daß du dich aber einen Kaiser nennst, das will ich meinem Herrn melden.« Alsbald trat auch der Pförtner vor diesen und berichtete seinem Herrn die Worte desselben. Wie der das vernahm, befahl er alsbald, ihn hereinzuführen; und als ihn der Krieger betrachtet hatte, erkannte er ihn nicht, der Kaiser aber erkannte ihn recht wohl. Darauf sagte der Krieger: »Sage mir, wer bist du denn und wie ist dein Name?« Der aber antwortete: »Ich bin der Kaiser Jovinianus und habe dich zu der und der Zeit zu deiner Oberstenstelle erhoben.« Der aber sprach: »O du schändlicher Spitzbube, mit welcher Frechheit unterfängst du dich, dich einen Kaiser zu nennen? Denn eben ist mein Herr, der Kaiser, vor dir nach seinem Palast geritten; ich hatte mich ihm unterwegs angeschlossen und bin jetzt bereits zurückgekehrt. Daß du dich aber selbst einen Kaiser genannt hast, dafür sollst du nicht ohne Strafe wegkommen.« Hierauf ließ er ihn tüchtig durchhauen und nachher aus der Burg werfen. Wie der aber also gepeitscht und vertrieben war, da weinte er bitterlich und sprach: »O du mein Herrgott, wie ist das möglich, daß der Krieger, dem ich doch erst seine Oberstenstelle übertragen habe, mich nun nicht mehr kennt und mich so schrecklich hat auspeitschen lassen können?« Da fiel es ihm bei: ›Hier in der Nähe wohnt ja einer meiner Räte, ein Herzog; zu dem will ich mich auf den Weg machen und ihm meine Not kundtun. Durch den werde ich Kleider bekommen und in meinen Palast zurückkehren können.‹ Als er nun an das Tor des Herzogs gelangt war, pochte er an, und der Torwärter, wie er ein Klopfen hörte, schloß das Tor auf, und als er einen nackten Mann erblickte, wunderte er sich und sprach: »Mein Lieber, wer bist du denn, und weshalb bist du so nackend hierher gekommen?« Jener aber versetzte: »Ich bin der Kaiser und habe durch einen Zufall meine Kleider und mein Pferd eingebüßt und komme darum zu deinem Herzog, auf daß er mir in meiner Not beispringe; weshalb ich dich bitte, daß du meine Sache vor deinem Herrn führen mögest.« Als das der Türhüter gehört hatte, wunderte er sich, trat in den Palast und hinterbrachte alles seinem Herrn. Der Herzog aber versetzte: »Laß ihn hereinkommen!« Als er aber hereingeführt worden war, da erkannte ihn niemand, und der Herzog sprach zu ihm: »Wer bist du denn?« Und jener erwiderte: »Ich bin der Kaiser und habe dich zu Reichtum und Ehren gebracht, habe dich zum Herzog gemacht und dich zu meinem Rate bestellt.« Der Herzog aber sprach: »Elender Tollhäusler! Kurz vor deiner Ankunft bin ich mit meinem Herrn, dem Kaiser, nach seinem Palaste geritten und eben von da zurückgekehrt; daß du dir aber eine solche Ehre angemaßt hast, das soll dir nicht so leer ausgehen.« Hierauf ließ er ihn in ein Gefängnis einschließen und mit Wasser und Brot beköstigen, nachher aber aus dem Gefängnis herausziehen, tüchtig durchprügeln und danach aus seinem ganzen Lande jagen. Als der nun so verbannt war, da stieß er mehr Seufzer und Klagen aus, als irgend jemand glauben kann, und sprach bei sich: ›Weh mir, was soll ich tun, denn ich bin jetzt Schimpf und Schande des Pöbels geworden. Es wird besser für mich sein, nach meinem Palaste zu gehen, die Meinigen in demselben werden mich gewiß erkennen, und sollte auch dies nicht sein, so wird mich wenigstens meine Frau an gewissen Kennzeichen wiedererkennen.‹ Hierauf ging er allein zu seinem Palast, klopfte an das Tor, und wie der Pförtner ein Pochen vernahm, so öffnete er dasselbe. Als er ihn aber erblickt hatte, sprach er zu ihm: »Wer bist du denn?« Jener aber erwiderte: »Ich wundere mich, daß du mich nicht kennst, da du doch so lange Zeit bei mir gewesen bist.« Der aber sprach: »Du lügst! Lange bin ich bei meinem Herrn, dem Kaiser, gewesen.« Und jener versetzte: »Der bin ich eben, und so du meinen Worten glaubst, bitte ich dich um Gottes willen, daß du zur Kaiserin gehst und ihr sagst, sie möge mir bei diesen Zeichen meine kaiserlichen Gewänder senden, weil ich durch Zufall alle die meinigen verloren habe;

die Zeichen aber, welche ich ihr durch dich schicke, kennt außer uns beiden niemand auf Erden.« Da sprach der Torwärter: »Ich zweifle nicht, daß du toll bist, weil eben mein Herr, der Kaiser, in diesem Augenblick bei Tafel sitzt, und neben ihm die Kaiserin. Indessen will ich der Kaiserin berichten, daß du gesagt hast, du wärest der Kaiser, und ich bin gewiß, daß du hart bestraft werden wirst.« Der Pförtner machte sich also auf den Weg zur Kaiserin und meldete ihr alles, was er gehört hatte. Sie aber ward nicht wenig betrübt, wendete sich zu ihrem Herrn und sprach also: »O Herr, Ihr wisset, daß oft zwischen uns im geheimen merkwürdige Dinge vorgegangen sind. Nun berichtet mir diese ein liederlicher Kerl, der am Tore steht, durch den Pförtner und läßt mich durch diesen sagen, er sei der Kaiser.« Als das der Kaiser gehört hatte, befahl er, jener solle vor das Angesicht aller Anwesenden hereingeführt werden; und als er so nackt hereingebracht wurde, da sprang ihm ein Hund, der ihm vorher sehr zugetan gewesen war, nach der Kehle, um ihn zu erwürgen. Indessen wurde er daran von der Dienerschaft gehindert, so daß er weiter kein Leid von demselben erlitt. Ebenso hatte er einen Falken auf einer Stange, der, sobald er ihn erblickt hatte, alsbald seine Fesseln zerbrach und zum Saale hinausflog. Da sprach der Kaiser zu allen, die im Saale saßen: »Meine Teuern, höret meine Worte, die ich über jenen Landstreicher sagen werde. Sage mir, wer du bist und weshalb du hierher kommst?« Jener aber sprach: »O Herr, das ist eine wunderliche Frage. Ich bin der Kaiser und Herr dieses Ortes.« Da sagte der Kaiser zu allen denen, welche an der Tafel saßen und um dieselbe herumstanden: »Saget mir bei eurem Eid, den ihr mir geleistet habt, wer von uns ist euer Kaiser und Herr?« Da entgegneten jene: »O Herr, bei dem Eid, welchen wir Euch geleistet haben, wir haben hierauf eine leichte Antwort zu geben: Jenen Spitzuben haben wir niemals gesehen, Ihr aber seid unser Herr und Kaiser, den wir von Jugend auf gekannt haben, und darum bitten wir Euch einstimmig, daß jener gestraft werde, damit alle sich an ihm ein Beispiel nehmen und eine solche Anmaßung nicht wieder versuchen.« Darauf wendete sich der Kaiser zur Kaiserin und sprach: »Sage mir, meine Gebieterin, bei der Treue, welche du mir bewahrst: kennst du jenen Menschen, welcher sich Kaiser und deinen Herrn nennt?« Aber jene versetzte: »O lieber Herr, warum fragst du mich solches? Bin ich nicht länger als dreißig Jahre mit dir zusammengewesen und habe mit dir Kinder gezeugt? Eins jedoch ist, worüber ich mich wundere, wie nämlich jener Gauner zur Kenntnis der von uns vorgenommenen geheimen Angelegenheiten gelangt ist.« Hierauf sprach der Kaiser zu dem, der hereingeführt worden war: »Mein Lieber, wie konntest du es wagen, dich selbst für einen Kaiser auszugeben? Wir fällen den Urteilsspruch, daß du heute einem Pferde an den Schweif gebunden werdest, und wenn du noch einmal dich erfrechst, dergleichen zu äußern, werde ich dich zum schimpflichsten Tode verurteilen.« Hierauf berief er seine Trabanten zu sich und sprach: »Geht hin und bindet diesen an den Schwanz eines Pferdes, tötet ihn aber nicht.« Und also geschah es. Nachher aber bewegten sich, mehr als irgend jemand es glauben kann, die Eingeweide desselben, und gleichsam an sich selbst verzweifelnd, sagte er: ›Verflucht sei der Tag, an welchem ich geboren bin und mich meine Freunde verlassen haben! Meine Gattin und meine Söhne haben mich nicht erkannt.‹ Als er noch so sprach, da dachte er: ›Hier in der Nähe wohnt mein Beichtvater, zu dem will ich mich aufmachen; vielleicht daß er mich erkennen mag, da er ja öfters meine Beichte gehört hat.‹ Hierauf begab er sich zu dem Einsiedler und klopfte an das Fenster seiner Klause. Jener aber fragte: »Wer ist da?«, und er antwortete: »Ich bin es, der Kaiser Jovinianus. Öffne dein Fenster, auf daß ich mit dir reden kann.« Wie aber jener seine Stimme gehört hatte, öffnete er zwar das Fenster, als er ihn aber erblickte, schlug er dasselbe mit Gewalt wieder zu und sprach: »Hebe dich weg von mir, Vermaledeiter, denn du bist nicht der Kaiser, sondern der Teufel in Menschengestalt!« Wie er aber das hörte, stürzte er vor Schmerz auf den Boden, zerraufte die Haare auf seinem Haupte und seinen Bart und sprach: ›Wehe mir, was soll ich tun?‹ Bei diesen Worten erinnerte er sich, wie sein Herz neulich, als er auf seinem Bett ausgestreckt lag, vor Hochmut aufgeschwollen war und so gesprochen hatte: ›Gibt es denn einen andern Gott außer mir?‹ Alsbald pochte er an das Fenster des Einsiedlers und sprach: »Höret, ich bitte Euch, um des Gekreuzigten willen, bei verschlossenem Fenster meine Beichte.« Jener aber sprach: »Das ist mir ganz recht.« Der aber beichtete nun mit Tränen über sein ganzes Leben und vorzüglich, wie er sich über Gott selbst erhoben und gesagt habe, er glaube an keinen andern Gott als an sich selbst. Als nun aber Beichte und Absolution vorüber waren, öffnete der Einsiedler sein Fenster und erkannte ihn und sprach: »Gesegnet sei der Höchste, jetzt kenne ich dich; ich habe hier einige wenige Kleidungsstücke, die lege du an und gehe in deinen Palast, und dort, wie ich hoffe, werden sie dich erkennen.« Hierauf zog sich der Kaiser an, begab sich nach seinem Palast und klopfte an die Pforte desselben. Der Pförtner öffnete dieselbe alsbald und empfing ihn aufs ehrenvollste. Jener aber sprach: »Kennst du mich denn?«, und dieser erwiderte: »Ei wohl, Herr, sehr gut. Nur darüber wundere ich mich, daß ich den ganzen Tag hier gestanden habe und Euch nicht habe aus dem Hause gehen sehen.« Jener trat nun in den Versammlungssaal, und alle, die ihn erblickten, neigten ihr Haupt. Der andere Kaiser aber war bei seiner Frau. Ein Krieger aber, der aus dem kaiserlichen Gemach trat, schaute ihn genau an, kehrte hierauf in das Zimmer zurück und sprach: »Mein Herr, im Saale steht ein Mann, vor welchem sich alle verbeugen und ihm Ehre erweisen, und der ist Euch in allem so ähnlich, daß ich durchaus nicht weiß, welcher von euch beiden der Kaiser ist.« Wie das der Kaiser hörte, sprach er zu der Kaiserin: »Gehe hinaus und siehe zu, ob du ihn kennst.« Sie aber eilte hinaus, und als sie ihn erblickt hatte, verwunderte sie sich, eilte in das Gemach zurück und sprach: »O Herr, ich melde Euch einen zweiten an, wer aber von euch mein Herr ist, kann ich durchaus nicht unterscheiden.« Jener aber sprach: »Da das so ist, so will ich hinausgehn und die Wahrheit an den Tag bringen.« Als er aber in den Saal getreten war, faßte er jenen bei der Hand, ließ ihn neben sich treten, berief alle Krieger, welche im Saale waren, nebst der Kaiserin zu sich und sprach: »Bei dem Eide, welchen ihr mir geleistet habt, sagt mir jetzt, welcher von uns ist euer Kaiser?« Da antwortete zuerst die Kaiserin: »Mein Herr, mir liegt es ob, zuerst zu antworten; Gott aber in der Höhe sei mein Zeuge: ich weiß durchaus nicht anzuzeigen, wer von euch mein Herr ist«, und ebenso sprachen alle. Jener aber sprach: »Ihr Lieben, hört mir zu. Dieser hier ist euer Kaiser und Herr; er hat sich aber einstmals gegen Gott erhoben, und deswegen hat ihn Gott gezüchtigt, und die Kenntnis der Menschen ist von ihm gewichen, bis er seinem Gott Genugtuung geleistet hat. Ich aber bin sein Schutzengel und Wächter seiner Seele, der ich sein Reich verwaltet habe, solange er in der Buße war; nunmehr ist aber seine Buße vollendet, und er hat für seine Sünden Genugtuung gegeben, darum seid ihm gehorsam, und ich will euch Gott empfehlen.« Bei diesen Worten verschwand er alsbald aus ihren Augen; der Kaiser aber dankte Gott und lebte sein ganzes Leben in Frieden und weihte es Gott. Uns aber gebe dieser dasselbe.

DER WETTLAUF

Es war einst ein König, der eine einzige Tochter hatte, die war schön und reizend und hieß Rosimunda. Wie nun dieses Mädchen zu ihrem zehnten Lebensjahre gelangt war, war sie so geschickt im Laufen, daß sie eher an das Ziel gelangte, als irgend jemand sie einholen konnte. Der König ließ also in seinem ganzen Reiche ausrufen, daß, so jemand mit seiner Tochter einen Wettlauf machen wolle und eher als sie das Ziel erreiche, er sie zur Frau bekommen und nach seinem Tode auch das Reich erhalten solle. So aber jemand dieses unternehme und im Laufen besiegt würde, der müsse das Haupt verlieren. Wie diese Verkündigung ausgerufen worden war, da erboten sich unendlich viele, mit ihr zu laufen, aber alle, die mit ihr liefen, blieben hinter ihr zurück und verloren ihre Köpfe. Nun war damals im Lande ein gewisser armer Mann, des Name war Abbibas. Der dachte bei sich: ›Ich bin arm und aus gemeinem Blut entsprossen; wenn ich nun auf irgendeine Weise jenes Mädchen besiegen könnte, würde ich nicht allein vorwärts kommen, sondern auch alle aus meinem Geblüte.‹ Er versorgte sich demnach mit drei Hilfsmitteln: erstlich mit einem Rosenkranze, weil Mädchen dieselben gern haben; dann mit einem seidnen Gürtel, welchen sich alle Mädchen wünschen; drittens mit einem seidnen Beutel, in welchem ein vergoldeter Ball war, auf welchem folgende Aufschrift stand: ›Wer mit mir spielt, der wird nie dieses Spiel satt werden.‹ Diese drei Dinge steckte er in seinen Busen, ging nach dem Palaste und klopfte an. Der Pförtner war da und verlangte den Grund des Anklopfens zu wissen. Der aber sprach: »Ich bin bereit, mit der Prinzessin einen Wettlauf zu machen.« Wie die das hörte, öffnete sie ein Fenster, und als sie ihn erblickte, verachtete sie ihn in ihrem Herzen und sprach: ›Siehe, da ist ein elender Kerl, mit dem du laufen mußt.‹ Indessen konnte sie nichts dagegen einwenden, sondern bereitete sich zum Laufen. Beide liefen nun nebeneinander fort; allein bald kam ihm das Mädchen auf einen großen Zwischenraum zuvor, und wie das Abbibas bemerkte, warf er den Rosenkranz vor sie hin. Wie nun die Prinzessin den Kranz sah, bückte sie sich, hob den Kranz auf und setzte sich ihn auf den Kopf. Sie freute sich aber so über den Kranz, daß sie wartete, bis Abbibas ihr vorgekommen war. Als sie das sah, sprach sie in ihrem Herzen: ›Nie darf die Tochter meines Vaters mit einem solchen Landstreicher verbunden werden!‹ Alsbald warf sie den Kranz in eine tiefe Grube, lief ihm nach, und als sie ihn erreicht hatte, gab sie ihm eine Ohrfeige und sprach: »Bleib stehen, elender Kerl! Es geziemt sich nicht, daß mich der Sohn deines Vaters zur Frau erhält«, und alsogleich kam sie ihm vor. Wie das Abbibas gewahr wurde, warf er den seidnen Gürtel vor sie ihn, und als sie den erblickte, bückte sie sich, hob ihn auf, gürtete sich mit ihm und freute sich so über denselben, daß sie sich damit länger aufhielt, so daß sie Abbibas zum zweiten Male überholte. Als das die Prinzessin bemerkte, weinte sie bitterlich, nahm den Gürtel und riß ihn in drei Stücke, lief jenem hierauf nach, holte ihn ein, und als sie ihn erreicht hatte, hob sie die Hand, gab ihm eine Ohrfeige und sprach: »O Elender, du sollst mich nie zur Frau bekommen!« Alsbald holte sie ihn wieder ein; aber Abbibas, wie er das sah, wartete so lange, bis sie ihm ganz nahe war. Hierauf warf er den seidnen Beutel vor sie hin, und sie hatte denselben kaum erblickt, als sie sich auch bückte und den Beutel aufhob. Sie öffnete ihn und fand den vergoldeten Apfel darin, und als sie die Aufschrift las: ›Wer mit mir spielt, wird niemals dieses Spiel satt werden‹, fing sie dermaßen und so lange an, mit ihm zu spielen, bis Abbibas schneller zum Ziele gelangte und sie zur Frau bekam.

DER KLUGE UND DER DUMME RITTER

Es herrschte einst der kluge Maximianus, und in seinem Reiche waren zwei Ritter, der eine klug, der andre dumm, die sich beide gegenseitig sehr lieb hatten. Zu letzterem sprach der kluge: »Beliebt es dir, mit mir einen Bund zu machen? Dies wird uns von Nutzen sein.« Jener aber versetzte: »Das ist mir ganz recht.« Hierauf versetzte dieser: »Ein jeder von uns mag Blut aus seinem rechten Arm fließen lassen, ich will dein Blut trinken, und du magst mit dem meinen dasselbe tun, und so wird keiner von uns den andern weder im Glück noch Unglück verlassen, und was einer von uns gewonnen haben wird, davon soll der andre die Hälfte haben.« Jener aber entgegnete: »So ist es mir recht.« Sogleich tranken nun beide, nachdem sie sich Blut entzogen hatten, dasselbe voneinander und blieben nachher immer in einem und demselben Hause zusammen. Nun hatte aber der König zwei Städte erbaut, die eine auf der Spitze eines Berges, wo alle, so dahin kamen, einen Reichtum an Schätzen finden und daselbst ihr ganzes Leben verbleiben könnten. Es führte aber zu dieser Stadt ein enger und steiniger Weg, und auf diesem hielten drei Ritter mit einem großen Heere, und alle, so über jene Straße zogen, mußten entweder gegen diese kämpfen oder alles samt ihrem Leben verlieren. Auch hatte der König in jene Stadt einen Seneschall gesetzt, der ohne Ausnahme alle Ankommenden aufnehmen und nach Rücksicht ihres Standes herrlich bewirten sollte. Er hatte aber auch unter jenem Berge in einem Tal eine andre Stadt bauen lassen, zu welcher ein ebner und zum Gehen anmutiger Weg führte. Es lagen aber drei Ritter an jenem Wege, welche alle Vorübergehenden freundlich aufnahmen und nach eines jeden Gefallen bedienten. In der Stadt selbst aber hatte er auch einen Seneschall bestellt, der alle, welche in die Stadt oder in die Nähe derselben kamen, ohne Ansehen der Person ins Gefängnis werfen und sie sämtlich bei der Ankunft des Richters demselben vorführen mußte, der Richter sollte aber niemanden verschonen. Da sprach der kluge Ritter zu seinem Gesellen: »Mein Lieber, laß uns die Welt durchziehen, wie andre Ritter, und wir werden viele Güter erwerben können, von denen wir anständig leben mögen.« Darauf entgegnete jener: »Also gefällt es mir auch.« Hierauf zogen beide auf einer Straße, bis sie an einen Kreuzweg kamen; da sprach der Kluge: »Mein Lieber, wie du siehst, sind hier zwei Wege: der eine führt zu einer prächtigen Stadt, wenn wir ihn einschlagen, werden wir zu jener Stadt gelangen, in welcher wir alles, was unser Herz begehrt, erhalten werden. Da ist aber eine andere Straße, welche nach einer andern Stadt hinführt, welche in einem Tale erbaut ist: gehen wir diese, wird man uns gefangen nehmen, ins Gefängnis stecken, vor den Richter führen und dieser uns an den Galgen aufhängen lassen. Ich rate also dazu, diesen letztern Weg liegen zu lassen und den andern zu gehen.« Darauf erwiderte der Dumme: »Mein Lieber, schon lange hörte ich von diesen zwei Städten: Allein der Weg zu der auf dem Berge gelegenen Stadt ist schmal und sehr gefährlich, und an demselben lagern drei Ritter mit einem Heere, welche alle, die dahin ziehen, überfallen, töten und plündern; der andre Weg ist eben, und auf demselben befinden sich drei Ritter, welche alle, die denselben betreten, freundlich aufnehmen, und alles Nötige findet sich da. Und alles dieses sehe ich ganz deutlich, und darum glaube ich meinen Augen mehr denn dir.« Darauf sprach der kluge Ritter: »Obgleich der eine Weg schlecht zu gehen ist, so ist doch der andre, wenn man an das Ende desselben denkt, noch weit schlechter: denn er führt uns zu ewiger Schmach, und von da werden wir zum Galgen geschleppt werden. Nun fürchtest du dich aber, des Kampfes und der Wegelagerer wegen, auf der andern Straße zu gehn. Das ist aber für dich eine ewige Schande, weil du ein Ritter bist und es den Rittern zukommt, gegen ihre Feinde zu streiten. Wenn du aber anders mit mir diese Straße ziehen willst, verspreche ich dir heilig, vor dir her in den Kampf zu gehn, und so viel ihrer auch sein werden, du wirst durch sie hindurchkommen, wenn du mich unterstützest.« Jener aber entgegnete: »Amen, ich sage dir, auf diesem Wege will ich nicht gehen, sondern vielmehr auf jenem.« Da sprach der Kluge: »Da ich dir mein Wort verpfändet und zum Zeichen der Treue dein Blut getrunken habe, werde ich dich nicht allein gehn lassen, sondern mit dir ziehen.« Beide schlugen nun diesen Weg ein und fanden unterwegs nach ihrem Gelüste vielerlei Annehmlichkeiten, bis sie an die Herberge jener drei Ritter kamen, von welchen sie mit großen Ehrenbezeigungen aufgenommen und prächtig bewirtet wurden. Bei jeder Erquickung sprach aber der dumme Ritter zu dem klugen: »Mein Lieber, habe ich es dir nicht vorhergesagt, wie viel und wie große Ergötzlichkeiten wir auf dieser Straße genießen, die wir alle auf der andern hätten entbehren müssen.« Jener aber antwortete: »Ende gut, alles gut, das hoffe ich aber nicht.« Sie brachten nun einige Zeit bei diesen Rittern zu; als aber der Seneschall dieser Stadt vernahm, daß zwei Ritter gegen das Gebot des Königs in der Nähe der Stadt wären, schickte er gleich seine Trabanten ab, auf daß sie sie fingen und zur Stadt führten. Als sie aber der Seneschall in Augenschein genommen hatte, ließ er den Dummen an Händen und Füßen gebunden in eine Grube werfen, den andern aber in einen Kerker sperren. Wie nun der Richter in die Stadt kam, wurden alle Missetäter aus derselben vor sein Angesicht gebracht, und unter andern auch diese beiden Ritter. Da sprach der Kluge zum Richter: »Herr, ich klage gegen meinen Gesellen, denn der ist die Ursache meines Todes.

Ich habe ihm das Gesetz dieser Stadt vorhergesagt, sowie die Gefahren, und doch wollte er auf keine Weise meinen Worten trauen und sich bei denselben beruhigen und meinem Rate Folge leisten, sondern antwortete mir: ›Ich traue meinen Augen mehr als deinen Reden.‹ Da wir nun durch Wort und Schwur miteinander verbunden waren, mochten wir im Glück oder Unglück sein, und ich ihn allein sich auf den Weg machen sah, so habe ich meines Eides wegen mich ebenfalls hierher begeben, und darum ist er jetzt schuld an meinem Tode. Fälle also einen gerechten Urteilsspruch!« Da entgegnete der andre, dumme Ritter dem Richter: »Dieser da ist gerade die Ursache meines Todes, denn es ist der ganzen Welt bekannt, daß er weise ist, und ich von Natur aus dumm bin. Nun hätte er aber wegen seiner Weisheit nicht so leichtsinnig meiner Dummheit sich fügen sollen. Wäre jener mir aber nicht gefolgt, als ich mich allein auf den Weg machte, so würde ich auf den Weg, welchen er gehen wollte, zurückgekommen und mit ihm marschiert sein, des Eidschwurs wegen, welchen ich ihm geleistet habe. Darum nun, weil jener weise ist, ich aber dumm bin, so ist er die Ursache meines Todes.« Darauf entgegnete der Richter beiden, und zwar zuerst dem klugen Ritter: »Du Kluger, der du so leichtsinnig seiner Dummheit nachgabst und ihm folgtest, und du Dummer, der du den Worten des Klugen nicht geglaubt, sondern deine eigene Dummheit durchgeführt hast, ihr sollt beide nach meinem Urteil an den Galgen gehängt werden.« Und also geschah es.

DAS REINE HEMD

Einst herrschte der weise Gallus, der wollte einen Palast erbauen; nun lebte aber in seinem Reiche ein gar scharfsinniger Baumeister, mit welchem der Kaiser hinsichtlich dieses Baues abschloß. Es war aber zu derselben Zeit in jenem Reiche ein Ritter, der eine schöne Tochter hatte. Wie der die Klugheit des Baumeisters bemerkt hatte, dachte er bei sich: ›Dem will ich doch meine Tochter zur Frau geben, er wird sie gewiß durch seine Klugheit und Kunstfertigkeit in eine glänzende Lage versetzen.‹ Er berief ihn also zu sich und sprach zu ihm: »Mein Lieber, verlange von mir, was du willst, und ich will es dir geben, wenn es mir möglich ist, damit du nur meine Tochter zur Frau nimmst.« Jener aber entgegnete: »Das ist mir ganz recht.« Sie vereinigten sich bald miteinander, und der Baumeister heiratete sie. Hierauf rief die Mutter des Mädchens ihren Schwiegersohn zu sich hinein und sprach also zu ihm: »Mein Sohn, jetzt hast du meine Tochter zum Weibe genommen. Hier ist ein Hemd, welches, wie du siehst, sehr schön ist; das will ich dir geben.« Sie fuhr also fort: »Dieses Hemd besitzt die Tugend, daß es dein ganzes Leben hindurch nicht gewaschen zu werden braucht, nicht zerreißt, nicht zerfällt, noch seine Farbe verändert, solange zwischen dir und meiner Tochter treue Liebe herrscht. So aber, was fern sein möge, einer von euch sein eheliches Gelübde verletzt, wird das Hemd alsbald alle seine Vorzüge verlieren.« Wie das der Baumeister hörte, freute er sich sehr, nahm das Hemd in Empfang und sprach: »O Mutter, was für ein spaßhaftes Schutzmittel hast du mir gegeben! Keiner von uns beiden wird nunmehr die Ehe brechen können, ohne daß davon durch dieses Hemd die vollständigste Kunde herauskäme.« Wenige Tage nachher wurde der Baumeister zum Palaste des Königs berufen, um den neuen Palast zu erbauen; er nahm das Hemd mit sich, ließ aber seine Frau zu Hause, und blieb so lange bei dem König, bis der Palast vollendet war. Während er aber mit seiner Arbeit beschäftigt war, wunderten sich viele, daß das Hemd immer rein und weiß blieb, und der König selbst sprach zu ihm: »Meister, ich bitte dich, daß du mir sagst, wie es möglich ist, daß, während du in fortwährender Arbeit beschäftigt bist, dein Hemd, ohne gewaschen zu werden, in seiner Reinheit und Weiße verbleibt.« Jener aber versetzte: »Wisse, teuerster Herr, daß, solange wir, ich und meine Frau, uns treu in unsrer Liebe bleiben, mein Hemd nicht gewaschen zu werden braucht; allein wenn unser eheliches Gelübde verletzt worden wäre, würde es gerade wie alle andere Leinwand der Wäsche bedürfen.« Als dies ein Ritter gehört hatte, dachte er bei sich nach: ›Wie wäre es, wenn ich machen könnte, daß dein Hemd gewaschen werden müßte?‹ Er machte sich also nach dem Hause des Baumeisters ohne Wissen desselben auf den Weg, um dessen Frau zur Sünde zu reizen. Diese nun nahm ihn freundlich auf, und er klopfte bei ihr wegen eines ungesetzmäßigen Liebesverhältnisses mit ihr an. Darauf versetzte sie: »Solcherlei Liebe verlangt, daß wir allein sind, komm mit mir!«, und damit führte sie ihn in ihr Kämmerlein. Kaum hatte sie ihn aber hineingeführt, so ging sie hinaus, schloß die Türe ab und sprach: »Hier mußt du warten, bis ich Zeit habe, dich loszulassen.« Jeden Tag besuchte ihn nun die Dame und beköstigte ihn mit Wasser und Brot. Er aber ließ es nicht an Bitten fehlen, sie solle ihn doch gehen lassen, allein sie gestattete es nicht. Nachher kamen bald noch zwei andere Ritter vom Hofe des Königs zu ihr, einer nach dem andern, um sie zu verführen; allein es gelang ihnen nicht, sondern sie sperrte dieselben in dasselbe Gemach ein und erhielt sie mit Wasser und Brot. Dort blieben sie nun viele Tage, und es entstand wegen dieser drei Ritter ein Gefrage und eine

Bewegung am Hofe des Königs, wo sie hingekommen seien. Als nun der Palast vollendet war, kam der Baumeister, nachdem er seinen Lohn empfangen hatte, nach Hause, und seine Frau, die sich nicht wenig freute, nahm ihn mit großen Ehren auf und erkundigte sich fleißig, wie er sich befinde. Er aber beantwortete ihr alles gar wohl, und sie sah sich nun sein Hemd an, und wie sie dasselbe ganz rein fand, sprach sie: »Gesegnet sei unser Gott, an dem Hemd erkenne ich, daß zwischen uns noch eine wahrhafte Liebe besteht.« Darauf sprach er zu ihr: »Meine Liebe, als ich noch mit dem Bau des Palastes beschäftigt war, kamen drei Ritter, einer nach dem andern, zu mir und fragten mich wegen des Hemdes, wie es so, ohne gewaschen zu werden, in seiner ganzen glänzenden Weiße bleiben könne, und ich habe ihnen die Wahrheit gesagt. Was aber nachher aus ihnen geworden ist, weiß ich durchaus nicht, obwohl wegen ihrer Entfernung am Hofe des Königs viel Nachforschungen angestellt worden sind.« Da sprach sie: »Herr, jene drei Ritter, von denen die Rede ist, sind zu mir gekommen und haben mir vieles versprochen, wenn ich ihnen zu Willen sein wollte; aber auf keine Weise war ich willens, so etwas zu begehen, sondern habe sie in meinem geheimen Kämmerlein eingeschlossen und bis jetzt mit Brot und Wasser genährt.« Wie das der Baumeister hörte, freute er sich über die Treue seiner Gattin, rettete diese Ritter vom Tode und ließ sie frei ihre Straße ziehen; sie beide aber verharrten bis an das Ende ihres Lebens in wahrer Liebe.

DER GOLDNE APFEL

Es war einst ein König, der hatte nur einen einzigen Sohn, welchen er sehr zärtlich liebte. Nun ließ der König mit großen Unkosten einen goldenen Apfel machen, und als dieser fertig geworden war, da wurde der König zum Tode krank, berief seinen Sohn zu sich und sprach: »Mein Lieber, wenn ich aus dieser Krankheit nicht davonkommen kann, so gehe mit meinem Segen nach meinem Tode durch alle Länder und Burgen und nimm den goldnen Apfel, den ich habe machen lassen, mit dir, und wen du als den größten Toren antreffen wirst, dem gib den Apfel in meinem Namen.« Der Sohn nun versprach, das Geheiß seines Vaters getreulich zu erfüllen, der König aber wendete sich nach der Wand um und gab seinen Geist auf. Der Sohn ließ ihn hierauf auf das ehrenvollste begraben, nahm nach dem Begräbnis desselben den Apfel und zog durch verschiedene Länder und Schlösser, traf zwar und erblickte viele törichte Leute, jedoch gab er keinem den Apfel. Nachdem aber machte er sich nach einem gewissen Reiche auf den Weg, kam zu der Hauptstadt desselben und sah den König mit großem Gepränge mitten durch die Stadt reiten. Er befragte sich nun bei einigen Bürgern um die Verhältnisse dieses Landes, und jene sagten ihm: »Es ist die Gewohnheit in diesem Reiche so, daß nie ein König bei uns anders zur Regierung gelassen wird, als daß er nach Verlauf eines Jahres, aller Würden und Schätze beraubt, in die Verbannung getrieben wird, wo er eines elenden Todes sterben muß.« Wie das der Königssohn hörte, dachte er bei sich: ›Jetzt habe ich gefunden, was ich lange suchte.‹ Er begab sich also zum König, begrüßte ihn mit gebogenen Knien und sprach zu ihm: »Heil sei dir, o König! Mein Vater ist mir gestorben und hat Euch in seinem Testamente diesen goldenen Apfel vermacht.« Der König aber nahm den Apfel und sprach zu ihm: »Mein Lieber, wie kann das möglich sein? Der König hat mich niemals gesehen, noch habe ich deinem Vater irgend etwas Gutes erwiesen, weshalb er mir ein so kostbares Spielwerk hätte geben sollen.« Darauf entgegnete jener: »Mein Herr König, mein Vater hat Euch den Apfel ebensogut vermacht wie einem andern, aber er hat mir bei seinem Segen aufgegeben, diesen Apfel dem größten Toren zu geben, welchen ich finden könnte. Ich bin nun, wie Ihr nicht zweifeln werdet, durch viele Königreiche und Schlösser gezogen, habe aber noch keinen so argen Toren und Narren angetroffen als Euch, weshalb ich Euch nach seinem Geheiß den Apfel übergeben habe.« Darauf sagte der König: »Ich bitte dich, mir zu sagen, weshalb du mich für einen solchen Toren ansiehst?« Jener aber antwortete: »Siehe Herr, das will ich klar beweisen. Es ist die Gewohnheit dieses Landes, daß jemand ein ganzes Jahr hindurch König ist, am Ende desselben aber aller seiner Ehren und Reichtümer beraubt und in die Verbannung getrieben wird, wo er eines erbärmlichen Todes sterben muß. Amen, nun sage ich Euch, daß ich aus diesen meinen Worten abnehme, wie es in der ganzen Welt keinen so argen Dummkopf geben kann, als Ihr seid, der nur eine so kurze Zeit hindurch König sein und nachher so elend sein Leben beschließen soll.« Darauf entgegnete der König: »Ohne Zweifel ist alles wahr, was du mir gesagt hast, und darum werde ich, solange ich noch im gegenwärtigen Jahre im Besitze meiner Macht bin, unermeßliche Reichtümer vor mir her in das Land meiner Verbannung senden, damit ich, wenn ich dahin komme, von jenen Gütern, solange ich lebe, leben kann.« Und also geschah es: Er wurde am Schlusse des Jahres der Regierung beraubt und in die Verbannung geschickt, wo er aber noch viele Jahre von jenen Gütern lebte und sein Leben in Frieden beschloß.

VON DER EINTRACHT

Es begab sich einstens in einer Stadt, daß darin zwei treffliche Ärzte lebten, in jeglicher Wissenschaft der Heilkunst wohlunterrichtet, welche alle, die zu ihnen kamen, von jeglicher Krankheit heilten, so daß das Volk durchaus nicht wußte, welcher von ihnen der bessere sei. Nun erhob sich aber mittlerweile zwischen ihnen selbst ein Streit, welcher von ihnen größer und vollkommener sei. Da sprach einer zum andern: »Mein Lieber, nicht mögen zwischen uns Zwietracht, Neid oder Streit darüber sein, wer von uns der Vollkommenere ist, sondern wir wollen eine Sache unternehmen, und wer von uns dabei einen Fehler macht, der möge der Diener des andern sein.« Darauf sprach der andre: »Sage mir, was ist denn das?« Und jener sprach: »Ich will deine zwei Augen, ohne daß es dir weh tut, aus deinem Kopfe nehmen und auf deinen Tisch legen; und so es dir beliebt, werde ich sie, ohne dich zu verletzen, wieder einsetzen. Wenn du aber an mir in allem dasselbe tust, dann sind wir beide einander gleich, und ein jeder von uns möge den andern wie seinen Bruder ernähren. So aber jemand hierbei einen Fehler macht, der soll des andern Diener sein.« Jener aber entgegnete: »Das ist eine herrliche Probe und gefällt mir in allem sehr wohl.« Der aber, welcher diese Untersuchung vorgeschlagen hatte, nahm seine Instrumente und bestrich mit einer edlen Salbe die äußern und innern Teile unter den Augen des andern, zog dann mit seinem Instrumente beide Augen seines Gesellen heraus und legte sie auf den Tisch. Hierauf sprach er zu seinem Gesellen: »Mein Lieber, wie befindest du dich jetzt?« Und jener entgegnete: »Eins weiß ich, daß ich nichts sehe und keine Augen mehr habe, aber keine Verletzung empfinde. Indessen wünschte ich wohl, daß du mir meine Augen, wie du versprochen hast, wieder einsetztest.« Und jener entgegnete: »Das will ich sehr gerne tun.« Hierauf nahm er seine Salbe, bestrich wie früher die innern und äußern Teile der Augen und setzte selbige wieder ein. Und hierauf sagte er: »Mein Lieber, wie geht es denn jetzt?« Und jener antwortete: »Sehr gut, denn ich habe beim Ausnehmen derselben keine Verletzung gefühlt.« Darauf sprach jener: »Nun ist nur noch übrig, daß du mir denselben Dienst erweisest.« Der andre aber versetzte: »Ich bin bereit.« Er nahm hierauf seine Instrumente und Salben und bestrich damit, wie jener es getan hatte, die innern und äußern Teile der Augen, nahm dieselben heraus, legte sie auf den Tisch und sprach: »Mein Lieber, was meinst du dazu?« Und jener antwortete: »Es kommt mir so vor, als hätte ich meine Augen verloren und keinen Schmerz empfunden, indessen möchte ich meine Augen gern wiederhaben.« Wie nun jener seine Instrumente zurechtmachte, um die Augen wieder einzusetzen, war das Fenster des Gemachs geöffnet worden und ein Rabe hereingeflogen, der, wie er die Augen auf dem Tische sah, plötzlich eins raubte und damit davonflog. Wie das der Arzt gewahr wurde, war er gar traurig und sprach bei sich: ›Wenn ich meinem Gesellen seine Augen nicht wiederschaffen kann, muß ich sein Knecht sein.‹ Er sah sich um und erblickte von weitem eine Ziege; gleich nahm er ihr ein Auge heraus und setzte es jenem an der Stelle des geraubten ein. Als er das getan hatte, sprach er zu seinem Gesellen: »Mein Lieber, wie befindest du dich nunmehr?« Der aber sprach: »Weder bei dem Herausziehen noch bei dem Wiedereinsetzen habe ich irgendeine Verletzung gefühlt, eins von meinen Augen aber schaut immer aufwärts nach den Bäumen.« Und jener entgegnete: »Darum, daß ich ein ebenso großes Kunststück an dir gemacht habe wie du an mir, sind wir beide einander gleich, und es sei fürder kein Streit mehr zwischen uns.« Und beide lebten nachher ohne Zwietracht miteinander.

VON DES TEUFELS ARGLIST, UND WIE GOTTES GERICHTE VERBORGEN SIND

Es lebte einst ein Einsiedler, der sich in seiner Höhle aufhielt und Tag und Nacht Gott aufs frömmste diente. Nun war aber eines Tages neben seiner Zelle ein Schafhirt, der seine Schafe weidete. Es begab sich aber eines Tages, daß der Hirt vom Schlafe überfallen wurde und ein Räuber kam, der ihm alle seine Schafe wegtrieb. Darüber kam aber der Herr der Schafe hinzu, der den Schäfer fragte, wo seine Schafe wären. Der aber begann zu schwören, daß er zwar die Schafe verloren habe, aber wie, das wisse er durchaus nicht. Wie das der Herr hörte, geriet er in Wut und erschlug ihn. Als das der Einsiedler sah, sprach er in seinem Herzen: ›O mein Gott, siehe, dieser Mensch hat einen Unschuldigen verklagt und getötet. Weil du erlaubst, daß so etwas geschehen kann, will ich wieder in die Welt hinaus gehen und leben wie die andern.‹ Wie er das gedacht hatte, verließ er seine Einsiedelei und machte sich wieder auf, um in die Welt zu gehen. Gott aber wollte ihn nicht verderben, sondern sendete einen Engel in Menschengestalt zu ihm, daß er sich zu ihm geselle. Als nun der Engel selbigen auf der Straße getroffen hatte, sprach er zu ihm: »Mein Lieber, wo geht dein Weg hin?« Jener aber entgegnete: »Nach jener Stadt zu, die da vor mir liegt.« Der Engel aber sprach zu ihm: »Ich will unterwegs dein Begleiter sein, denn ich bin ein Engel Gottes und zu dir gekommen, auf daß wir auf diesem Wege miteinander zusammen gehen.« Hierauf zogen beide nach der Stadt; wie sie aber hineinkamen, da baten sie einen Krieger, ihnen um Gottes willen Herberge zu geben. Dieser Krieger aber nahm sie sehr freundlich auf und bewirtete sie in allem mit großer Demut auf das ehrenvollste und glänzendste. Nun hatte aber dieser Krieger seinen einzigen Sohn in der Wiege liegen, welchen er zärtlich liebte, und als man zu Abend gespeist hatte, wurde das Schlafgemach geöffnet und für den Engel und den Eremiten Betten aufs anständigste zurechtgemacht. Um Mitternacht aber stand der Engel auf und erwürgte den Knaben in seiner Wiege. Wie das der Einsiedler sah, dachte er bei sich: ›Das ist nimmermehr ein Engel Gottes: Jener gute Soldat hat ihm um Gottes willen jegliche Notdurft verabreicht und hat nichts als dieses unschuldige Söhnlein, und dieses hat er getötet.‹ Indessen wagte er nicht, ihm irgend etwas zu sagen. Früh standen nun beide auf und machten sich nach einer anderen Stadt auf den Weg, in welcher sie im Hause eines Bürgers mit großen Ehren aufgenommen und glänzend bewirtet wurden. Dieser Bürger nun besaß einen goldenen Becher, den er gar wert hielt und auf welchen er sehr stolz war; um Mitternacht stand der Engel auf und stahl diesen Becher. Wie das der Einsiedler sah, dachte er bei sich: ›Das ist meines Erachtens nach ein böser Engel; jener Bürger hat uns Gutes getan, und dafür hat er ihm seinen Becher gestohlen.‹ Indessen sagte er ihm nichts, denn er fürchtete sich vor ihm. In der Frühe aber standen sie auf und zogen ihres Weges, bis sie an ein Gewässer kamen, über welches eine Brücke führte. Sie betraten dieselbe, und es begegnete ihnen ein armer Mann. Zu dem sprach der Engel: »Mein Lieber, zeige uns doch den Weg nach jener Stadt«; der Arme aber drehte sich um und zeigte mit dem Finger nach der Richtung derselben. Wie er sich aber umgedreht hatte, faßte ihn der Engel plötzlich bei der Schulter und warf ihn über die Brücke hinab, und der Arme versank alsbald. Wie das der Einsiedler sah, sprach er in seinem Herzen: ›Jetzt weiß ich, daß das der Teufel ist, nicht aber ein guter Gottesengel. Was hat denn der Arme Böses getan, und doch hat er ihn umgebracht.‹ Er gedachte sich nun von ihm loszumachen, allein aus Furcht sagte er ihm nichts. Wie sie nun aber in der Abendstunde zur Stadt gelangten, traten sie in das Haus eines Reichen und baten um Gottes willen um ein Nachtlager. Der aber schlug es ihnen rund ab. Darauf sprach der Engel des Herrn also zu ihm: »Um Gottes willen laßt uns nur auf das Dach Eures Hauses steigen, damit uns nicht die Wölfe und wilden Tiere fressen.« Jener aber antwortete: »Sehet, hier ist der Stall, in welchem meine Schweine wohnen: wenn es euch gefällt, könnt ihr euch zu ihnen legen, wenn nicht, so weichet von mir, denn ich werde euch keinen andern Platz einräumen.« Darauf entgegnete ihm der Engel: »So es nicht anders sein kann, wollen wir bei Euren Schweinen bleiben«; und also geschah es. Früh am Morgen standen sie auf, der Engel rief den Wirt herbei und sprach: »Mein Lieber, hier schenke ich dir einen Becher«, und mit diesen Worten gab er ihm den Becher, welchen er jenem Bürger gestohlen hatte. Wie das der Einsiedler sah, sprach er bei sich: ›Jetzt weiß ich gewiß, daß das der Teufel ist; das war ein guter Mann, der uns mit aller Demut aufnahm, und dem hat er seinen Becher gestohlen und ihn jenem Schurken geschenkt, der uns bei sich nicht hat aufnehmen wollen.‹ Hierauf sprach er zu dem Engel: »Ich will nicht weiter bei Euch warten und befehle Euch zu Gott.« Darauf entgegnete der Engel: »Hört mich, und dann mögt Ihr gehen. Du lebtest früher in einer Einsiedlerwohnung, und der Herr jener Schafe schlug seinen Hirten tot. Wisse, daß jener Hirt damals den Tod nicht verdient hat, denn ein anderer hatte das Verbrechen begangen, also hätte er nicht sterben sollen. Gott aber ließ zu, daß er getötet wurde, auf daß er durch diese Strafe dem ewigen Tode entging wegen einer Sünde, die er ein andermal begangen und für die er niemals Buße getan hatte. Der Räuber aber, der mit allen Schafen entwischt ist, wird ewige Pein leiden, und der Besitzer der Schafe, welcher den Hirten umbrach-

te, wird sein Leben durch reichliches Almosenspenden und Werke der Barmherzigkeit für das, was er unwissentlich begangen hat, sühnen. Nachher habe ich aber den Sohn jenes Kriegers, der uns eine gute Herberge gewährt hat, in der Nacht erwürgt. Wisse aber, daß, ehe jener Knabe geboren ward, dieser Krieger der beste Almosenspender war und viele Werke der Barmherzigkeit ausübte; seitdem aber der Knabe auf die Welt kam, ist er sparsam und habsüchtig geworden und sammelt alles nur mögliche, um den Knaben reich zu machen, so daß dieser die Ursache seines Verderbens ist, und darum habe ich den Knaben umgebracht, und so ist er wieder, was er früher war, nämlich ein guter Christ geworden. Dann habe ich auch den Becher jenes Bürgers, der uns mit solcher Demut bei sich aufnahm, gestohlen. Wisse aber, daß, ehe jener Becher gefertigt war, auf der ganzen Erde kein Mensch lebte, der nüchterner war als dieser, allein nachdem jener gemacht war, freute er sich so über denselben, daß er den ganzen Tag aus ihm trank und jeden Tag zwei- oder dreimal betrunken war; darum habe ich ihm den Becher genommen, und jetzt ist er wieder nüchtern geworden, wie früher. Dann hab ich den Armen ins Wasser gestürzt. Wisse, daß jener Arme ein guter Christ war, allein wenn er noch die Hälfte seines Weges weitergezogen wäre, würde er in einer Todsünde einen andern erschlagen haben; nun ist er aber gerettet und thront jetzt in himmlischen Ehren. Endlich habe ich den Becher jenes Bürgers dem gegeben, welcher uns die Aufnahme verweigert hatte. Wisse aber, daß auf Erden nichts ohne Grund geschieht. Er hat uns doch noch den Schweinestall zugestanden, und darum habe ich ihm den Becher gegeben, und wenn er aufgehört hat zu leben, wird er in der Hölle thronen. Lege also künftig deinem Munde einen Zügel an, auf daß du Gott nicht tadelst, denn er weiß alles.«
Wie das der Einsiedler hörte, fiel er vor die Füße des Engels

nieder und flehte ihn um Vergebung an; hierauf machte er sich nach seiner Einsiedlerwohnung auf und wurde ein guter Christ.

VON DER GEBURT DES SELIGEN PAPSTES GREGOR

Einst herrschte der kluge König Markus, der nur einen einzigen Sohn und eine einzige Tochter hatte, die er zärtlich liebte. Wie er aber zu einem sehr hohen Alter gelangt war, da ergriff ihn eine schwere Krankheit, und als er sah, daß er nicht länger leben könne, ließ er alle Fürsten seines Reiches zu sich berufen und sprach zu ihnen: »Ihr Lieben, ihr müßt wissen, daß ich heute meine Seele dem Herrn wieder zurückgeben muß; nun habe ich aber in meinem Herzen keine größere Besorgnis als über meine Tochter, weil ich sie noch nicht verheiratet habe, und darum, mein Sohn, der du mein Erbe bist, befehle ich dir bei Verlust meines Segens, daß du sie so anständig, wie es sich gebührt, verheiratest und mittlerweile sie so wie dich selbst alle Tage in Ehren hältst.« Wie er so gesprochen hatte, wandte er sich gegen die Wand um und gab seinen Geist auf; und über seinen Tod erhob sich im ganzen Lande ein gewaltiges Wehklagen, und sie begruben ihn auf das ehrenvollste. Nach diesem fing nun der Sohn an, auf das klügste zu regieren und seine Schwester in allen Ehren zu halten, da er sie gar wundersam liebte, so daß sie jeden Tag, wenn auch seine Edlen bei ihm waren, an einem Tische auf einem Sessel ihm gegenübersaß, beide miteinander aßen und in einer Kammer in getrennten Betten beieinander schliefen. Nun begab es sich aber eines Nachts, daß ihn eine große Versuchung überkam, so daß es ihm schien, als müsse er seinen Geist aufgeben, wenn er nicht an seiner Schwester seine Lust büßen könnte. Er sprang also vom Bette auf und ging zu seiner Schwester hin, welche er schlafend fand, und weckte sie. Als sie nun also geweckt war, sprach sie: »O Herr, wozu bist du denn zu dieser Stunde gekommen?« Er aber antwortete: »Wenn ich nicht bei dir schlafen darf, werde ich um mein Leben kommen.« Sie aber versetzte: »Fern sei es von mir, eine solche Sünde zu begehen! Rufe dir es ins Gedächtnis zurück, wie unser seliger Vater dich vor seinem Tode mit seinem Segen unter der Bedingung beehrt hat, daß du mich in allen Ehren hältst; so du aber eine solche Sünde begehen wolltest, würdest du weder dem Zorne Gottes noch dem Ärger der Menschen entgehen können.« Jener aber sprach: »Wie es auch kommen mag, ich will meinen Willen haben«, und also schlief er bei ihr; nachher aber kehrte er auf sein Lager zurück. Die Prinzessin aber weinte bitterlich und wollte sich nicht zufriedengeben; der König aber tröstete sie, so gut er konnte, und liebte sie merkwürdigerweise immer mehr. Als aber ein halbes Jahr vergangen war, saß sie einst auf ihrem Sessel am Tische, und ihr Bruder betrachtete sie aufmerksam und sprach: »Meine Liebe, was ist dir? Dein Gesicht ist in seiner Farbe verändert, und deine Augen haben ihre Schwärze verloren.« Jene aber sprach: »Das ist kein Wunder, denn ich bin schwanger und folglich zerknirscht.« Als jener das hörte, wurde er unglaublich traurig, weinte bitterlich und sprach: »Verflucht sei der Tag, wo ich geboren ward, denn ich weiß durchaus nicht, was ich tun soll.« Jene aber erwiderte: »Herr, folge meinem Rat, und es wird dich nicht gereuen; wir sind nicht die ersten, welche Gott schwer beleidigt haben. Hier wohnt in der Nähe ein alter Krieger, ein Rat unsres seligen Vaters, nach dessen Meinung unser Vater oft gehandelt hat. Der mag hierher berufen werden, und unter dem Siegel der Beichte wollen wir ihm alles sagen; er aber wird uns einen nützlichen Rat geben, wie wir Gott Genugtuung leisten und der weltlichen Schande entgehen können.« Darauf entgegnete der König: »Das gefällt mir ganz wohl; indessen wollen wir versuchen, uns erst mit Gott zu versöhnen.« Sie beichteten also beide reinen Herzens und mit großer Zerknirschung; als sie aber gebeichtet hatten, sandten sie nach dem Krieger und berichteten ihm im geheimen alles mit vielen Tränen. Darauf sprach jener: »Herr, da Ihr Euch mit Gott versöhnt habt, so höret meinen Rat. Damit Ihr das Ärgernis der Welt vermeiden möget, müßt Ihr für Eure und Eures Vaters Sünden das Gelobte Land besuchen und an dem und dem Tage alle Fürsten Eures Reiches vor Euch zusammenrufen und dann folgende Worte ordentlich zu ihnen sprechen: ›Ihr Lieben, ich will das Heilige Land besuchen und habe keinen Erben als meine Schwester: Dieser müßt ihr nun wie mir selbst Gehorsam leisten und mir dieses in Gegenwart aller versprechen; dir aber, mein Lieber, befehle ich bei Leibesstrafe, daß du die Bewachung meiner Schwester übernimmst.‹ Ich aber gebe Euch die Hand darauf, daß ich sie so geheim und sicher bewachen will, daß niemand zu irgendeiner Zeit weder vor- noch nachher etwas von Eurem Fall erfahren soll, ausgenommen meine Frau, welche ich ihr mit meinen eignen Händen zur Bedienung geben will.« Darauf erwiderte der König: »Das ist ein guter Rat, ich werde alles erfüllen, was Ihr mir sagt.« Alsbald ließ er alle seine Reichsfürsten zusammenrufen und erfüllte alles von Anfang bis zu Ende, wie es oben geschrieben steht, nach dem Rate des Kriegers. Wie er aber alles zustande gebracht hatte, sagte er allen Lebewohl und machte sich nach dem Gelobten Lande auf den Weg; der Krieger aber führte seine Herrin, die Schwester des Königs, nach seiner Burg. Wie aber die Frau des Ritters dieses sah, eilte sie ihrem Herrn entgegen und sprach: »Mein geehrter Herr, wer ist denn diese Dame?« Er aber antwortete: »Es ist unsere Gebieterin, die Schwester des Königs. Schwöre mir bei dem allmächtigen Gott und bei Verlust deines Lebens, daß du alles, was ich dir sagen werde, geheimhalten willst.« Jene aber entgegnete: »Herr, ich bin bereit.« Wie sie aber geschworen hatte, sprach der Ritter: »Unsre Gebieterin ist durch unsern Herrn, den König, geschwängert worden, weshalb ich dir hiermit befehle, daß ihr kein menschliches Wesen einen Dienst tue, deine Person ausgenommen; so wird der Anfang, die Mitte und das Ende geheim bleiben können.« Jene aber versetzte: »Herr, ich will alles getreulich erfüllen.« Die Dame ward nun in ein besonderes Gemach geführt und in allem auf das glänzendste bedient. Wie aber ihre Zeit gekommen war, gebar sie einen schönen Knaben, und als der Ritter das gehört hatte, sprach er zu ihr: »O teuerste Gebiererin, es wird gut sein, einen Priester zu rufen, daß dieser den Knaben taufe.« Diese aber sprach: »Ich gelobe meinem Gotte, daß derjenige, so von einer Schwester mit ihrem eignen Bruder gezeugt ist, durch mich nicht die Taufe erhalten soll.« Darauf sprach der Ritter: »Ihr wißt, daß eine schwere Sünde zwischen Euch und Eurem Bruder begangen worden ist, wollet jedoch darum nicht die Seele des Knaben töten.« Darauf erwiderte die Dame: »Ich habe ein Gelübde getan, und das will ich streng halten; dir aber befehle ich, daß du mir ein leeres Faß bringst.« Darauf versetzte jener: »Dazu bin ich bereit«, und ließ ein Faß mit sich in das Gemach bringen. Sie aber legte den Knaben anständig in eine Wiege und schrieb auf ein kleines Täfelchen folgende Worte: »Ihr Lieben, ihr müßt wissen, daß dieser Knabe nicht getauft ward, da er von einem Bruder mit seiner Schwester erzeugt ist, lasset ihn also zu Ehre Gottes taufen. Ihr werdet unter seinem Haupte einen schweren Schatz von Gold finden, mit dem mögt ihr ihn aufziehen; zu seinen Füßen liegt aber ein Pfund Silber, mit dem mag er ein Gewerbe betreiben.« Und als dieses alles geschrieben war, legte sie das Täfelchen in die Wiege unter die Seite des Knaben, das Gold unter den Kopf, das Silber zu den Füßen. Hierauf bedeckte sie die Wiege mit seidnen und goldbrokatnen Zeugen und befahl hierauf dem Ritter, die Wiege in das Faß zu tun und ins Meer zu werfen, auf daß sie dahin schwämme, wohin es Gott haben wolle; der Ritter aber vollzog alles, und als das Faß ins Meer geworfen war, blieb er so lange am Ufer stehen, bis er das Faß wegschwimmen sah. Nach diesem kehrte er zu seiner Gebieterin zurück; als er aber in die Nähe seiner Burg gekommen war, da kam ihm ein königlicher Bote aus dem Heiligen Lande in den Weg, und er sprach zu ihm: »Mein Lieber, wo kommst du denn her?« Der aber antwortete: »Ich komme vom Gelobten Lande.« Jener aber entgegnete: »Was bringt Ihr denn Neues mit?« Jener erwiderte: »Mein Herr, der König, ist gestorben und sein Leichnam nach einem seiner Schlösser geführt worden.« Als das der Ritter hörte, weinte er bitterlich, und als seine Frau dazukam und von dem Tode des Königs hörte, wurde sie viel trauriger, als man nur glauben kann. Der Krieger aber richtete sich auf und sprach zu seiner Frau: »Weinet nicht, daß es unsre Gebieterin nicht merke; wir wollen ihr nicht eher etwas davon sagen, als bis sie aus den Wochen ist.« Mit diesen Worten begab sich der Ritter zu seiner Gebieterin hinein, und seine Frau folgte ihm; wie aber die Dame sie gewahr wurde und sie ganz niedergeschlagen fand, sprach sie: »Ihr Lieben, weshalb seid ihr denn traurig?« Jene aber erwiderten: »Hohe Frau, wir sind nicht traurig, sondern vielmehr voller Freude, weil Ihr von der schweren Gefahr befreit seid, in welcher Ihr Euch befandet.« Jene aber antwortete: »Dem ist nicht also, sondern zeigt mir an, was es gibt, und wollet nichts vor mir geheimhalten, es sei böse oder gut.« Darauf sagte der Ritter: »Es ist ein Bote aus dem Heiligen Lande vom Könige, unserm Herrn und Eurem Bruder, gekommen, der Neuigkeiten mitgebracht hat.« Alsbald sprach sie: »Lasset den Boten rufen.« Wie der gekommen war, sprach die Dame zu ihm: »Wie stehts mit meinem Herrn?« Der aber erwiderte: »Euer Herr ist gestorben und sein Leichnam aus dem Heiligen Lande nach seinem Schlosse gebracht worden, auf daß er neben seinem Vater begraben werde.« Wie das die Dame gehört hatte, fiel sie zur Erde nieder, und der Ritter, wie er den Schmerz seiner Gebieterin sah, warf sich ebenfalls zu Boden, und mit ihnen die Frau des Ritters und der Bote, und sie alle lagen eine lange Weile da, und vor dem unendlichen Schmerz war in ihnen weder Sprache noch Empfindung mehr. Nach geraumer Zeit richtete sich aber die Prinzessin auf, zerraufte sich die Haare ihres Hauptes, zerkratzte sich das Gesicht bis aufs Blut und schrie mit lauter Stimme: »Weh mir, verflucht sei der Tag, an welchem ich empfangen ward! Verwünscht sei die Nacht, in welcher ich geboren wurde! Wie viele Unbilden erleide ich, und was ist an mir schon erfüllt worden! Dahin ist meine Hoffnung, dahin ist meine Kraft, mein einziger Bruder, mein zweites Ich. Was ich jetzt weiter tun soll, weiß ich durchaus nicht.« Da sprang der Ritter auf und sprach: »O teuerste Gebieterin, hört mich! Wenn du dich aus Schmerz selbst umbringen willst, wird das ganze Reich untergehn. Du allein bist noch übrig, und nach dem Erbrechte kommt dir die Regierung zu. So du dich also töten wirst, wird Reich und Land an Fremdlinge kommen. Laßt uns also aufstehn und an den Ort gehn, wo der Leichnam liegt, und ihn mit allen Ehren beerdigen; dann wollen wir sehn, wie wir das Land regieren müssen.« Sie aber faßte wieder Mut durch die Worte des Ritters und machte sich mit einer anständigen Begleitung nach dem Schlosse ihres Bruders auf. Als sie aber daselbst angelangt war, fand sie den königlichen Leichnam auf der Bahre; sie warf sich auf denselben hin und küßte ihn von der Sohle seiner Füße bis zu dem Scheitel seines Hauptes. Ihre Ritter aber, wie sie in ihr den allzu großen Kummer über den Tod ihres Bruders gewahr wurden, rissen ihre Gebieterin von dem Leichnam hinweg, führten sie in ihr Kämmerlein und übergaben den Körper mit gebührenden Ehren dem Grabe. Nach diesem sendete ein Herzog von Burgund seine feierlichen Abgesandten an sie, sie solle ihm ihre Hand als Ehefrau reichen. Sie aber antwortete sogleich: »Solange ich lebe, will ich keinen Mann nehmen.« Wie das die Gesandten hörten, meldeten sie ihren Willen ihrem Herrn; der Herzog aber, als er solches vernahm, wurde zornig auf sie und sprach: »Wenn ich sie bekommen hätte, wäre ich jetzt Besitzer ihres Landes, aber daß sie mich so gering geschätzt hat, das soll ihrem Lande nicht zugute kommen.« Hierauf versammelte er sein Heer, drang in ihr Land ein, sengte und brannte, mordete und vollbrachte unzähliges Böses und trug in allen Schlachten den Sieg davon. Die Prinzessin aber flüchtete in eine Stadt, welche starke Mauern hatte und in welcher ein sehr festes Schloß war, und da blieb sie viele Jahre.

Um aber wieder auf den ins Meer geworfenen Knaben zu kommen, so schwamm denn das Faß mit dem Kinde durch viele Länder, bis es endlich am sechsten Feiertage in die Nähe eines Mönchklosters kam. An demselben Tage ging aber der Abt desselben an das Meeresufer und sprach zu den Fischern: »Liebe Leute, macht euch bereit zum Fischen.« Diese aber rüsteten ihre Netze zu, und während sie noch so ihre Vorbereitungen machten, kam das Faß mit den Wellen ans Land. Da sprach der Abt zu seinen Knechten: »Seht, hier ist ein Faß, öffnet es und seht zu, was darin ist.« Diese aber öffneten das Faß, und siehe, ein kleiner Knabe, in kostbare Stoffe gehüllt, schaute den Abt an und lächelte. Der Abt aber sprach mit betrübtem Gesicht: »O mein Gott, was ist das, daß wir hier einen

Knaben in seiner Wiege finden?« Er hob ihn hierauf mit seinen eigenen Händen heraus, fand unter seiner Seite das Schrifttäfelchen, welches seine Mutter dahin gelegt hatte, und las darin, daß es von einem Bruder und seiner Schwester gezeugt und noch nicht getauft worden sei, daß man ihn aber um Gottes willen bitte, ihm das Sakrament der Taufe zu geben, dann auch, daß er ihn mit dem Golde, welches er unter seinem Haupte finden werde, erziehen, und daß jener mit dem Silber zu seinen Füßen irgendein Gewerbe treiben solle. Wie der Abt solches gelesen und die mit kostbaren Stoffen geschmückte Wiege gesehn hatte, erkannte er, daß der Knabe aus edlem Blute sei; er ließ ihn also sogleich taufen und legte ihm seinen eignen Namen bei, nämlich Gregorius, und gab den Knaben hierauf einem Fischer zum Aufziehen, nachdem er demselben das Pfund Gold, welches er gefunden hatte, eingehändigt hatte. Der Knabe aber wuchs heran und ward von jedermann geliebt, bis er sieben Jahre seines Alters erfüllt hatte, worauf ihm der Abt sogleich einen Lehrer bestellte. Er aber machte solche Fortschritte in seinen Studien, daß ihn bald alle Mönche des Klosters wie einen ihrer Brüder liebgewannen; der Knabe aber übertraf innerhalb weniger Jahre alle an Wissenschaft. Da begab es sich, daß er eines Tages mit den Söhnen des Fischers Ball spielte und den einen derselben, dessen Vater er für den seinigen hielt, mit dem Balle verwundete. Der aber weinte bitterlich, als er getroffen war, ging nach Hause und klagte es seiner Mutter, also sprechend: »Mein Bruder Gregor hat mich verwundet.« Wie das aber seine Mutter gehört hatte, ging sie hinaus und ließ ihn hart an, also redend: »O Gregorius, wie kannst du es wagen, meinen Sohn zu werfen, da wir doch nicht wissen, weder wer noch woher du bist.« Jener aber antwortete: »O meine liebe Mutter, bin ich denn nicht dein Sohn, daß du mir solches vorwirfst?« Sie aber versetzte: »Mein Sohn bist du nicht, und woher du bist, ist mir unbekannt; eins aber weiß ich, daß man dich eines Tags in einem Fasse gefunden und der Abt dich mir zum Aufziehn übergeben hat.« Jener aber, als er das gehört hatte, weinte bitterlich, machte sich zu dem Abt auf und sprach: »O mein Herr, ich bin lange bei Euch gewesen und habe gemeint, ein Fischerknabe zu sein, während ich es doch nicht bin und nicht einmal meine Eltern kenne; so es Euch gefällt, lasset mich unter die Soldaten gehen, denn hier will ich nicht länger mehr bleiben.« Der Abt aber erwiderte: »Mein Sohn, denke nicht daran; alle Mönche, so in diesem Hause sind, haben dich so lieb, daß sie dich nach meinem Tode zu ihrem Abte machen werden.« Jener aber entgegnete: »Herr, ganz gewiß will ich nicht eher Ruhe haben, als bis ich zu meinen Eltern gekommen bin.« Wie das der Abt gehört hatte, ging er zu seiner Truhe und zeigte ihm das Brieftäfelchen, welches er in seiner Wiege gefunden hatte, und sprach also zu ihm: »Nun, mein Sohn, lies darin, und du wirst ganz deutlich erfahren, wer du bist.« Als der aber las, daß er der Sohn eines Bruders und seiner Schwester sei, fiel er zur Erde nieder und sprach: »O weh mir, was habe ich für Eltern. Ich will zum Gelobten Lande reisen und da für die Sünden meiner Eltern streiten und mein Leben daselbst beschließen. Ich bitte dich also inständigst, o Herr, daß Ihr mich unter die Soldaten bringt.« Dieses tat der Abt auch, und als er Freiheit hatte, sich wegzubegeben, da erhob sich eine große Trauer im Kloster, Jammern unter dem Volke und in der ganzen Nachbarschaft ein Wehklagen. Er begab sich aber ans Meer und machte mit den Schiffern aus, daß sie ihn ins Gelobte Land brächten. Wie sie aber dahinfuhren, war ihnen der Wind entgegen, und plötzlich wurden sie nach der Stadt getrieben, in deren Schlosse seine Mutter war. Die Schiffer aber wußten durchaus nicht, was das für eine Stadt oder was es für ein Land war. Wie aber der Ritter in der Stadt angekommen war, da kam ihm ein Bürger entgegen und sprach zu ihm: »Herr, wo wollt Ihr hin?« Und er antwortete: »Ich suche eine Herberge.« Der Bürger aber führte ihn mit seiner ganzen Dienerschaft in sein Haus und bewirtete sie köstlich. Wie sie aber noch bei Tafel saßen, sprach der Herr Gregorius zu seinem Wirt: »Herr, was ist denn das für ein Städtchen, wer ist denn der Besitzer desselben?« Jener aber sprach: »Wertester, wir hatten einst einen mächtigen König, der im Heiligen Lande starb und keinen andern Erben hinterließ als seine Schwester; nun begehrte diese aber ein gewisser Herzog zum Weibe, und sie hatte sich vorgenommen, nie zu heiraten; darum hat nun jener aus Rache dieses ganze Reich, mit Ausnahme dieser einzigen Stadt, mit starker Hand in Besitz genommen.« Der Ritter aber sprach: »Darf ich dir ein Geheimnis meines Herzens sicher kundtun?« Jener aber entgegnete: »Ja, Herr, das kannst du.« Dieser aber sagte: »Bei meinem Schwerte, ich bin ein Ritter, sei so gut und gehe morgenden Tages zum Palast und rede mit dem Seneschall wegen mir, und sage ihm, daß, so er mir Löhnung gibt, ich dieses Jahr für das Recht seiner Gebieterin kämpfen will.« Darauf versetzte der Bürger: »Herr, ich zweifle nicht, daß er sich von ganzer Seele über deine Ankunft freuen wird; morgen früh will ich nach dem Palaste gehen und diese Sache zustande bringen.« Er stand also früh auf, machte sich zum Seneschall auf den Weg und meldete ihm die Ankunft jenes Ritters; der aber freute sich nicht wenig und schickte einen Boten nach dem Ritter Gregorius. Als er ihn aber erblickt hatte, stellte er ihm seine Gebieterin vor und empfahl ihn derselben aufs dringendste. Wie ihn diese aber sah, betrachtete sie ihn genau, wußte aber natürlich nicht, daß er ihr Sohn war; denn sie dachte, daß der schon vor vielen Jahren von dem Meere verschlungen sei. Der Seneschall aber mietete ihn in Gegenwart seiner Gebieterin, auf daß er ihm ein volles Jahr seine Dienste weihte, und am folgenden Tage rüstete er sich zum Streite. Nun befand sich damals gerade jener Herzog mit einem großen Heere auf einer Ebene; der Herr Gregorius griff dieses an, bahnte sich durch alle einen Weg, bis er den Herzog fand, welchen er an demselben Orte niederstieß, ihm das Haupt abschlug und den Sieg gewann. Derselbige Ritter aber machte von Tag zu Tag immer größere Fortschritte, der Ruf seiner Siege ging vor ihm her, und ehe noch ein Jahr voll war, hatte er schon das ganze Reich aus den Händen der Feinde wiedererobert. Hierauf begab er sich zum Seneschall und sprach: »Mein Lieber, es ist Euch bekannt, in welchem Zustande ich Euch antraf und in welche Lage ich Euch gebracht habe; ich bitte Euch also, gebt mir meinen Sold, denn ich gedenke in ein ander Land zu ziehen.« Der Seneschall aber sprach: »Herr, du hast weit mehr verdient, als wir dir unsrer Übereinkunft nach zu zahlen schuldig sind; darum will ich zu meiner Gebieterin gehn, um mit ihr wegen deiner Anstellung und Belohnung abzuschließen.« Wie er aber zur Prinzessin kam, sprach er: »O teuerste Frau, ich will Euch einige wichtige Worte sagen: Seitdem wir ein Oberhaupt entbehren mußten, haben wir jegliches Unglück erfahren: Es dürfte gut für Euch sein, einen Mann zu nehmen, vermittelst dessen wir über die Zukunft sicher sein können. Euer Reich hat Überfluß an Reichtümern, darum rate ich Euch, nicht einen Mann seiner Schätze wegen zu nehmen. Darum weiß ich nicht, wo Ihr einen Mann hernehmen wollt, der für Eure Ehre und das Heil des ganzen Volkes besser geeignet wäre als Herr Gregorius.« Jene aber pflegte stets zu antworten: »Ich habe Gott gelobt, mich nicht mit einem Manne zu verbinden.« Allein auf die Rede ihres Seneschalls machte sie sich einen Tag Bedenkzeit zu einer Antwort aus, und wie der Tag da war, sprach sie zu allen, die es hörten: »Weil der

Herr Gregorius uns und unser Reich tapfer aus den Händen der Feinde befreit hat, will ich ihn zum Manne nehmen.« Jene aber, als sie solches hörten, freuten sich sehr. Sie bestimmte also einen Tag zur Vermählung, und als nun beide, der Sohn mit seiner Mutter, mit großem Jubel und Beifall des ganzen Landes verehelicht worden waren und keins von ihnen wußte, wer der andre war, so entstand zwischen ihnen eine ganz innige Liebe. Nun begab es sich eines Tages, daß Herr Gregorius auf die Jagd gegangen war und eine Magd zu ihrer Gebieterin also sprach: »O teuerste Frau, habt Ihr denn unsern Herrn, den König, in irgend etwas beleidigt?« Jene aber entgegnete: »In nichts. Ja, ich meine, daß in der ganzen Welt nicht zwei Eheleute gefunden werden mögen, die sich gegenseitig so lieb haben wie mein Herr und ich. Sage mir also, meine Liebe, was dich zu diesen Reden veranlaßt hat.« Jene aber sprach: »Alle Tage, wenn die Tafel gedeckt wird, geht unser Herr König ganz froh in sein geheimes Zimmer, wenn er aber herauskommt, stößt er Wehklagen und Tränen aus; nachher aber wäscht er sich das Gesicht, und ich weiß durchaus nicht, weshalb er das macht.« Wie das die Fürstin gehört hatte, ging sie in das geheime Gemach, sah in jedes Fach, bis sie endlich zu dem Schrein kam, worin das Täfelchen lag, worin er alle Tage zu lesen pflegte, wie er ein Sohn zweier Geschwister wäre, und dann bitterlich weinte. Das war aber dasselbe Täfelchen, welches in seiner Wiege gefunden worden war. Als aber die Fürstin dieses Täfelchen fand, erkannte sie es sogleich wieder, öffnete es und las ihre eigne Handschrift. Da dachte sie bei sich: ›Wie wäre dieser Mann zu dem Täfelchen gekommen, wenn er nicht mein Sohn wäre?‹ Hierauf begann sie mit lauter Stimme zu schreien und zu sagen: »Wehe mir, daß ich geboren und auf die Welt gekommen bin; wäre doch meine Mutter am Tage meiner Empfängnis gestorben.« Da sie nun dieses Geschrei erhob, hörten es die Ritter, so bei Hofe waren, und eilten mit andern zu ihrer Gebieterin und fanden sie am Boden liegend, standen auch lange Zeit um sie herum, bis sie einige Worte von ihr erhalten konnten. Darauf aber öffnete die den Mund und sprach: »So ihr mein Leben lieb habt, suchet meinen Herrn!« Die Ritter aber, als sie das vernahmen, sprangen auf ihre Rosse, jagten zum König und sprachen zu ihm: »Herr, die Königin liegt in tödlicher Not danieder.« Er aber, als er das hörte, gab das Jagdspiel auf und eilte zu seinem Schlosse und in das Gemach, wo seine Gemahlin lag. Wie ihn aber die Fürstin erblickte, sprach sie: »O Herr, laßt alle hinausgehn, damit niemand als Ihr höre, was ich Euch sagen will.« Wie aber alle hinaus waren, sprach die Königin: »Herr, sagt mir, von welcher Herkunft Ihr seid?« Er aber versetzte: »Das ist eine sonderbare Frage; du weißt ohne Zweifel, daß ich aus fernen Landen stamme.« Jene aber entgegnete: »Ich schwöre dir bei Gott, daß, so du mir nicht die Wahrheit sagst, du mich gleich des Todes sterben sehen wirst!« Der aber antwortete: »Nun wohl, ich sage dir, daß ich arm war und außer den Waffen, mit welchen ich Euch und Euer ganzes Land von der Sklaverei frei gemacht habe, nichts besaß.« Jene aber sprach: »Sage mir also nur, aus welchem Lande du entsprungen bist, und wer deine Eltern waren; denn so du mir die Wahrheit nicht sagen wirst, will ich nie wieder Speise zu mir nehmen.« Und jener erwiderte: »Ich will Euch ein Geständnis der Wahrheit gemäß ablegen. Ein gewisser Abt hat mich von meiner Kindheit an erzogen und mir öfters gesagt, daß er mich in einer Wiege in einem Fasse liegend gefunden habe, und von der Zeit an bis jetzt hat er mich dann bei sich behalten, bis ich in dieses Land gekommen bin.« Wie das die Fürstin gehört hatte, zeigte sie ihm das Brieftäfelchen und sprach: »Kennst du diese Schreibtafel?« Wie er diese erblickt hatte, fiel er zur Erde nieder, jene aber sprach: »O mein süßer Sohn, du bist mein einziges Kind, du bist mein Mann und mein Herr. Du bist mein und meines Bruders Sohn, o mein süßes Kind, ich habe dich nach deiner Geburt mit jenem Täfelchen in das Faß gelegt. Weh mir, o mein Gott, warum hast du mich lassen geboren werden, da so vieles Böses durch mich verübt worden ist? Ich habe meinen eignen Bruder erkannt und dich geboren; wäre ich doch verzehrt worden, daß mich kein Auge sähe, und wäre ich doch gleich vom Leibe meiner Mutter zu Grabe getragen worden!« Damit rannte sie mit dem Kopfe gegen die Mauer und sprach: »O mein Herrgott, siehe, mein und meines Bruders Sohn ist mein Gatte!« Darauf sprach der Herr Gregorius: »Ich glaubte schon der Gefahr entronnen zu sein, und bin so in des Teufels Netz gefallen; laß mich, meine Frau, daß ich mein Elend beklage. Weh mir, wehe! Hier ist meine Mutter, meine Freundin, meine Gattin: also hat mich der Teufel umgarnt.« Wie die Mutter den Sohn also in Trauer sah, sprach sie: »O teuerster Sohn, ich will um meiner Sünden willen mein ganzes Leben hindurch in die weite Welt gehn, du aber magst das Land verwalten.« Der entgegnete: »So soll es nicht sein, vielmehr sollst du, Mutter, im Lande verbleiben, ich aber will so lange herumwandern, bis uns von Gott unsere Sünden vergeben sind.« Er stand also mitten in der Nacht auf, zerbrach seine Lanze, zog Reisekleider an, nahm Abschied von seiner Mutter und machte sich mit bloßen Füßen auf den Weg. Nun kam er in einer dunklen Nacht in eine Stadt an das Haus eines Fischers und bat ihn um Gottes willen um eine Herberge. Der Fischer schaute ihn sorgfältig an, und als er die Feinheit seiner Gliedmaßen und seine ganze Haltung betrachtet hatte, sprach er: »Mein Lieber, du bist kein wirklicher Reisender, wie aus deinem Körperbau deutlich hervorgeht.« Jener aber sprach: »Wenn ich auch kein armer Reisender bin, so bitte ich dich doch diese

Nacht um Gottes willen um Aufnahme.« Wie das die Fischersfrau sah, bat sie mitleidig, er möchte ihn doch hereinlassen. Sobald er in das Haus getreten war, ließ ihm der Fischer hinter der Tür ein Lager zurichten, gab ihm Fische, Brot und Wasser und sprach zu ihm: »Fremder, so du einen sichern Platz finden willst, so solltest du in die Einsamkeit gehen.« Jener aber entgegnete: »Herr, ich würde das sehr gerne tun, allein ich kenne keinen solchen Ort.« Der dagegen versetzte: »Gehe morgen mit mir, ich will dich an einen einsamen Ort bringen.« Jener antwortete: »Das lohne dir Gott.« Frühmorgens weckte der Fischer den Fremden; der aber war so eilig, daß er seine Brieftafel hinter der Tür liegen ließ. Der Fischer ging mit dem Fremden auf die See und fuhr darin wohl sechzehn Meilen weit, bis er an einen Felsen kam; hier ließ er sich Fesseln an seine Füße legen, welche ohne einen Schlüssel nicht geöffnet werden konnten, sobald er jedoch dieselben verschlossen hatte, schleuderte er den Schlüssel ins Meer. Hierauf kehrte der Fischer nach Hause zurück, der Fremde aber blieb siebzehn Jahre lang in der Buße. Nun begab es sich, daß der Papst starb, und als er gestorben war, kam eine Stimme vom Himmel herab und sprach: »Suchet den Mann Gottes Gregorius und setzet ihn zu meinem Stellvertreter ein!« Wie das die Wähler hörten, freuten sie sich sehr und sendeten Boten durch alle Teile der Welt, welche ihn aufsuchen sollten. Endlich kehrten diese in dem Hause jenes Fischers ein; wie sie aber bei Tische saßen, sprachen sie zu dem Fischer: »O mein Lieber, wir plagen uns recht, indem wir durch alle Länder und Schlösser ziehen und einen heiligen Mann namens Gregorius suchen, den wir zum Papst machen sollen, und finden ihn nicht.« Als der sich an jenen Fremden erinnerte, sprach er: »Es sind jetzt siebzehn Jahre, daß ein Fremder mit Namen Gregorius in diesem Hause einkehrte, den ich an einen Felsen führte und dort verließ.

Ich weiß aber, daß er bereits seit langer Zeit gestorben ist.« Nun begab es sich, daß er an demselbigen Tage Fische fing, und wie er den einen Fisch herauszog, fand er den Schlüssel, welchen er vor siebzehn Jahren ins Meer geworfen hatte, in demselben. Sogleich rief er mit lauter Stimme aus: »O ihr Lieben, seht hier den Schlüssel, welchen ich ins Meer geworfen habe: ich hoffe, ihr sollt euch nicht vergebliche Mühe gemacht haben.« Wie das die Boten hörten und sahen, freuten sie sich sehr. In der Frühe aber standen sie auf und baten den Fischer, er möchte sie zu dem Felsen führen, und also geschah es. Wie sie aber dort anlangten und jenen erblickten, so sprachen sie: »O Gregorius, du Mann Gottes, komm zu uns und steige im Namen des allmächtigen Gottes zu uns herab; denn es ist der Wille Gottes, daß du zu seinem Stellvertreter auf Erden gesetzt werdest.« Jener aber entgegnete: »So das Gott gefällt, so geschehe sein Wille.« Damit führten sie ihn vom Felsen herab. Ehe er aber in die Stadt hinein kam, da läuteten alle Glokken derselben von sich selbst, und die Bürger, wie sie das hörten, sprachen: »Gesegnet sei der Höchste, denn jetzt kommt der, welcher Christi Stellvertreter sein soll.« Hierauf gingen ihm alle entgegen, empfingen ihn mit großen Ehrenbezeigungen und setzten ihn zu Christi Stellvertreter ein. Wie aber der heilige Gregorius zum Verweser Christi bestellt worden war, benahm er sich in allem gar löblich, und der Ruf von ihm flog durch den ganzen Erdkreis, daß ein so heiliger Stellvertreter Christi eingesetzt worden sei. Nun kamen viele aus allen Teilen der Welt herbei, auf daß sie seinen Rat und Hilfe erhielten. Wie aber seine Mutter hörte, daß ein so seliger Mann zum Stellvertreter Christi erhoben worden sei, da dachte sie bei sich: ›Wo kann ich denn besser hingehen, als zu diesem heiligen Manne, und ihm mein Leben anvertrauen?‹ Indessen wußte sie durchaus nicht, daß es ihr Sohn und Mann sei. Sie machte sich also auf den Weg gen Rom und beichtete dem Stellvertreter Christi; vor der Beichte erkannte aber keins das andre. Allein wie der Papst die Beichte seiner Mutter gehört hatte, da erkannte er sie wohl und sprach: »O meine süße Mutter, Frau und Freundin, der Teufel gedachte uns zur Hölle zu führen, allein durch die Gnade Gottes sind wir ihm entgangen.« Wie jene das hörte, fiel sie vor seinen Füßen nieder und weinte bitterlich vor Freude; der Papst aber hob sie vom Boden auf und baute in ihrem Namen ein Kloster, wo er sie zur Äbtissin machte, und innerhalb weniger Zeit gaben beide an Gott ihre Seelen zurück.

DAS EBERHERZ

Einst war ein König Trajanus, der ein großer Gartenliebhaber war. Als er nun einmal einen Garten angelegt und Bäume jeder Art in denselben gesetzt hatte, bestellte er einen Wächter über den Garten, der ihn getreulich hüten sollte. Nun gab es aber einen gewaltigen Eber, der in den Garten eindrang und die Bäume umhieb und ausriß. Wie das der Wächter, der Jonathas hieß, bemerkte, hieb der demselben das linke Ohr ab; der Eber aber schrie nach Verlust seines Ohres laut auf und lief davon. Am andern Tage kam aber der Eber wieder hinein und verübte in dem Garten unzählige Untaten, und Jonathas, der dieses sah, hieb ihm auch das rechte Ohr ab, worauf der Eber mit schrecklichem Geschrei hinauslief. Nichtsdestoweniger kam er auch zum dritten Male hinein, und Jonathas hieb ihm, als er ihn erblickte, den Schwanz ab, und der Eber lief also beschimpft schreiend hinweg. Noch kam er zum vierten Male wieder und richtete vieles Unglück an, aber Jonathas durchbohrte ihn mit seinem Spieße, und so starb er und wurde dem

Koch übergeben, damit er für die königliche Tafel zugerichtet würde. Nun aß der König von jedem Tiere das Herz lieber als irgendein andres Stück; der Koch aber, wie er den Eber zugerichtet und das Herz ganz fett gefunden hatte, verzehrte es. Als nun dem Könige von seinem Diener der Eber aufgetragen wurde, suchte er das Herz, die Diener aber gingen wieder zu dem Koche und verlangten das Herz des Ebers. Jener aber sprach: »Saget meinem Herrn, daß der Eber kein Herz hatte, und so er es nicht glaubt, mache ich mich verbindlich, es ihm aus vielen Gründen zu beweisen.« Die Diener aber, als sie solches gehört hatten, hinterbrachten dem Könige jedes Wort, und der König sprach: »Was muß ich hören? Es gibt kein Tier ohne Herz; weil er sich aber erbietet, die Sache zu beweisen, so wollen wir ihn hören.« Der Koch wurde also zum König berufen, auf daß er ihm beweisen möchte, wie der Eber kein Herz haben könnte. Der aber sprach: »Herr, höret mich! Ein jeder Gedanke kommt aus dem Herzen: Daraus folgt aber ganz richtig, daß, wo das Nachdenken fehlt, auch kein Herz sein kann. Jener Eber ist zuerst in den Garten gekommen und hat darin viel Unheil angerichtet. Wie ich das gesehn habe, habe ich ihm das linke Ohr abgehauen. Wenn er nun ein Herz gehabt hätte, würde er nun über sein abgehauenes Ohr nachgedacht haben. Dies hat er aber nicht gemacht, denn er ist zum andern Male wiederum hereingekommen. Also hatte er kein Herz. Ebenso, wenn er ein Herz gehabt hätte, würde er darüber nachgesonnen haben, daß ich ihm auch sein rechtes Ohr abgehauen habe; allein er hat auch nicht an den Verlust seines rechten Ohres gedacht, denn er ist darum doch wieder hineingedrungen und hat nun auch seinen Schwanz eingebüßt. Wenn er also auch nur einen Teil von einem Herze besessen hätte, würde er an seine Ohren und seinen Schwanz gedacht haben. Allein alles dieses hat er nicht getan, denn er ist nach alledem wieder hineingelaufen, und darum habe ich ihn umgebracht; und aus diesen drei Gründen beweise ich, daß er kein Herz hatte.« Wie aber der König das gehört hatte, billigte er seine Gründe, und der Koch kam also ungestraft davon.

WIE UNSRE REDE EINE LIEBLICHE MUSIK VOR GOTT IST

Einst herrschte der Kaiser Tiberius, der sich wundersam ergötzte, wenn er Musik hörte. Einstens begab es sich aber, daß er, als er zur Jagd ausgezogen war, rechts von sich Zitherspiel hörte und durch die Süßigkeit desselben so erfreut wurde, daß er fast außer sich kam. Er wandte also sein Roß nach dem Orte, wo die Musik herkam, und sprengte dahin. Wie er aber an die Stelle gekommen war, so erblickte er in einiger Entfernung ein muntres Bächlein, und neben dem Gewässer saß ein armer Mann, der eine Zither in der Hand hielt. Aus jener Zither kam aber eine so unvergleichliche Musik heraus, daß der Kaiser vor Vergnügen ganz begeistert wurde. Es sprach also der Kaiser zu jenem: »Mein Lieber, sag mir doch, warum deine Zither so lieblich klingt?« Jener aber erwiderte: »Herr, dreißig Jahre und darüber bin ich schon an diesem Gewässer, und Gott hat mir eine solche Gnade angetan, daß, sobald ich nur die Saiten meiner Zither berühre, eine so herrliche Melodie herausdringt, daß die Fische aus dem Wasser nach meiner Hand zugeschwommen kommen, durch welche ich mich, meine Frau und meine Familie ernähre. Allein, wehe mir, es ist ein Jammer, daß seit wenigen Tagen von der andern Seite des Wassers her ein Pfeifer kommt, der so süß bläst, daß die Fische mich verlassen und zu ihm gehn. Darum, o Herr, weil Ihr mächtig seid und Kaiser des ganzen Landes, lasset mir Euern

Beistand gegen den Pfeifer zuteil werden.« Darauf entgegnete der Kaiser: »Mein Lieber, ich kann dir nur in einem Stücke helfen, und das muß dir genug sein. Ich habe hier in meinem Beutel einen goldnen Angelhaken, den will ich dir geben, und du magst ihn an der Spitze deines Stabes befestigen lassen: Berühre dann die Saiten deiner Zither, auf deren Schlag sich die Fische in Bewegung setzen werden; diese ziehe alsbald vermittelst des Hakens ans Land, und der Pfeifer wird dir mit Beschämung Platz machen.« Der arme Mann erfüllte alles, und ehe noch die Fische zu dem Pfeifer gelangen konnten, zog er sie mit dem Haken an sich heran; der Pfeifer aber, als er das gewahr wurde, entfernte sich voller Verwirrung.

DREI DINGE

Man erzählt von einem gewissen Manne namens Ganterus, der sich immer Vergnügungen und Freude ohne Ende wünschte; der stand eines Morgens in der Frühe auf und spazierte allein auf der Heerstraße, bis er an ein Land kam, in welchem der König erst neulich gestorben war. Die Fürsten des Reiches, als sie ihn so mannhaft sahen, erwählten ihn zu ihrem Könige, und er freute sich über seine Wahl. Wie aber die Nacht kam, da führten ihn die Seinigen in ein Gemach, in welchem er einen grimmigen Löwen am Kopfende seines Bettes erblickte, am Fußende einen Drachen, an der rechten Seite aber einen Bären und auf der andern Schlangen und Kröten. Da sprach Ganterus: »Was soll denn das heißen? Muß ich denn in diesem Bette bei diesen Bestien schlafen?« Jene aber antworteten: »Freilich, Herr, denn alle Könige vor dir haben in diesem Bette gelegen und sind von diesen Tieren gefressen worden.« Darauf entgegnete der König: »Alles gefällt mir hier recht wohl, allein vor diesem Bette samt den Bestien da habe ich einen Abscheu, darum mag ich nicht euer König sein«; und also ging er weg von ihnen. Er kam aber in ein andres Land, wo ihn die Bürger gleichfalls zu ihrem Könige wählten. Wie nun die Nacht kam, trat er in sein Schlafgemach und erblickte ein sehr schönes Bett, aber ganz voll von scharfen Schermessern. Da sprach Ganterus: »Ich soll mich doch nicht etwa in dieses Bett legen?« Da sprachen seine Diener: »Ja, Herr. Denn alle Könige vor dir haben in diesem Bette gelegen und sind darin gestorben.« Jener aber erwiderte: »Alles ist gut hier, das Bett ausgenommen, darum mag ich aber euer König nicht sein.« Er stand also früh auf und machte allein einen Marsch von drei Tagen. Unterwegs traf er aber einen Greis, der mit einem Stocke in der Hand über einer Quelle saß und zu ihm sprach: »Mein lieber Wanderer, wo kommst du denn her?« Darauf antwortete er: »Aus weiter Ferne.« Dann fragte jener weiter: »Was schaffest du?« Jener antwortete: »Ich suche drei Dinge und kann sie nicht finden.« Darauf fragte jener wieder: »Was denn für drei Dinge?« Ganterus antwortete: »Erstlich Überfluß ohne Mangel, zweitens Freude ohne Leid, drittens Licht oder Helle ohne Finsternis.« Da sprach der Greis: »Nimm diesen Stab und gehe immer auf dieser Straße fort; du wirst bald einen Berg vor dir erblicken, und am Fuße dieses Berges steht eine Leiter, welche sechs Stufen hat: Diese steige hinan, wenn du aber auf die sechste Sprosse gekommen sein wirst, wirst du auf dem Gipfel des Berges einen sehr schönen Palast gewahr werden. An die Pforte desselben tue drei Schläge, und der Pförtner wird dir antworten. Dann zeige ihm deinen Stab und sprich: ›Derjenige, welcher der Eigentümer dieses Stabes ist, befiehlt dir hiermit, daß du mich hineingehen lässest.‹ Wenn du aber darinnen sein wirst, wirst du alles jenes dreies finden, was du suchest.« Jener aber erfüllte alles, wie es ihm der Alte gesagt hatte; und wie der Türhüter den Stab sah, ließ er ihn hinein, und da fand er alles dreies und mehr noch, und blieb sein ganzes Leben daselbst.

DIE UNGETREUE

Einst war ein Kaiser Titus, in dessen Reiche ein gewisser edler Ritter lebte, der Gott sehr ergeben war und eine schöne Frau besaß, die ihm aber oft untreu war und nie von ihren Treulosigkeiten ablassen wollte. Wie solches der Ritter gewahr wurde, trauerte er sehr in seinem Herzen und dachte das Heilige Grab zu besuchen, und sprach also zu seinem Weibe: »Meine Liebe, ich will nach dem Heiligen Lande ziehen und übergebe Euch Eurer eignen Ehre.« Wie er aber über das Meer gegangen war, da verliebte sich die Dame in einen Kleriker, der wohl in der schwarzen Magie erfahren war, und schlief bei ihm. Nun begab es sich einstmals, daß sie beieinander lagen und die Dame zu ihm sprach: »Wenn du imstande wärest, mir eine einzige Sache durchzusetzen, könntest du mich zur Frau nehmen.« Und jener versetzte: »Was ist denn das, was du willst? So ich es irgend kann, will ich dir zu Diensten sein.« Jene aber sprach: »Mein Mann ist nach dem Gelobten Lande gezogen und liebt mich nicht besonders; so du ihn durch eine besondre Kunst töten könntest, würdest du alles, was ich habe, erhalten.« Darauf erwiderte der Kleriker: »Ich will dir zu Willen sein, jedoch unter der Bedingung, daß du mich zum Manne nimmst.« Jene aber sprach: »Darauf nimm mein festes Versprechen.« Der Kleriker aber machte ein Bild mit dem Namen des Ritters und hing es vor seinen Augen an die Wand auf. Während mittlerweile der Ritter durch eine Straße der Stadt Rom ging, begegnete ihm ein gewisser kluger Meister, sah ihn genau an und sprach zu ihm: »Mein Lieber, ich habe dir etwas im geheimen zu sagen.« Jener aber entgegnete: »Redet, Meister, was Euch beliebt.« Der aber versetzte: »Noch heute wirst du ein Kind des Todes sein, so du nicht Beistand von mir erhältst. Deine Frau ist eine Buhlerin und hat deinen Tod angestellt.« Wie der Ritter aber hörte, daß jener so die Wahrheit über seine Frau sprach, da hing er sich an ihn, glaubte ihm und sprach: »O lieber Meister, rette mein Leben, und ich will dir einen würdigen Lohn geben!« Der aber antwortete: »Ich will dich herzlich gern retten, so du tust, was ich dir heißen werde.« Der Ritter aber sprach: »Ich bin bereit.« Hierauf ließ der Meister ein Bad zurichten, zog dem Ritter seine Kleider aus und hieß ihn in das Bad gehen. Nachher aber gab er ihm einen hellpolierten Metallspiegel in die Hand und sprach: »Siehe fleißig in den Spiegel, und du wirst Wunderdinge schauen!« Wie der aber in den Spiegel blickte, während der Meister neben ihm in einem Buche las und zu ihm sprach: »Sage mir, was du siehest!«, sagte er zu ihm: »Ich sehe in meinem Hause einen Kleriker, der von Wachs ein Bild gemacht, das mir ganz ähnlich ist, und an die Wand aufgehängt hat.« Darauf sprach der Meister weiter: »Was siehst du jetzt?« Jener aber sprach: »Eben hat er einen Bogen ergriffen, einen spitzigen Pfeil auf denselben gelegt und fängt an, nach dem Bilde zu schießen.« Da sprach der Meister: »So dir dein Leben lieb ist, so wirf, sobald du einen Pfeil nach dem Bilde zufliegen siehst, deinen Körper in das Wasser des Bades, so lange, bis ich dir etwas andres heißen werde.« Wie das der Ritter gehört und gesehn hatte, daß sich der Pfeil in Bewegung setzte, verbarg er seinen Körper gänzlich unter dem Wasser, und als er das gemacht hatte, sprach der Meister zu ihm: »Stecke deinen Kopf heraus und schaue in den Spiegel!« Wie er das gemacht hatte, sagte er zu ihm: »Was erblickst du jetzt im Spiegel?« Jener aber antwortete: »Das Bild ist nicht getroffen worden, sondern der Pfeil ist an der Seite desselben vorbeigegangen, und der Kleriker ist bekümmert.« Darauf sprach der Meister: »Siehe jetzt wieder in den Spiegel, was er beginnt!« Jener aber entgegnete: »Er ist jetzt näher nach dem Bilde zu gerückt und hat einen Pfeil auf den Bogen gelegt, um nach dem Bilde zu schießen.« Jener aber versetzte: »Gerade so, wie du vorher getan hast, so tue auch jetzt, wenn du dein Leben lieb hast.« Als aber der Ritter im Spiegel sah, wie der Kleriker den Bogen spannte, steckte er seinen ganzen Körper ins Wasser. Hierauf sprach der Meister: »Siehe jetzt, wie es steht!« Und als jener das gemacht hatte, sprach er: »Der Kleriker ist sehr traurig, daß er das Bild nicht getroffen hat, und spricht zu meiner Frau: ›Wenn ich das Bild zum dritten Male nicht treffe, muß ich deshalb mein Leben einbüßen.‹ Eben rückt er noch näher an dasselbe, so daß es mir vorkommt, als könne es nicht fehlen, daß er das Bild treffen müsse.« Darauf sprach der Meister: »So du dein Leben liebst, sorge dafür, daß, sobald du den Bogen angezogen siehst, du alsbald deinen ganzen Körper unter das Wasser steckst, so lange, bis ich zu dir sprechen werde.« Der Ritter schaute also unverwandt in den Spiegel, und wie er den Kleriker den Bogen zum Schießen spannen sah, fuhr er mit seinem ganzen Körper unter das Wasser, bis der Meister zu ihm sprach: »Komm schnell heraus und siehe in den Spiegel!« Wie aber der Ritter hineingeschaut hatte, lachte er, und der Meister sprach: »Lieber, sage mir doch, was du lachst?« Jener aber antwortete: »Ich sehe ganz deutlich in dem Spiegel, daß der Kleriker das Bild nicht getroffen hat, der Pfeil aber umgekehrt ist, ihn zwischen der Lunge und dem Magen durchbohrt hat, und er eben gestorben ist; meine Frau hat aber unter meinem Bette eine Grube gemacht und ihn darin begraben.« Da sprach der Meister: »Stürze dich jetzt schnell heraus, lege deine Kleider an und bitte zu Gott für mich!« Der Ritter aber dankte ihm für die Rettung seines Lebens, und als seine Reise beendigt war, machte er sich wieder zu seinem Lande auf; und wie er nach Hause kam, da eilte ihm seine Frau entgegen und empfing ihn voller Freude. Der Ritter aber verstellte sich mehrere Tage lang; endlich aber schickte er nach den Eltern seiner Frau und sprach zu ihnen: »Meine Teuern, ich habe euch aus folgender Ursache zu mir beschieden: Hier ist eure Tochter, meine Frau, welche Ehebruch an mir verübt hat und, was weit schlimmer ist, darauf umging, mir den Tod zu geben.« Jene aber leugnete es mit einem Eide; allein der Ritter begann jetzt und trug den ganzen Hergang und das Verfahren des Klerikers vor und sprach: »Wenn ihr mir nicht glaubt, so kommt her und sehet den Ort, wo der Kleriker eingescharrt ist.« Hierauf führte er sie in sein Gemach, und sie fanden den Leichnam des Klerikers unter seinem Bette. Der Richter ward alsbald herbeigerufen und entschied, sie solle durch Feuer verbrannt werden, und also geschah es, und die Asche ihres Leibes ward in die Luft gestreut. Nachmals aber nahm sich der Ritter eine schöne Jungfrau zur Gemahlin, zeugte mit ihr Kinder und beschloß sein Leben in Frieden.

WIE MAN ALLES MIT EINTRACHT UND VORSICHT VOLLBRINGEN MÜSSE

Einst herrschte ein sehr weiser und in allem gerechter Kaiser Domitianus. Weil der nun niemanden verschonte, sondern immer der Gerechtigkeit ihren Lauf ließ, begab es sich einstmals, daß, als er zu Tische saß, ein Kaufmann zu ihm kam und an das Tor pochte. Der Pförtner aber öffnete dasselbe und fragte, was ihm beliebe. Jener aber sprach: »Ich bin ein Kaufmann und habe für die Gemahlin des Kaisers einige nützliche Sachen zu verkaufen.« Wie das der Torwächter hörte, ließ er ihn ein. Jener aber begrüßte den Kaiser auf demütige Weise, und dieser sprach zu ihm: »Mein Lieber, was hast du denn für Waren zu verkaufen?« Und jener erwiderte: »Herr, drei weise Sprüchelchen.« Der aber sprach: »Und wie teuer willst du mir jeden Spruch geben?« Und jener entgegnete: »Für tausend Gulden.« Da sprach der Kaiser: »Wenn mir nun aber deine Weisheit nichts frommt, so verliere ich mein Geld.« Da versetzte der Kaufmann: »Herr, wenn meine Sprüche bei Euch keine gute Statt finden, will ich Euch Euer Geld wiedergeben.« Da sprach der Kaiser: »Du sprichst, was billig ist, nenne mir also jetzt die weisen Sprüchelchen, welche du an mich verkaufen willst.« Und jener entgegnete: »Alles, was du tust, tue vorsichtig und siehe aufs Ende. Der zweite Spruch ist: Gehe nie eines Fußsteiges wegen von der Heerstraße. Der dritte endlich ist: Nimm nie eine Herberge über Nacht in einem Hause an, wo der Hausherr alt und seine Frau jung ist. Diese drei Sachen bewahre bei dir, und es wird gut um dich stehen.« Der König gab ihm also für jeden Spruch tausend Gulden und ließ sich den ersten ›Alles, was du tust, tue mit Vorsicht und siehe aufs Ende‹ an die Wände seines Thronsaales schreiben, ebenso auch in seinem Gemache und an allen Orten, wo er spazieren zu gehn pflegte, anbringen, ja auch auf die Tischtücher sticken, auf welchen er speiste. Nach diesem aber, obgleich er ein so gerechter Mann war, verschworen sich doch viele aus seinem Reiche gegen ihn, um ihn zu ermorden; und weil sie solches nicht öffentlich tun konnten, so besprachen sie sich mit seinem Bartscherer, daß er ihm die Kehle abschneiden und dafür einen guten Lohn erhalten solle. Der Bartscherer aber nahm das Geld und versprach, seine Verpflichtung getreulich zu erfüllen. Wie nun aber derselbe dem Kaiser den

Bart abnehmen sollte und ihn eingeseift hatte und sich daran machte, ihn zu rasieren, so sah er zufällig unter sich auf das Barttuch, welches der Kaiser um den Hals hatte und auf dem gestickt zu lesen war: ›Was du tust, das tue mit Vorsicht und bedenke das Ende.‹ Wie nun der Barbier diese Schrift gelesen hatte, da dachte er bei sich: ›Heute bin ich gedungen worden, diesen Mann umzubringen, wenn ich aber das tue, so wird mein Ende sehr kläglich sein, denn ich werde zum schimpflichsten Tode verdammt werden; darum ist es gut, wie jene Schrift sagt: bei allem, was man tut, auf das Ende zu sehen.‹ Alsbald fingen seine Hände an zu zittern, daß ihm sein Schermesser aus der Hand fiel. Wie das der Kaiser gewahr wurde, sprach er zu ihm: »Sage mir, was ist dir denn?« Und jener erwiderte: »O Herr, erbarme dich meiner, ich bin heute gedungen worden, dich für Geld zu ermorden; weil ich aber zufällig, wie es Gottes Wille war, die Schrift deines Barttuches las: ›Was du tust, das tue mit Vorsicht und bedenke das Ende‹, habe ich mir gleich überlegt, daß ein schimpflicher Tod mein Ende sein werde; darum zitterten meine Hände.« Wie das der Kaiser hörte, dachte er bei sich: ›Der erste Spruch hat mir das Leben gerettet, ich habe ihn zu einer guten Stunde eingehandelt.‹ Und er sprach zu dem Bartscherer: »Sei fortan nur getreu, und ich will es dir verzeihen.« Wie nun die Fürsten seines Reiches sahen, daß sie ihn auf diesem Wege nicht töten konnten, verhandelten sie miteinander, wie sie ihn umbringen möchten, und sprachen: »An dem und dem Tage wird er zur Stadt zurückkommen, wir wollen uns also bei dem Fußsteige, über welchen er gehen muß, in den Hinterhalt legen und ihn töten.« Jene aber sprachen: »Das ist ein guter Plan.« Der König aber rüstete sich an eben diesem Tage, nach der Stadt zu ziehen, und als er bis an jenen Fußsteig gekommen war, sprachen seine Ritter zu ihm: »Herr, es ist gut, diesen Fußweg einzuschlagen, denn er ist näher als die Landstraße.« Der Kaiser aber dachte bei sich: ›Der zweite Spruch war, ich solle nie die Heerstraße eines Fußsteiges wegen verlassen, ich will mich also an meinen Spruch halten‹, und er sprach zu seinen Rittern: »Ich bin nicht gesonnen, die Heerstraße zu verlassen, ihr aber, die ihr den Fußsteig einschlagen wollt, könnt gehen, und rüstet alles für meine Ankunft zu.« Jene aber gingen nun den Fußweg, und da sich die Feinde des Königs auf demselben befanden und meinten, daß der König unter jenen sein müsse, so brachen sie alle hervor und töteten alle, so viele ihrer dahin kamen. Wie das der König hörte, sprach er bei sich: ›Nunmehr hat mir auch der zweite Spruch das Leben gerettet!‹ Wie nun jene sahen, daß sie ihn durch List nicht umbringen konnten, so verschworen sie sich untereinander, wie sie ihn auf andre Weise ums Leben bringen möchten, und sprachen unter sich: »An dem und dem Tage wird er in dem Hause jenes Mannes bleiben, bei dem alle Edlen einkehren, weil keine andre Herberge für ihn da ist, wir wollen also für eine Geldsumme den Wirt und seine Frau bestechen, damit sie den Kaiser, wenn er auf seinem Bette liegt, ermorden.« Jene aber entgegneten: »Der Plan ist gut.« Wie nun der Kaiser in jene Stadt gekommen war, kehrte er in selbigem Hause ein, ließ also den Wirt zu sich rufen; allein als er ihn gesehen hatte, kam er ihm sehr alt vor, und darum sprach er zu ihm: »Hast du eine Frau?« Und jener antwortete: »Allerdings, o Herr.« Darum sprach der Kaiser: »Zeige mir sie«, und als er sie geschaut hatte, da kam sie ihm sehr jung vor und als könnte sie kaum achtzehn Jahre alt sein. Darauf sprach er zu ihm: »Gehe deiner Wege, denn ich will mein Nachtlager anderswo aufschlagen lassen und nicht hierbleiben.« Jener aber entgegnete: »Sehr wohl, gnädiger Herr, allein alles ist schon bereit gemacht, und darum wird es nicht gut sein, anderwärts zu schlafen, weil in der ganzen Stadt kein besseres Wirtshaus als dieses ist.« Jener aber entgegnete: »Ich sage dir, daß ich anderwärts schlafen will.« Alsbald brachte ihn sein Kämmerling weg, und der Kaiser begab sich heimlich an einen andern Ort und sprach zu seinen Rittern: »Ihr könnt hierbleiben, wenn ihr wollt, kommt aber in der Frühe zu mir.« Wie nun alles schlief, da stand der Alte mit seiner Frau auf, weil dieselben für Geld gedungen waren, den Kaiser im Schlafe zu ermorden, und töteten alle seine Ritter. Früh aber stand der Kaiser auf, und als er seine Ritter ermordet fand, sprach er in seinem Herzen: ›O weh, wenn ich hier mein Nachtlager genommen hätte, wäre ich jetzt tot wie die andern; nun hat auch der dritte Spruch mir das Leben gerettet.‹ Er ließ also den Alten mit seiner Frau und seiner ganzen Familie an den Galgen hängen und behielt, solange er lebte, jene weisen Lehren bei sich und beschloß sein Leben im Wohlsein.

DIE SCHLANGE

Einst herrschte der weise Theodosius, der aber das Licht seiner Augen eingebüßt hatte und darum ein Gesetz gab, daß eine Glocke in seinem Palaste aufgehangen würde und jeder, der eine Sache bei ihm anzubringen hätte, eigenhändig das Glockenseil ziehen sollte; bei dem Anschlagen derselben sollte dann der Richter, der dazu bestellt war, herabkommen und einem jeden nach der Gerechtigkeit tun. Nun hatte sich aber unter dem Glockenstrange eine Schlange ihr Nest gebaut und bekam innerhalb einer kurzen Zeit Junge, und als dieselben kriechen konnten, machte sie sich eines Tages mit denselben auf den Weg außerhalb der Stadt. Während sich aber die Schlange entfernt hatte, kam eine Kröte in ihr Nest und nahm es in Besitz; die Schlange, als sie mit ihren Jungen zurückkam und sah, wie die Kröte ihr Nest innehatte, kämpfte zwar mit ihr, allein sie konnte die Kröte nicht besiegen, und also behauptete dieselbe das Nest. Wie das die Schlange sah, schlang sie ihren Schwanz um den Glockenstrang, zog tüchtig an demselben und läutete, gerade als wenn sie sagen wollte: ›Komm herab, du Richter, und verschaffe mir Gerechtigkeit, denn eine Kröte hat gegen alles Recht mein Nest in Besitz genommen.‹ Wie der Richter die Glocke läuten hörte, kam er zwar herab; als er aber niemanden erblickte, stieg er wieder hinauf. Wie das die Schlange bemerkte, läutete sie zum zweiten Male. Der Richter stieg, als er das hörte, abermals herab, und da er die Schlange das Glockenseil ziehen sah, und wie die Kröte ihren Wohnplatz eingenommen hatte, stieg er wiederum in den Palast hinauf und meldete die ganze Sache dem König. Der König aber sprach zu ihm: »Gehe wieder hinunter und treibe nicht bloß die Kröte wieder aus, sondern töte sie auch, denn die Schlange muß ihren Platz wiederbekommen«, und also geschah es. Wie nun nach diesem eines Tages der König auf seinem Bette lag, kam die Schlange in sein Gemach und trug einen kostbaren Stein in ihrem Munde, und wie das die königlichen Diener gewahr wurden, sagten sie ihrem Herrn, eine Schlange sei hereingekommen; der aber sprach: »Wollet sie nicht hindern, denn ich glaube, sie wird mir kein Leid zufügen.« Die Schlange kroch nun auf sein Bett und nahm ihren Weg nach seinem Gesicht zu, und als sie bis an seine Augen gekommen war, ließ sie den Stein auf dieselben fallen und ging alsbald wieder aus dem Gemach hinaus. Wie aber der Stein die beiden Augen berührte, bekam der König sein helles Augenlicht wieder; er freute sich darum nicht wenig und ließ die Schlange überall aufsuchen, allein man fand sie nicht; den Stein aber bewahrte er und beschloß sein Leben in Frieden.

DIE DREI GESELLEN

Es waren einst drei Gesellen, die machten eine Reise, und es begab sich, daß sie außer einem Brote durchaus keine Lebensmittel finden konnten. Und doch waren sie sehr hungrig, sprachen daher so zueinander: »Wenn dieses Brot in drei Teile geteilt wird, wird ein solcher keinem von uns zur Sättigung ausreichen, wir wollen also einen vernünftigen Rat halten, wie wir über dieses Brot verfügen müssen.« Da sprach einer: »Wir wollen uns hier auf der Straße zum Schlafen niederlegen, und ein jeder möge träumen, und wer den wunderbarsten Traum erblickt haben wird, der soll das ganze Brot haben.« Die andern zwei antworteten: »Dein Rat ist gut«, und begannen zu schlafen. Der aber, welcher den Rat gegeben hatte, stand, während jene schliefen, auf und verzehrte das Brot ganz und gar und ließ seinen Begleitern nicht ein Krümchen. Als er das getan hatte, weckte er seine Kameraden auf und sprach: »Steht schnell auf, es ist Zeit, daß ein jeder seinen Traum sage.« Da sprach der erste: »Ihr Lieben, ich habe einen wunderbaren Traum gesehn, eine goldne Leiter, welche vom Himmel auf die Erde herabging; auf dieser stiegen die Englein hinauf und hinab und führten meine Seele aus meinem Leibe gen Himmel. Als ich dort ankam, sah ich den Vater, den Sohn und den Heiligen Geist, und so viel Fröhlichkeit war in meiner Seele, und nie hat ein Auge gesehn, noch ein Ohr gehört, was ich da vernommen habe. Und das ist mein Traum.« Da sprach der zweite: »Auch ich sah, wie Teufel mit eisernen und feurigen Werkzeugen mir die Seele aus dem Leibe rissen, mich mißhandelten und sprachen: ›Solange Gott im Himmel regiert, wirst du an diesem Orte bleiben.‹« Der dritte aber sagte: »Hört meinen Traum! Mir kam es vor, als wenn ein Engel zu mir käme und sagte: ›Teuerster, willst du sehen, wo deine Kameraden sind?‹ Ich antwortete: ›Ei wohl, Herr. Wir haben unter uns ein Brot zu teilen, ich fürchte, sie sind mit dem Brote davongelaufen.‹ Jener aber sprach: ›Nein, dies ist nicht der Fall, das Brot liegt neben uns, folge mir.‹ Da führte er mich zur Himmelspforte, und ich steckte meinen Kopf seinem Gebote nach unter das Tor und erblickte dich; es kam mir vor, als wenn du gen Himmel entführt würdest und auf einem goldnen Throne säßest und viele treffliche Weine und Speisen vor dir hättest. Und der Engel sprach zu mir: ›Siehe, dein Gesell lebt im Überfluß unter lauter Freuden und Speisen und wird dort in Ewigkeit bleiben, denn wer einmal in das Himmelreich gekommen ist, der kann nie wieder herausgehen. Komm du nun mit mir, ich will dir zeigen, wo dein andrer Kamerad ist.‹ Als ich ihm aber gefolgt war, da führte er mich an das Höllentor, und da erblickte ich dich, so wie du gesagt, in der schwersten Pein. Und da dir täglich Brot und Wein in großer Menge aufgetragen wurden, da fragte ich dich: ›O liebster Gesell, es gefällt mir nicht, daß du in solcher Pein liegst.‹ Du aber antwortetest mir: ›Solange Gott im Himmel regiert, werde ich hier verbleiben, denn ich habe es verdient; stehe also schnell auf und iß das ganze Brot, denn fürder wirst du weder mich noch unsern Gesellen sehen.‹ Ich aber, als ich das gesehen hatte, stand auf und verzehrte das Brot, wie du gesagt hattest.«

HIER SCHLAGE EIN!

Es stand einst in der Stadt Rom eine Bildsäule auf ihren eignen Füßen wie ein Mensch und hielt die Hand ausgestreckt, auf dem Mittelfinger aber stand geschrieben: ›Hier schlage ein!‹ Diese Bildsäule stand aber also schon seit langer Zeit, und weil nun niemand wußte, was das bedeuten solle: ›Hier schlage ein!‹, so wunderten sich viele darüber und kamen immer wieder zu der Statue, um sich diese Schrift wieder anzusehn; allein sie gingen alle wieder unverrichteter Sache hinweg, denn sie verstanden jene Aufschrift durchaus nicht. Nun gab es aber einen gewissen scharfsinnigen Kleriker, der, wie er von der Bildsäule gehört hatte, sich viel Mühe gab, sie zu sehn, und als er sie endlich erblickt und die Aufschrift ›Hier schlage ein!‹ gelesen hatte und gerade die Sonne auf das Standbild scheinen sah, so folgte er dem Schatten, welchen derjenige Finger warf, welcher sprach: ›Hier schlage ein!‹, nahm gleich eine Hacke und schlug in einer Entfernung von drei Fuß in die Erde und fand einige Stufen, welche unter die Erde hinabgingen. Der Kleriker aber freute sich nicht wenig, stieg die Stufen hinab und fand unter der Erde einen prächtigen Palast, in dessen Hofhalle er trat. Darin erblickte er einen König und eine Königin und viele Edle, welche an einer Tafel saßen, und ringsherum war der ganze Saal voll Menschen. Alle aber waren mit kostbaren Gewändern angetan, indessen sprach keiner von allen auch nur ein einziges Wort zu ihm. Er sah sich um und erblickte in einem Winkel einen kostbaren polierten Stein, welcher Karfunkel heißt, von dem das ganze Haus sein Licht erhielt. Dem Karfunkel gegenüber sah er in einem andern Winkel einen Mann stehen, welcher in seiner Hand einen Bogen hielt und mit einem Pfeile in Bereitschaft stand loszuschießen, und auf der Stirne desselben stand geschrieben: ›Ich bin der, der ich bin, niemand kann meinem Bogen entgehn, und vorzüglich nicht jener Karfunkel, der so herrlich glänzt.‹ Wie das der Kleriker sah, wunderte er sich, trat aber dann in ein Gemach und fand daselbst herrlich schöne Frauen in Purpur und Pelzwerk gekleidet, welche arbeiteten, aber kein Wort zu ihm sprachen. Nach diesem trat er in einen Pferdestall, traf darin Pferde und Esel, aber geradeso wie alle andern, denn wie er sie berührte, schienen sie sich wie Steine anzufühlen. Hieraufbesuchte er alle Wohngemächer des Palastes und fand alles, was sein Herz begehrte. Nachher aber trat er, wie früher, in die Hofhalle, dachte ans Weggehen und sprach bei sich in seinem Herzen: ›Heute habe ich wunderliche Dinge erblickt, und alles, was mein Herz begehrte, konnte es hier finden. Indessen wird über das, was ich gesehn habe, niemand meinen Worten glauben, darum ist es gut, zum Beweis der Wahrheit etwas von hier mitzunehmen.‹ Er schaute also auf die obere Tafel und erblickte goldne Trinkgeschirre und kostbare Messer, ging also an den Tisch und nahm einen Becher und ein Messer weg, um es mitzunehmen. Sobald er es aber in seinen Busen gesteckt hatte, richtete die Bildsäule, welche mit einem Bogen und Pfeil in einem Winkel stand, ihren Pfeil gegen den Karfunkel, durchschoß ihn und zerschmetterte ihn in viele Stücke. Alsbald aber ward die Halle finster wie die Nacht, und der Kleriker ward, als er das sah, ganz traurig und konnte den Ausweg wegen der allzu großen Dunkelheit nicht wiederfinden und mußte so in dem Palaste eines elenden Todes sterben.

VON DEM GETREUEN HALTEN SEINES VERSPRECHENS

Es gab einst einen Kaiser, in dessen Reiche zwei Räuber lebten, die miteinander einen Bund gemacht hatten, daß keiner den andern in der Not verlassen, sondern daß ein jeder für den andern sein Leben einsetzen sollte, und diese verübten miteinander vielerlei Übeltaten, sowohl Diebstähle als Mordtaten. Nun begab es sich einstmals, daß der eine ohne den andern, und in der Abwesenheit desselben, bei einem Diebstahle gefangen und in Fesseln in einen Kerker geworfen wurde. Wie das sein Geselle, der andre Räuber, hörte, kam er zu ihm und sprach: »Mein lieber Geselle, sage mir aufs Wort, durch welches wir miteinander verbunden sind, was soll aus dir werden?« Jener antwortete aber: »Wie es mir vorkommt, muß ich des Todes sterben, weil ich beim Stehlen ergriffen worden bin; wenn du also nur das tun willst, was ich dir sagen werde, werde ich dir sehr verpflichtet sein. Ich habe eine Frau, eine Familie und auch ganz kleine Kinder; über diese habe ich noch nichts festgesetzt, auch nichts über mein Vermögen; so du nun den Richter befragen wolltest, ob du für mich im Gefängnis bleiben dürftest, bis ich nach Hause gehen und über meine Frau und Familie und über mein Gut eine Anordnung werde treffen können, will ich zur rechten Zeit wieder hier sein und dich erlösen.« Jener antwortete aber: »Das will ich treulich erfüllen.« Er machte sich also zum Richter auf und sprach: »Herr, mein Freund ist gefangen worden und liegt im Kerker, so daß er, wie ich denke, dem Tode nicht entgehen mag. So es Euch nun gefällig ist, hätte ich an Euch nur eine einzige Bitte, nämlich, daß Ihr ihm gestattet, nach seinem eignen Hause zu gehn, um vor seinem Tode noch über seine Frau und Familie zu verfügen. Indessen will ich, damit Ihr über ihn sicher sein könnt, an seiner Stelle im Gefängnis bleiben, bis er zurückkommt.« Darauf erwiderte der Richter: »An dem und dem Tage wird über ihn und die andern Gericht gehalten werden; wenn er nun aber an diesem Tage nicht zurückkehrt, was wirst du dann antworten?« Jener aber versetzte: »Herr, ich will dir jegliche Sicherheit, welche dir beliebt, geben und, wenn er nicht kommt, um seinetwillen den Tod leiden.« Darauf sprach der Richter: »Wir wollen deine Bitte erhören, jedoch so, daß wir dich im Gefängnis halten, bis jener zurückkehrt.« Und jener antwortete: »Also ist es mir recht.« Hierauf ließ der Richter diesen ins Gefängnis stecken, den andern aber frei seine Straße ziehn. Der aber ging nach Hause und traf seine Anordnungen wegen seiner Frau, Kinder und Familie, und hielt sich bis zum dritten Tage daselbst auf, an welchem alle Missetäter vor den Richter gebracht wurden. Unter den übrigen ward auch der, welcher so bereitwillig für seinen Freund ins Gefängnis gegangen war, ihm statt seines Freundes vorgeführt, der Richter aber sprach zu ihm: »Wo ist denn dein Freund, der heute zurückkommen, dich erlösen und retten sollte?« Und jener antwortete: »Herr, wie ich hoffe, wird er nicht ausbleiben.« Der Richter aber wartete lange, ob er vielleicht komme, allein er kam nicht. Alsbald fällte er den Spruch, man solle jenen zum Galgen führen, und also geschah es. Wie er nun zum Galgen gekommen war, da sprach der Richter zu ihm: »Mein Lieber, rechne es dir allein, nicht aber mir zu, daß du jetzt sterben mußt: Du hast ja gesagt, dein Freund werde kommen und dich erlösen.« Jener aber antwortete: »Herr, weil ich sterben muß, so bitte ich Euch inständigst, daß ich vor meinem Tode noch einmal anklopfen darf.« Der Richter aber entgegnete: »Was soll denn das für ein Anklopfen sein?« Der aber antwortete: »Ich will, bevor ich sterbe, noch dreimal laut rufen.« Und jener sagte: »Mir ists recht«, worauf jener mit lauter Stimme anfing zu rufen, zum ersten, zweiten und dritten Male. Dabei sah er sich rings um und sah in der Ferne einen Mann behenden Laufes herbeieilen und sprach zu dem Richter: »Schiebe meinen Tod noch auf, denn siehe, ich sehe einen Mann kommen: Vielleicht ist es mein Geselle, der mich heute noch erlösen wird.« Wie aber der Richter jenen kommen sah, wartete er, und siehe, sein Geselle langte an und sprach: »O Herr, ich bin der, welcher über seine Güter verfügt hat und für den sein Freund unterdessen in Todesgefahr schwebte; laß jenen jetzt ungehindert weggehn, denn ich bin bereit, für meine Sünden den Tod zu leiden.« Da sah ihn der Richter scharf an und sprach: »Mein Lieber, sage mir, warum ihr einander so treu seid?« Und jener erwiderte: »Herr, von unsrer Kindheit an hat jeder von uns dem andern das Wort gegeben, ihm in allem getreu zu sein; das ist die Ursache, warum er meine Stelle vertreten hat, bis ich mein Haus bestellt hatte.« Der Richter aber sprach: »Weil die Sache so ist, so erlasse ich dir die Hinrichtung; seid mir treu, und ihr könnt für die Zukunft bei mir bleiben: Ich will in allem aus meinen Mitteln für eure Notdurft sorgen.« Jene aber antworteten: »Herr, wir geloben Euch vollständig unsre Treue!« Also nahm sie der Richter zu Gnaden an, und alle lobten ihn, daß er so voll Erbarmen gegen sie gewesen war.

DIE DER TEUFEL REICH MACHT, DIE TÄUSCHT ER

Es lebte einst ein Schmied in einer am Meere gelegenen Stadt, der war sehr geizig und schlecht. Er hatte aber viel Geld zusammengebracht und damit einen Stamm angefüllt, welchen er vor aller Augen ans Feuer stellte, so daß niemand Verdacht schöpfen konnte, daß derselbe Geld enthielte. Nun begab es sich aber einmal, daß, während alle im Schlafe lagen, das Meer ins Haus trat, so daß der Stamm mit dem Gelde zum Schwimmen kam. Wie nun das Meer wieder zurücktrat, nahm es den Stamm mit fort, und so schwamm derselbe auf dem Meere viele Meilen weit, bis er an eine Stadt kam, in welcher ein Mann wohnte, der eine geheime Herberge hielt. Dieser Mann sah, als er in der Frühe aufstand, den Stamm und zog ihn ans Land, weil er meinte, er sei nichts weiter als ein Stück Holz, welches von irgend jemanden hineingeworfen oder zurückgelassen worden sei. Nun war aber dieser Mann sehr freigebig und wohltätig gegen Arme und Fremde; es begab sich daher eines Tags, daß Reisende in seinem Hause einkehrten und es gerade sehr kalt war. Der Wirt zerhieb also mit seiner Axt das Holz und vernahm nach zwei oder drei Hieben einen Klang, und als er darauf den Stamm gespalten hatte, fand er das Geld und freute sich sehr, legte es aber in Verwahrung, ob nicht vielleicht irgendwer käme, dem es gehörte und welchem er es zurückgeben könnte. Der Schmied aber zog von Stadt zu Stadt, um sein Geld zu suchen, und kam auch zu der Stadt und der Herberge jenes Wirtes, der den Stamm gefunden hatte. Wie er nun erwähnte, daß er einen Stamm verloren habe, und sein Wirt dieses hörte, so merkte er, daß diesem das Geld gehöre. Er dachte also bei sich: ›Ich will jetzt eine Probe machen, ob es der Wille Gottes ist, daß ich ihm das Geld zurückgebe.‹ Der Wirt ließ also drei Pasteten von Brotteig machen: die eine füllte er mit Erde, die zweite mit Totengebeinen, die dritte aber mit dem Gelde an, welches er in dem Stamm gefunden hatte. Wie er das gemacht hatte, sprach er zu dem Schmied: »Wir wollen drei gute Pasteten verzehren, die aus dem besten Fleische, welches ich habe, bereitet sind, du kannst nehmen, welche du willst, immer wirst du genug haben.« Der Schmied aber hob eine nach der andern auf, fand, daß sie mit Erde angefüllte Pastete schwerer war, und wählte sie, und sprach hierauf zu dem Wirte: »Wenn ich mehr bedarf, werde ich mir noch jene zweite auslesen«, und dabei legte er seine Hand auf die mit Totengebeinen gefüllte Pastete. »Die dritte magst du für dich behalten.« Wie das der Wirt sah, sprach er in seinem Herzen: ›Jetzt sehe ich deutlich, daß es der Wille Gottes nicht ist, daß dieser Elende sein Geld bekommt.‹ Alsbald rief Arme und Kranke, Blinde und Lahme zu sich herein, öffnete in Gegenwart des Schmiedes die Pasteten und sprach: »Siehe, du elender Kerl, hier ist dein Geld, welches ich deinen Händen überlieferte; du aber hast lieber die Pasteten mit Erde und Totengebeinen gewählt, und das ist gut, weil es Gott nicht gefällt, daß du jenes Geld wiederbekommst.« Sogleich verteilte er vor seinen Augen das ganze Geld unter die Armen, und so ging der Schmied wieder mit großer Bestürzung seiner Wege.

EUSTACHIUS

Einst herrschte ein Kaiser namens Trajanus, in dessen Reiche ein Ritter lebte, der Placidus hieß und von seiten des Kaisers zum Kriegsobersten bestellt war. Der ließ sich nun die Werke der Barmherzigkeit sehr angelegen sein, war aber dem Götzendienst ergeben. Er hatte aber eine Frau, welche demselben Kultus zugetan, aber auch ebenso barmherzig war als er selbst; mit dieser zeugte er zwei Söhne, welche er, zufolge ihrer edlen Geburt, köstlich erziehen ließ, und weil er nun eifrig die Werke der Mildtätigkeit betrieb, so verdiente er, auf den Weg der Wahrheit und des Lichts geführt zu werden. Wie er nun eines Tages das Weidwerk übte, traf er auf ein Rudel Hirsche, unter denen er einen erblickte, der schöner und größer war als die übrigen, sich von der Gesellschaft der andern absonderte und in einen weit ausgedehnten Wald entsprang. Während nun die übrigen Ritter sich mit den andern Hirschen beschäftigten, verfolgte Placidus mit aller Anstrengung jenen und bemühte sich, ihn zu fangen. Wie er nun aus allen Kräften nacheilte, lief endlich der Hirsch eine hohe Bergspitze hinan, und als Placidus näher kam, dachte er bei sich in seiner Seele darüber nach, wie er ihn nun auf eine andre Weise nicht fangen könne. Als er jedoch den Hirsch genau ansah, bemerkte er zwischen seinen Geweihen die Form des heiligen Kreuzes, das mehr als das Sonnenlicht selbst leuchtete, und das Bild Jesu

Christi, welches durch den Mund des Hirsches gerade wie einst durch die Eselin Bileams mit folgenden Worten zu ihm sprach: »O Placide, was verfolgst du mich! Ich bin deiner wegen dir hier in der Gestalt eines Hirsches erschienen, ich bin Christus, den du, ohne es selbst zu wissen, verehrst; dein Almosen ist bis zu mir heraufgestiegen, und deshalb bin ich gekommen, daß ich durch den Hirsch, welchen du jagtest, dich selbst erjagen möge.« Andre sagen jedoch, daß das Bild, welches zwischen den Geweihen dieses Hirsches erschien, selbst diese Worte vorbrachte. Als das Placidus hörte, wurde er von großer Furcht ergriffen, stürzte vom Roß auf die Erde herab, und erst nach einer Stunde wieder zu sich gekommen, stand er von der Erde auf und sprach: »Entdecke mir, was du sagen willst, so will ich an dich glauben!« Und Christus sprach: »Ich bin Christus, Placide, der den Himmel und die Erde erschaffen hat, der ich das Licht entstehen ließ und es von der Finsternis schied, der ich die Tages- und Jahreszeiten und Jahre bestimmte, den Menschen aus einem Erdenkloß bildete, der ich zum Heil des Menschengeschlechts auf Erden in Fleischesgestalt erschien, der ich gekreuzigt und begraben wurde und am dritten Tage wieder auferstand.« Wie das Placidus hörte, fiel er zum zweiten Male zur Erde nieder und sprach: »Herr, ich glaube, daß du das alles gemacht hast und die Irrenden bekehrst.« Und der Herr sprach zum ihm: »Wenn du an mich glaubst, so gehe zum Bischof dieser Stadt und laß dich taufen.« Ihm aber antwortete Placidus: »Willst du, Herr, daß ich dieses ebenso auch meiner Frau und meinen Kindern kundtue, auf daß auch diese an dich glauben?« Der Herr aber sprach: »Verkündige es ihnen, damit auch sie, gleich wie du, gereinigt werden mögen; du aber komm am morgenden Tage wieder hierher, damit ich dir zum zweiten Male erscheine und dir, was da kommen soll, vollständiger eröffnen kann!« Wie also Placidus nach Hause zurückgekehrt war und seiner Frau im Bette diese Sache verkündigte, da rief seine Frau aus: »Mein Herr, auch ich habe ihn in der vergangenen Nacht erblickt, wie er also zu mir sprach: ›Morgen wirst du und dein Mann und seine Söhne zu mir kommen‹, und jetzt habe ich ihn wiedererkannt, weil du es selbst auch erfahren hast.« Sie machten sich also noch um Mitternacht zu dem Bischof der Stadt Rom auf den Weg, der sie mit großer Freude taufte und den Placidus Eustachius nannte, seine Frau aber Theosbyta und seine Söhne Theosbytus und Agapitus. In der Frühe des andern Morgens aber begab sich Eustachius nach seiner Gewohnheit auf die Jagd, und als er an jene Stelle gekommen war, ließ er seine Begleiter unter dem Vorwand, Wild aufzuspüren, auseinandergehen, und erblickte alsbald an demselben Orte wiederum die Gestalt seines ersten Gesichts; er fiel zur Erde nieder und sprach: »Herr, ich bitte dich demütiglich, daß du mir offenbaren mögest, was du deinem Knechte versprochen hattest!« Darauf sprach der Herr zu ihm: »Heil dir, Eustachi, daß du das Bad meiner Gnade empfangen und also den Teufel überwunden hast, und so den, der dich betrogen hatte, nieder in den Staub tratest. Bald aber wird dein Glaube an den Tag kommen, denn der Teufel, den du verlassen hast, wird gegen dich wüten und waffnet sich gegen dich auf allerlei Weise. Du mußt also viel leiden, auf daß du die Krone des Sieges erringest; du mußt vieles erdulden, auf daß du von der hohen Eitelkeit der Welt erniedrigt und wiederum mit geistigen Schätzen erhöht werdest. Falle also nicht wieder von mir ab und blicke nicht auf deine vorige Herrlichkeit, denn in Versuchungen mußt du dich als einen zweiten Hiob erweisen. Sage mir also, ob du die Versuchungen gleich jetzt bestehen willst, oder erst am Ende deines Lebens.« Eustachius aber sprach zu ihm: »Herr, wenn es so sein muß, so befiehl, daß der Versucher jetzt zu mir trete, verleihe mir aber die Tugend der Geduld.« Der Herr aber sprach: »Seid immerhin tapfer, weil meine Gnade eure Seelen behüten wird.« Und also stieg der Herr gen Himmel auf, und Eustachius kehrte nach Hause zurück und meldete alles seiner Frau wieder. Wenige Tage nachher aber ergriff eine todbringende Pest alle seine Knechte und Mägde und tötete alle; kurz darauf fielen alle sein Pferde und all sein Vieh auf einmal; einige Bösewichte aber, welche sich jetzt die Gelegenheit zum Rauben abpaßten, drangen zur Nachtzeit in sein Haus ein, trugen alles, was sie fanden, hinweg und plünderten alles Silber und Gold und andere Dinge im ganzen Hause – und er selbst mit seiner Frau und Kindern dankte Gott dafür, daß er nackt entfliehen konnte. Da sie nun aber fürchteten, von den Leuten verspottet zu werden, so zogen sie nach Ägypten; und ihr ganzes Besitztum ward durch diese Räuberei jener Bösewichte auf nichts herabgebracht, der König aber und der ganze Senat kümmerten sich sehr wegen des so wackern Kriegsobersten, weil sie gar keine Zeichen von ihm entdecken konnten. Wie aber jene unterwegs waren, kamen sie ans Meer, und als sie daselbst ein Schiff antrafen, fingen sie an, dasselbe zu besteigen. Allein der Besitzer desselben, als er bemerkte, daß die Frau des Eustachius sehr schön war, wünschte sie zu besitzen, und da sie übergesetzt waren, verlangte er von ihnen sein Fährgeld, und weil sie nichts zum Bezahlen hatten, gebot er, die Frau, welche er bei sich zu haben wünschte, nicht ziehen zu lassen. Wie das Eustachius hörte, wollte er sich dieses durchaus nicht gefallen lassen, allein wie er noch so widersprach, da winkte der Schiffsherr seinen Leuten, sie sollten ihn ins Meer stürzen, auf daß er so zu dieser Frau kommen könnte. Als das Eustachius gewahr wurde, verließ er traurig seine Frau, nahm seine beiden Kinder und ging seufzend hinweg, indem er also sprach: »Wehe mir und euch, denn eure Mutter hat sich einem fremden Manne überliefert.« Er gelangte aber an einen Strom, über welchen er wegen der großen Menge Wassers, die er enthielt, nicht mit beiden Knaben zugleich zu setzen wagte, sondern ließ einen am Ufer zurück und trug den andern hinüber; wie er aber über den Strom gesetzt hatte, legte er das Kind, welches er auf seinem Rücken hinübergetragen hatte, auf die Erde und eilte, das andere zu holen. Wie er aber bis in die Mitte des Stromes gekommen war, siehe, da lief ein reißender Wolf vorbei, raubte den Knaben, welchen er dort abgesetzt hatte, und entfloh mit ihm in den Wald. Während der aber noch weglief, kam ein Löwe und raubte auch den andern Knaben und lief mit ihm weg, so daß er, weil er nicht imstande war, ihn zu verfolgen, mitten im Flusse anhob, seine Brust zu zerschlagen und sein Haar auszuraufen, sich auch in das Wasser stürzen wollte, wenn ihn nicht die göttliche Vorsehung daran gehindert hätte. Einige Hirten aber, welche gesehen hatten, wie jener Löwe den Knaben forttrug, verfolgten ihn mit ihren Hunden, und der Löwe warf durch Fügung Gottes den Knaben unverletzt von sich und entlief. Indessen hatten auch Akkerleute, welche hinter dem Wolfe herschrien, den andern Knaben unbeschädigt aus dem Rachen desselben befreit; und da beide Teile, die Hirten und die Ackerleute, aus einem Dorfe waren, so erzogen sie die beiden Knaben bei sich. Davon wußte aber Eustachius nichts, sondern ging weinend und klagend weiter, also sprechend: ›Wehe mir, der ich vorher so kräftig wie ein Baum war, jetzt bin ich gänzlich von allem entblößt. Wehe mir, ich, der ich gewohnt war, von einer Menge Krieger umgeben zu sein, bin jetzt ganz allein und darf nicht einmal meine Knaben bei mir behalten. Ich besinne mich, Herr, daß du zu mir sagtest, ich müsse wie Hiob versucht werden, siehe aber, mir geht es viel schlimmer wie dem Hiob; denn wiewohl jener von allem, was sein war, entblößt war, hatte er doch noch Mist, auf welchem er sitzen konnte. Mir dagegen ist von allem diesem gar nichts geblieben. Er besaß Freunde, welche Mitleid mit ihm hegten, ich aber hatte nur Feinde, wilde Tiere, welche meine Söhne raubten. Ihm wurde seine Frau gelassen, mir aber ist sie genommen worden. Verleihe mir, Herr, jetzt Ruhe in meinem Trübsal und bewache meinen Mund, auf daß sich nicht mein Herz zu böslichen Worten verleiten lasse und ich von deinem Anblick verstoßen werde!‹ Als er also gesprochen hatte, ging er mit Tränen zu einem Dorfe und hütete daselbst um Lohn fünfzehn Jahre lang die Schafe der dasigen Einwohner. Seine Söhne aber wurden mittlerweile in einem andern Dorfe erzogen und wußten nicht, daß sie Brüder waren. Jener Schiffer aber behielt zwar die Frau des Eustachius bei sich, erkannte sie aber nicht, sondern hinterließ sie sogar unberührt, als er sein Leben beschloß. Der Kaiser aber und das römische Volk wurden unterdessen von ihren Feinden gar sehr belästigt, und indem sie des Eustachius gedachten, wie wacker der gegen sie gefochten hatte, wurden sie immer trauriger wegen seines plötzlichen Verschwindens. Der Kaiser schickte nun viele Ritter nach allen Weltgegenden aus und verhieß allen, die ihn finden würden, Reichtümer und Ehrenstellen. Einige aber von den Soldaten, welche einst unter Placidus gedient hatten, kamen gerade zu dem Dorfe, in welchem er sich aufhielt; und wie Placidus vom Felde kam und sie gewahr wurde, erkannte er sie sogleich an ihrem Gang und fing an zu seufzen und bestürzt zu werden, indem er der Würde gedachte, die er einst besessen hatte, und sprach in seinem Herzen: ›Herr, so wie ich diejenigen, welche einst mit mir gewesen sind, gegen meine Erwartung jetzt erblickt habe, ebenso verleihe mir, meine Gattin wiederzusehn, denn von meinen Söhnen weiß ich, daß sie von wilden Tieren gefressen worden sind.‹ Da drang eine Stimme zu ihm, welche also sprach: ›Habe Vertrauen, Eustachi, denn du wirst bald deine Würde wieder besitzen und deine Frau und Söhne wieder bekommen.‹ Wie er aber den Soldaten in den Weg kam, erkannten sie ihn nicht, grüßten ihn aber und fragten, ob er nicht einen Fremden namens Placidus, der eine Frau und zwei Söhne habe, kenne. Der aber sagte, er wisse nichts von ihnen, aber auf seine Bitten nahmen sie ihre Herberge bei ihm, und Placidus wartete ihnen auf; weil er aber seiner frühern Stellung gedachte, konnte er sich der Tränen nicht enthalten, ging aber hinaus und wusch sein Gesicht und wartete ihnen zurückgekehrt wieder auf. Jene aber betrachteten ihn und sprachen zueinander: »Wie ähnlich ist doch dieser Mensch dem, welchen wir suchen!« Ein andrer aber antwortete und sprach: »Er ist ihm sehr ähnlich, laßt uns ihn also beobachten, ob er das Zeichen einer Narbe am Kopfe hat, welche von einer Wunde herrührt, die er einst in der Schlacht erhielt; wahrhaftig, er ist es selbst!« Und da sie ihn ansahen und an dem Zeichen sahen, daß er es selbst sei, welchen sie suchten, so erkannten sie ihn auf der Stelle, sprangen auf ihn zu, küßten ihn und fragten ihn nach seiner Frau und Kindern. Er aber sagte ihnen, es seien seine Söhne tot, und seine Frau werde ihm vorenthalten. Es eilten nun aber alle Nachbarn zu diesem Schauspiele herbei, indem jene Krieger von seiner Tapferkeit und früherem Ruhme erzählten; nachher aber eröffneten sie ihm des Kaisers Gebot und bekleideten ihn mit kostbaren Gewändern. Sie gelangten aber nach einer Reise von fünfzehn Tagen zum Kaiser, der, wie er von seiner Ankunft hörte, ihm alsbald entgegeneilte und ihm den Friedenskuß gab. Hierauf erzählte er allen der Reihe nach alles, was ihm begegnet war, ward hierauf sogleich zu der Wohnung des Kriegsobersten geführt und wurde aufgefordert, dieselbe Stelle, welche er früher besessen hatte, wiederum zu bekleiden; und nachdem er die Soldaten gezählt und gefunden hatte, daß ihrer nur wenige gegen so viele

Feinde seien, befahl er, Rekruten in allen Städten und Dörfern zusammenzubringen. Nun begab es sich aber, daß auch für jenes Dorf, in welchem seine Söhne erzogen wurden, ausgeschrieben wurde, man solle zwei junge Leute zu Soldaten stellen; alle Bewohner jenes Ortes aber bezeichneten dem Kriegsobersten jene beiden Jünglinge als passender denn alle andern für den Krieg. Er sah sich also jene zwei jungen Leute an, und da er sie feingebildet und von guten Sitten fand, sie ihm also sehr wohl gefielen, so stellte er sie mit unter die ersten in die Schlachtlinie und zog also in die Schlacht. Nachdem also die Feinde geschlagen worden waren, ließ er seine Soldaten drei Tage an demselben Orte, wo seine Frau ihren Wohnsitz aufgeschlagen hatte, ausruhen, wo denn seine Söhne zu ihr ins Quartier kamen, obgleich sie natürlicherweise nicht wußten, daß es ihre Mutter war. Wie sie nun um Mittag beieinandersaßen und sich unterhielten, erzählten sie sich gegenseitig von ihren Kinderjahren; die Mutter jener Jünglinge aber, welche ihnen gegenübersaß, hörte aufmerksam mit an, was sie einander erzählten. Es sprach aber der Ältere zum Jüngern: »Ich kann mich aus meiner Kindheit auf weiter nichts besinnen, als daß mein lieber Vater ein Kriegsoberster und meine Mutter eine sehr schöne Frau war und zwei Söhne hatte, mich und einen kleinen Bruder, der aber ebenfalls sehr schön aussah; einst nahmen uns unsre Eltern, mich und meinen Bruder, und gingen bei Nacht aus meinem väterlichen Hause heraus und bestiegen beide miteinander ein Schiff, nahmen uns aber beide mit, ich weiß jedoch nicht, wohin sie gehen wollten; wie wir aber das Schiff verließen, blieb meine Mutter, ich weiß nicht warum, auf der See zurück, unser Vater aber trug uns beide fort, weinte aber beständig; wie er aber an einen gewissen Strom kam, da setzte er mit meinem jüngern Bruder über und ließ mich am Ufer des Flusses zurück. Wie er aber zurückkehrte, um mich abzuholen, kam ein Wolf und raubte jenen Knaben, und noch ehe er sich mir nähern konnte, kam auch hier ein Löwe aus dem Walde, schleppte mich fort und entführte mich mit sich in seinen Wald. Einige Hirten entrissen mich aber dem Rachen des Löwen und zogen mich auf ihrem Gute auf, wie du selbst weißt, so daß ich nicht wissen kann, was aus meinem Vater und Bruder geworden ist.« Wie das der jüngere Bruder hörte, fing er an zu weinen und zu sagen: »So wahr Gott lebt, wie ich höre, bin ich dein Bruder, weil die, welche mich erzogen haben, mir sagten, wie sie mich aus dem Rachen eines Wolfes befreit hätten.« Also fielen beide einander in die Arme, küßten sich und fingen an zu weinen; ihre Mutter aber, welche das mit anhörte und bedachte, wie sie so richtig ihr Schicksal erzählt hatten, dachte lange bei sich nach, ob das ihre Söhne sein könnten. Am andern Tage aber ging sie zu dem Kriegsobersten, bat um Gehör und sprach zu ihm: »Herr, ich flehe dich an, daß du mich zu meiner Vaterstadt zurückbringen läßt; denn ich bin aus dem Römerlande und hier fremd.« Wie sie das sagte, ward sie an seinem Merkmale ihres Gatten gewahr, und da sie ihn erkannte und nicht mehr an sich halten konnte, fiel sie ihm zu Füßen und sprach: »Herr, ich bitte dich, mir dein früheres Leben zu erzählen, denn ich glaube, du bist Placidus, der Kriegsoberste, der mit seinem andern Namen Eustachius heißt, den der Heiland bekehrt hat, und der nun die Versuchung bestanden hat, dem ich als seine Frau auf dem Meere entführt worden bin, und der zwei Söhne Agapitus und Theosbytus hatte.« Wie das Eustachius hörte und, als er sie genauer betrachtet hatte, erkannte, daß sie seine Gattin sei, vergoß er Freudentränen, küßte sie und preisete Gott, der die Niedergeschlagenen also zu trösten wisse. Danach aber sprach seine Frau zu ihm: »Herr, wo sind unsre Söhne?« Er aber antwortete: »Sie sind von wilden Tieren geraubt worden«, und erzählte ihr, wie er sie verloren hatte. Sie aber sprach: »Ich danke dem Herrn, denn ich meine, daß, wie Gott es uns verliehen hat, uns einander wiederzufinden, er uns auch das Glück gewähren wird, unsre Söhne wiederzuerkennen.« Jener aber sprach: »Ich habe dir ja gesagt, daß sie von wilden Tieren gefressen worden sind.« Sie aber entgegnete: »Als ich am gestrigen Tage in meinem Garten saß, habe ich zwei Jünglinge auf eine solche Weise von ihren Kinderjahren erzählen hören, daß ich glaube, es müssen unsre Söhne sein; frage sie selbst, damit sie es dir sagen!« Eustachius aber rief sie zu sich, und als er von ihnen die Geschichte ihrer Kindheit vernommen hatte, da erkannte er, daß sie seine Söhne waren; er und ihre Mutter fielen ihnen um den Hals, weinten gar sehr und küßten sie wiederholt, und das ganze Heer freute sich über ihr Wiederfinden und über die Besiegung der Feinde. Wie sie aber zurückkehrten, da hatte es sich zugetragen, daß Trajanus gestorben war und ihm Hadrianus, der weit schlechtere Taten verübte, auf dem Throne folgte und sie für den gewonnenen Sieg und die Wiederfindung der Frau und Kinder köstlich aufnahm und ein großes Gastmahl zurichten ließ. Am andern Tage aber zog er nach dem heidnischen Götzentempel, um daselbst wegen des Sieges über die Barbaren ein Opfer zu bringen. Wie aber der Kaiser sah, daß Eustachius weder wegen des Sieges noch wegen der Wiederfindung der Seinigen opfern wollte, ermahnte er ihn, er solle doch auch ein Opfer bringen. Der aber antwortete: »Ich verehre als meinen Gott Jesus Christus, und ihm allein diene und opfere ich.« Darüber aber entbrannte der Zorn des Kaisers, und er ließ ihn samt seiner Frau und Kindern in die Rennbahn bringen und einen grimmigen Löwen auf ihn loslassen. Allein der Löwe lief zwar auf sie zu, aber als bete er sie an, wich er wieder mit demütig gesenktem Haupte von ihnen zurück. Darauf ließ der Kaiser einen ehernen Ochsen erhitzen und befahl, sie lebendig hineinzustecken; diese Heiligen aber verrichteten ihr Gebet und befahlen sich Gott, worauf sie in den Ochsen hineingingen und daselbst ihre Seelen dem Herrn zurückgaben. Drei Tage nachher wurden sie aber in Gegenwart des Kaisers wieder aus dem Ochsen herausgenommen und so durchaus unbeschädigt befunden, daß der Dampf des Feuers weder ihre Haare, noch sonst irgend etwas an ihnen berührt hatte. Die Christen aber trugen ihre Körper hinweg und bargen sie an einem sehr bekannten Orte, wo sie eine Kapelle erbauten. Jene starben aber den Märtyrertod unter Hadrianus, der den Thron bestieg um das Jahr des Herrn 120, den ersten November oder, wie andre sagen, den zwanzigsten September.

WÄCHTER ARGUS

Ein gewisser Edler besaß eine weiße Kuh, die er aus zwei Gründen sehr werthielt. Der erste lag darin, daß sie weiß war, der andre, weil sie beständig Überfluß an Milch hatte. Nun verordnete aber dieser Edle, die Kuh solle zwei goldne Hörner erhalten, und dachte bei sich darüber nach, wem er wohl die Kuh zur Bewachung übergeben könnte. Nun lebte aber damals gerade ein Mann, der Argus hieß, in allem wahrheitsliebend war und hundert Augen hatte. Dieser Edle sandte also einen Boten an den Argus, er solle ohne weitern Verzug zu ihm kommen. Wie der aber gekommen war, sprach er zu ihm: »Ich vertraue dir meine Kuh mit goldnen Hörnern zur Bewachung an, und so du sie gut hüten wirst, will ich dich zu großem Reichtum emporbringen; wenn aber die Hörner gestohlen werden, mußt du des Todes sterben.« Argus aber nahm die Kuh samt den Hörnern und führte sie mit sich, zog mit derselben jeden Tag auf die Weide, bewachte sie sorgsam und brachte sie bei Anbruch der Nacht wieder nach Hause. Nun gab es aber damals einen gewinnsüchtigen Menschen namen Merkurius, der aber sehr erfahren in der Musik war und die Kuh durchaus zu besitzen wünschte und darum oft zu dem Argus kam, um die Hörner von ihm durch Bitten oder Geld zu erhalten. Argus hielt aber in seiner Hand einen Hirtenstab, auf den er sich zu stützen pflegte, und sprach zu seinem Stocke, als wenn er die Person seines Herrn vor sich hätte: »Du bist mein Herr, ich will in dieser Nacht zu dir auf deine Burg kommen: Du sprichst zu mir; wo ist meine Kuh mit ihren Hörnern? Ich antworte: Die Kuh ist da, hat aber keine Hörner mehr, denn als ich im Schlafe lag, hat sie ein Räuber entwendet. Du aber sagst: O du elender Kerl, hast du nicht hundert Augen? Wie ist es möglich, daß alle schliefen und ein Räuber die Hörner stehlen konnte? Dies ist eine Lüge, also bist du ein Kind des Todes. So ich aber sage: Ich habe sie verkauft, bin ich nicht weniger in den Augen meines Herrn dem Tode verfallen.« Darauf sprach er zum Merkurius: »Gehe deiner Wege, denn du sollst nichts erhalten.« Merkurius aber entfernte sich und kam am andern Tage als Tonkünstler mit seinem Instrumente wieder. Wie er aber zurückgekehrt war, fing er an, nach Art der Schauspieler dem Argus Spaß vorzumachen und dazu sehr viel zu singen, bis zwei Augen desselben anfingen einzuschlafen. Dann entschliefen bei seinem Gesange noch zwei andre Augen, und so immer fort eins nach dem andern, bis der Schlaf alle überwältigt hatte. Wie das Merkurius gewahr ward, hieb er dem Argus das Haupt ab und raubte die Kuh samt ihren goldnen Hörnern.

UNDANKBARKEIT

Es hatte einst ein König einen Seneschall über sein Reich gesetzt, dessen Herz so von Hochmut geschwollen und aufgeblasen war, daß er alle drückte und auf seinen Wink alles geschehen mußte. Nun war nahe bei dem kaiserlichen Palaste ein Wald mit wilden Tieren ganz angefüllt, und er befahl, daß in demselben verschiedene Gruben gemacht und mit Blättern zugedeckt würden, auf daß die wilden Tiere unversehens in dieselben fallen möchten und also gefangen würden. Nun begab es sich aber, daß der Seneschall einst durch diesen selbigen Wald ritt und er in seines Herzens Tiefen hochfahrend war und dachte, daß niemand im ganzen Reiche größer sei denn er. Als er aber immer weiter fortritt, da fiel er in so eine Grube und konnte nicht wieder herauskommen. An demselben Tage fiel aber nachher noch ein Löwe, ein Affe und drittens eine Schlange in dieselbe Grube. Wie aber der Seneschall sich von diesen Bestien umgeben sah, fürchtete er sich und schrie laut. Es hörte aber sein Geschrei ein armer Mann namens Guido, der mit seinem Esel Holz aus dem Walde führte, womit er sich seinen Unterhalt verdiente, und kam an die Grube. Diesem versprach er viele Schätze, wenn er ihm heraushelfen würde. Guido aber sprach: »Mein Bester, ich habe nichts zu leben, darum lese ich Holz, und wenn ich dieses mein Tagewerk liegen lassen wollte, würde ich zu Schaden kommen.« Darauf verhieß ihm der auf sein Wort, er wolle ihn von seinem Reichtum versorgen, wenn er ihm heraushelfen würde. Als nun Guido dieses vernommen hatte, ging er zur Stadt und brachte von da ein langes Seil mit, welches er in die Grube hinabließ, auf daß sich der Seneschall dasselbe umgürtete und er ihn so herausziehen könnte. Kaum war dasselbe aber hinabgelassen, so sprang der Löwe nach dem Seile und wurde herausgezogen, worauf er ihm seine Dankbarkeit bezeigte und in den Wald lief. Alsdann ließ er das Seil zum andern Male in die Grube hinab, und siehe, der Affe ritt auf ihm herauf, worauf ihn Guido hinaufzog und derselbe in den Wald lief. Nachdem ließ er das Seil wiederum hinab, und die Schlange schlang sich um dasselbe, jener aber zog sie heraus, und diese nickte ihm freundlich zu und ging in den Wald. Nun rief der Ritter: »O mein Lieber, gesegnet sei der Höchste, nunmehr bin ich von den Bestien befreit, laß jetzt das Seil herab« – was auch geschah. Der Ritter gürtete sich dasselbe um, und Guido zog ihn heraus, worauf sie auch noch das Pferd herauszogen, der Seneschall dasselbe bestieg und nach dem kaiserlichen Palaste ritt, Guido sich aber nach Hause begab. Wie ihn aber seine Frau so leer kommen sah, ward sie sehr traurig; er aber erzählte ihr den Hergang der Sache und daß er seinen verdienten Lohn erhalten werde, worüber sich seine Frau höchlich freute. Früh aber ging Guido nach dem Schlosse und schickte den Torwärter zum Seneschall und ließ ihm sagen, er sei da: Der aber leugnete bei dem ersten und zweiten Male, daß er ihn jemals gesehen habe, ja befahl noch, daß dieser ihn, wenn er sich nicht fortpacken würde, grausam durchprügeln solle: was er auch tat, denn als er zum dritten Male wiedergekommen war, da hieb ihn der Pförtner so grausam durch, daß er ihn halbtot auf dem Platze liegen ließ. Wie das Guidos Frau vernahm, kam sie und brachte ihn auf ihrem Esel nach Hause; er aber lag lange krank und zehrte während seines Krankenlagers all sein Gut auf, was er besessen hatte. Wie er aber wieder gesund geworden war und eines Tages Holz zusammenlas, da sah er von weitem zehn Esel mit Gepäck beladen kommen und den Löwen sie von hinten her verfolgen, der sie geradewegs auf Guido zutrieb. Guido aber sah sich den Löwen genau an und besann sich alsbald, wie das der Löwe sein müsse, den er aus der Grube gezogen hatte. Als aber der Löwe zu ihm herangekommen war, machte er ihm mit seiner Tatze ein Zeichen, er solle mit den beladenen Eseln nach Hause gehn, was er auch tat. Guido aber trieb die Esel mit sich in sein Haus, und der Löwe folgte ihm, bis Guido bei seinem Hause angelangt war; als aber die Esel in das Haus hineingeschritten waren, da wedelte der Löwe mit seinem Schwanze Guido einen Gruß zu und eilte in den Wald. Nun ließ Guido in mehreren Kirchen ausrufen, ob jemand Esel verloren hätte, aber es fand sich auch nicht einer, der gesagt hätte, er habe einen eingebüßt. Er selbst aber öffnete die Bündel, welche die Esel getragen hatten, und fand darin viele Schätze, worüber er sich nicht wenig freute und reich wurde. Wie aber Guido am zweiten Tage zum Walde kam und kein eisernes Werkzeug hatte, um Holz zu spalten, blickte er über sich und sah den Affen, welchen er aus der Grube gezogen hatte, der mit seinen Zähnen und Nägeln so viel Holz abbrach, daß Guido ohne Mühe seinen Esel belud und nach Hause zurückkehrte. Als Guido aber am dritten Tage zum Walde zurückkehrte, da sah er, wie die Schlange, welche er aus der Grube gezogen hatte, in ihrem Maule einen dreifarbigen Stein getragen brachte: Auf einer Seite war er weiß, auf der andern schwarz, auf der dritten rot; sie öffnete aber ihren Rachen, ließ ihn in seinen Schoß fallen und entwich. Guido begab sich nun mit dem Steine zu einem erfahrenen Manne, der, wie er den Stein betrachtete und seine Kräfte erkannt hatte, gern hundert Gulden für denselben gegeben hätte. Guido aber gewann durch die Kraft dieses Steines viele Güter und brachte es sogar zu einer Kriegsoberstenstelle. Als das der Kaiser erfuhr, ließ er ihn zu sich kommen und begehrte den Stein für Geld zu besitzen, oder er wolle ihn aus seinem Lande weisen. Guido aber sprach: »Herr, ich will den Stein für Geld verkaufen, aber eins sage ich Euch gleich: wenn Ihr mir nicht seinen Wert bezahlen werdet, wird er wieder zu mir zurückkehren.« Hierauf gab ihm der Kaiser dreihundert Gulden, und doch fand ihn Guido bald wieder in seiner Truhe und händigte ihn dem Kaiser wieder ein. Der aber wunderte sich und sprach: »Sage mir, wo du den Stein her hast?« Nun erzählte ihm jener alles von Anfang bis ans Ende, wie der Seneschall mit dem Löwen, Affen und der Schlange in die Grube fiel, und er statt seines Lohnes von dem Seneschall verwundet wurde, und was er dagegen von dem Löwen, Affen und der Schlange bekam. Wie das der Kaiser hörte, da bewegten sich alle seine Eingeweide wider den Seneschall, und er sprach zu ihm: »Was ist das, was ich von dir höre?« Jener aber konnte es nicht leugnen. Hierauf sprach der Kaiser zu ihm: »Du schlechter Mensch, du hast dich undankbar gegen den Guido bewiesen, daß er dich aus Todesgefahr rettete, und hast ihn hier halbtot liegen lassen. O du elender Kerl, siehe, unvernünftige Tiere, wie der Löwe, der Affe und die Schlange, haben ihm für seine Guttat ihren Lohn bezahlt, du aber hast ihm heute für Gutes Schlechtes erwiesen. Und darum wirst du alles, was du besitzest, und deine Würde an Guido geben, und ich befehle, daß du noch am heutigen Tage an den Galgen gehängt werdest!« Als dieses die Vornehmen des Reiches hörten, gefiel ihnen dieser Spruch wohl; Guido übernahm die Leitung des Reiches und beschloß sein Leben in Frieden.

VON DEM FEINEN TRUG DER WEIBER

Einst war ein weiser König Darius, der drei Söhne hatte, welche er sehr liebte. Wie er aber sterben wollte, setzte er sein ganzes Erbe seinem Erstgeborenen aus, dem zweiten gab er alles, was er sich während seines Lebens erworben hatte, und dem dritten jüngern Sohne gab er drei kostbare Spielzeuge, nämlich einen goldnen Ring, ein Halsband und ein kostbares Tuch. Der Ring besaß aber die Eigenschaft, daß der, welcher ihn an seinem Finger trug, sich die Gunst aller dermaßen gewann, daß er von ihnen alles, worum er sie bat, bekam. Das Halsband hatte die Kraft, daß der, welcher es auf seiner Brust trug, alles, was sein Herz begehrte und was nur zu haben war, bekam, und das Tuch endlich hatte das Eigne, daß, wer nur auf demselben saß und bei sich irgendwo zu sein wünschte, gleich da war, wo er sein wollte. Diese drei Spielwerke gab er seinem jüngsten Sohne; er sollte aber vorerst die Wissenschaften treiben, seine Mutter aber sollte sie ihm aufheben und zur gelegenen Zeit ihm übergeben. Gleich darauf gab der König seinen Geist auf und ward mit allen Ehren bestattet. Die beiden ersten Söhne nahmen nun ihre Vermächtnisse in Besitz, und der dritte Sohn erhielt von seiner Mutter den Ring, um sich auf seine Schule zu begeben. Seine Mutter aber sprach zu ihm: »Mein Sohn, erwirb dir Kenntnisse und hüte dich vor den Frauenzimmern, damit du nicht etwa um deinen Ring kommst!« Jonathas nahm aber seinen Ring, begab sich auf die Schule und machte gute Fortschritte in den Wissenschaften. Nach diesem begegnete ihm eines Tags auf der Gasse ein ziemlich hübsches Mägdlein, er ward von Liebe zu ihr ergriffen, nahm sie mit sich und bediente sich sogleich seines Ringes, wodurch er sich die Gewogenheit aller erwarb und von ihnen erhalten konnte, was er nur wollte. Das Mägdlein aber, seine Geliebte, wunderte sich, wie er so herrlich leben könnte, da er doch kein Geld hatte. Als er daher einstmals sehr guter Dinge war, fragte sie ihn um die Ursache und sagte, es sei kein Geschöpf unter dem Himmel, welches sie mehr liebe, folglich müsse er es ihr sagen. Jener aber, der sich ihre Bosheit nicht überlegt hatte, sagte ihr, die Kraft des Ringes sei so und so usw. Jene aber erwiderte: »Da du alle Tage mit Leuten umzugehn pflegst, so könntest du ihn verlieren, darum will ich dir ihn treulich aufheben.« Hierauf übergab er ihr seinen Ring; da er ihn aber nicht wiederbekommen konnte, weinte er bitterlich, weil er nun nichts mehr zu leben hatte. Er kehrte hierauf zu seiner Mutter, der Königin, zurück und meldete ihr den Verlust seines Ringes. Jene aber sprach: »Mein Sohn, ich habe dir vorhergesagt, hüte dich vor Weibern! Siehe, ich gebe dir hiermit das Halsband, welches du sorgsamer bewahren magst, denn wenn du es verlierst, wirst du aller Ehre und Vorteile verlustig gehen.« Jonathas aber nahm das Halsband und begab sich wiederum auf dieselbe Schule, und siehe da, seine Geliebte kam ihm am Tore der Stadt entgegen und empfing ihn voller Freude, er aber behielt sie bei sich wie zuvor. Er trug nun das Halsband auf der Brust und bekam alles, woran er nur dachte, und stellte wie früher viele Schmäuse an und lebte herrlich und in Freuden. Darüber wunderte sich aber seine Geliebte, weil sie weder Silber noch Gold bei ihm sah; sie dachte also, er müsse irgendein anderes Spielwerk mitgebracht haben, was sie auch schlau von ihm herausbrachte, so daß er ihr das Halsgeschmeide zeigte und ihr dessen Kräfte mitteilte. Sie aber sprach zu ihm: »Du trägst das Halsband beständig bei dir; in einer einzigen Stunde könntest du dir aber so viel denken, was für ein Jahr genug wäre, gib es mir also aufzuheben.« Jener aber versetzte: »Ich fürchte, daß du, wie du meinen Ring verloren hast, so auch mein Halsband verlieren könntest, und so würde ich einen außerordentlichen Verlust erleiden.« Sie aber sprach: »O Herr, durch den Ring habe ich mir schon die Kunst, etwas aufzubewahren, angeeignet; ich verspreche dir aufs Wort, daß ich das Halsband so bewahren will, daß es niemand von mir forttragen soll.« Jener aber glaubte ihren Worten und übergab ihr sein Halsband. Wie aber alles aufgezehrt war, da verlangte er sein Halsband, und sie beschwor, wie zuvor, es sei ihr heimlich entwendet worden. Wie das Jonathas hörte, weinte er bitterlich und sprach: »Habe ich nicht den Verstand verloren, daß ich nach dem Verlust meines Ringes dir auch noch mein Halsband übergeben habe?« Er machte sich also auf den Weg zu seiner Mutter und berichtete ihr den ganzen Hergang der Sache. Jene aber betrübte sich nicht wenig darüber und sprach zu ihm: »O mein lieber Sohn, warum hast du deine Hoffnung auf ein Weib gesetzt, von der du jetzt schon zum zweiten Male hintergangen worden bist. Du wirst nunmehr von allen für dumm geachtet, lerne doch endlich einmal Klugheit, denn ich habe nun nichts mehr als dieses köstliche Tuch, welches dir dein Vater gegeben hat; wenn du aber auch dieses verlierst, darfst du nie wieder zu mir kommen.« Jener aber nahm das Tuch und begab sich wieder auf seine Schule, und seine Geliebte nahm ihn wie zuvor freudig auf. Er aber breitete sein Tuch aus und sprach zu ihr: »Meine Liebe, dieses Tuch hat mir mein Vater gegeben«, und sie setzten sich beide auf dasselbe. Jonathas aber dachte bei sich: ›O, wenn wir doch gleich so weit weg und da wären, wo keine Menschenseele hinkommt‹, und also geschah es. Denn sie befanden sich am Ende der Welt in einem Walde, der weit entfernt von allen menschlichen Wohnungen lag. Jene aber ward sehr traurig, und er schwur zu Gott, daß er sie den wilden Tieren zum Fressen überlassen wolle, wenn sie ihm nicht seinen Ring und sein Halsband wiedergeben würde; sie aber versprach es zu tun, wenn es irgend möglich sei, und auf das Bitten seiner Geliebten sagte ihr Jonathas die Kraft dieses Tuches, daß der, welcher darauf wäre und bei sich dächte, wo er gleich sein wollte, auch alsbald dort wäre. Hierauf setzte er sich selbst auf das Tuch und legte ihren Kopf auf seinen Schoß; als er aber anfing einzuschlafen, zog sie einen Teil des Tuches, auf dem er saß, an sich, und dabei dachte sie:

›Wäre ich doch an dem Orte, wo ich heute früh gewesen bin‹; und alsbald geschah es also, und Jonathas blieb schlafend in dem Forste zurück. Wie er aber aus seinem Schlafe erwachte und sah, daß ihm sein Tuch von seiner Geliebten entführt worden sei, da weinte er bitterlich und wußte nicht, nach welchem Orte er sich wenden sollte. Er stand also auf, und als er sich durch das Zeichen des Kreuzes geschützt hatte, machte er sich auf den Weg nach einer Straße, durch die er zu einem tiefen Gewässer gelangte, über welches er setzen mußte, welches aber so bitter und heiß war, daß es ihm das Fleisch seiner Füße bis auf den Knochen absengte. Er aber ward sehr traurig, nahm ein Gefäß voll von diesem Wasser und trug es mit sich hinweg. Als er aber weitergekommen war, fing er an zu hungern, und da er einen Baum sah, so aß er von dessen Früchten und bekam alsbald den Aussatz. Auch von diesen Früchten sammelte er sich einige und nahm sie mit sich. Nachher kam er an ein andres Wasser, und als er hindurchgeschritten war, hatte dasselbe das Fleisch an seine Füße wieder zurückgebracht: Also füllte er sich wieder ein Gefäß an mit diesem Wasser und nahm es mit sich. Als er aber wieder weiterging, fing er abermals an, hungrig zu sein, und da er einen Baum sah, nahm er einige Früchte desselben und verzehrte sie; und wie er durch die erste Frucht mit dem Aussatz behaftet worden war, also ward er durch die zweite wiederum davon befreit. Auch von diesem steckte er einige Früchte zu sich und nahm sie mit sich hinweg. Wie er aber immer weiter fürbaß zog, da sah er ein Schloß vor sich, und es begegneten ihm einige Leute, welche ihn fragten, wer er wäre. Jener aber sprach: »Ich bin ein erfahrener Arzt.« Hierauf sprachen sie: »Der König dieses Landes ist auf jener Burg und hat den Aussatz; wenn du ihn von diesem Übel zu heilen vermöchtest, würde er dir viele Schätze verehren.« Jener aber erwiderte: »Allerdings, das kann ich.« Hierauf führten ihn jene zu ihrem König; er gab ihm von der zweiten Frucht zu essen, und er ward von seinem Aussatz geheilt, und von dem zweiten Wasser gab er ihm zu trinken, wodurch er ihm das verlorene Fleisch wiederbrachte. Also gab ihm der König viele Geschenke, Jonathas aber fand ein Schiff aus seiner Stadt daselbst und ließ sich durch dasselbe dahin bringen. Alsbald ging ein Gerücht durch die ganze Stadt, daß ein großer Arzt angekommen sei, und da gerade seine Geliebte, welche ihm seine Spielwerke entwendet hatte, auf den Tod erkrankt war, schickte sie nach diesem Arzt. Jonathas aber ward von niemandem erkannt, kannte sie aber sehr wohl und sagte, daß seine Medizin keine Wirkung tun könne, wenn sie ihm nicht zuvor alle ihre Sünden bekannt und, wenn sie jemanden betrogen, diesem sein Eigentum wiedererstattet hätte. Jene aber bekannte mit lauter Stimme, wie sie den Jonathas um seinen Ring, seine Halskette und sein Tuch betrogen und ihn in einer Einöde verlassen hätte, um von den wilden Tieren gefressen zu werden. Wie jener dieses hörte, sprach er: »Saget mir, Dame, wo sind jene drei Spielzeuge?« Jene aber sprach: »In meiner Truhe«, und sie gab ihm die Schlüssel derselben, und er fand sie darin. Jonathas aber gab ihr von der Frucht jenes Baumes zu essen, von dem er den Aussatz bekommen hatte, und von dem ersten Wasser, welches das Fleisch von seinen Gliedern getrennt hatte, zu trinken, und wie sie davon gegessen und getrunken hatte, vertrocknete sie sogleich, fühlte innerliche Schmerzen und schrie kläglich auf. Jonathas machte sich hierauf mit seinen Spielwerken zu seiner Mutter auf, und das ganze Volk freute sich über seine Ankunft; er aber erzählte seiner Mutter vom Anfang bis zu Ende, wie ihn Gott von vielen bösen Gefahren erlöst hätte, lebte noch einige Jahre und beschloß sein Leben in Frieden.

WIE MAN DEN WEIBERN NICHT TRAUEN DARF

Ein gewisser edler Ritter hatte einen König, von dem er sein Gut zum Lehn trug, schwer beleidigt; er schickte also einige andre Ritter zu ihm, daß sie sich für ihn ins Mittel schlagen sollen. Indessen erhielt er mit Mühe unter folgenden Bedingungen Gnade: Er sollte zum Hofe desselben halb zu Roß und halb zu Fuß kommen, d. h. halb reitend, halb zu Fuß gehend, und sollte mit sich den treuesten Freund, den besten Lustigmacher und treulosesten Feind bringen. Der Ritter aber ward sehr traurig und überdachte bei sich, wie er das erfüllen könnte. Als er aber in einer Nacht einem Reisenden Herberge gewährt hatte, sprach er heimlich zu seiner Frau: »Ich weiß, daß der Fremde viel bares Geld bei sich hat: Ich will, wenn du damit einverstanden bist, ihn umbringen, und wir werden sein Geld erhalten.« Jene aber sprach: »Der Plan ist gut.« Wie nun aber alle noch schliefen, da stand er in der Morgendämmerung auf, weckte den Fremden und hieß ihn seine Straße ziehen; er selbst aber schnitt eins seiner Kälber in Stücke und steckte es in einen Sack, dann weckte er seine Frau und gab ihr den Sack, damit sie denselben in einem Winkel des Hauses verstecken sollte, indem er ihr sagte: »Nur den Kopf und die Arme und Beine habe ich in den Sack gesteckt, den Körper aber habe ich in unserm Stalle vergraben.« Als er also zu ihr gesprochen hatte, zeigte er ihr etwas Geld, als wenn er es dem ermordeten Fremden genommen hätte. Wie nun aber der Tag da war, daß er sich seinem Herrn vorstellen sollte, nahm er auf seine rechte Seite seinen Hund, seinen kleinen Sohn in seine Arme und seine Frau zu seiner Linken und zog also nach dem Schlosse. Wie er aber in die Nähe der Burg seines Herrn kam, da legte er sein rechtes Bein über den Rücken seines Hundes, gerade als wenn er ritte, mit dem andern aber ging er auf der Erde, und zog also zu Fuß und zu Roß in die Burg seines Herrn. Wie aber der König dieses gewahr wurde, wunderte er sich mit denen, welche bei ihm standen. Der Richter aber sprach zu jenem: »Wo ist dein getreuester Freund?« Sogleich zog dieser sein Schwert aus der Scheide und brachte damit seinem Hunde eine schwere Wunde bei, und dieser lief mit Schmerz und Geheul hinweg. Nachher rief ihn der Ritter zurück, und der Hund kam wieder zu ihm, und er sagte: »Sehet, hier ist mein getreuester Freund!« Hierauf sprach der König: »Du sagst die Wahrheit, wo ist aber dein Lustigmacher?« Hierauf antwortete ihm der Ritter: »Siehe, hier ist mein kleiner Sohn, er spielt vor mir und macht mir vieles Vergnügen!« Hierauf sagte der König: »Wo ist nun dein größter Feind?« Sogleich gab der Ritter seiner Frau eine Ohrfeige und sprach: »Warum siehst du meinen Herrn, den König, so frech an?« Jene aber antwortete sogleich: »O du verfluchter Mörder, warum schlägst du mich? Hast du nicht in deinem eignen Hause einen erbärmlichen Totschlag verübt und wegen einer geringen Geldsumme einen Fremden umgebracht?« Da gab ihr der Ritter noch eine zweite Ohrfeige und sprach: »Schämst du dich nicht, so deinen eignen Sohn hier zu beschimpfen?« Gleich geriet sie in volle Wut und sprach: »Kommt mit, ich will euch den Sack zeigen, in welchen er den Kopf und die Arme des getöteten Fremdlings gesteckt hat, und den Stall, wo er seinen Körper vergraben!« Wie sie aber dort angelangt waren, um die Sache zu untersuchen, und die Frau den Ort angab, gruben sie sogleich nach, erstaunten aber, als sie das Kalbfleisch erblickten, und weil sie die List des Ritters erkannten, erhoben sie ihn mit verdienten Lobsprüchen. Dieser aber wurde nachher an seinen König durch das Band der Liebe als sein Vertrauter gefesselt.

WEIBLICHE VERSCHWIEGENHEIT

Es waren einst zwei Brüder, der eine ein Laie, der andre ein Kleriker. Nun hatte aber der Laie oft von seinem Bruder gehört, daß die Weiber nicht imstande seien, irgend jemandes Geheimnis zu verbergen; er gedachte also hierüber mit seiner herzliebsten Frau eine Probe zu machen und sprach eines Nachts zu ihr: »Meine Liebe, ich habe dir ein Geheimnis mitzuteilen; wenn ich nur gewiß wäre, daß du es niemandem sagtest, weil, wenn du anders tätest, es für mich eine unerträgliche Beschämung geben würde.« Jene aber entgegnete: »Herr, fürchte nichts, ich bin mit dir ein Leib, dein Wohl ist mein Wohl und umgekehrt auch dein Unglück.« Er sprach hierauf: »Als ich auf die Seite ging, um ein natürliches Bedürfnis zu befriedigen, flog aus dem hintern Teil meines Körpers ein schwarzer Rabe heraus, und das macht mir vielen Kummer.« Sie aber sprach: »Du mußt vielmehr froh sein, daß du von einem so großen Leiden erlöst bist.« Am andern Morgen früh ging aber das Weib zum Hause des Nachbars und sprach zu der Hausfrau: »O beste Frau, kann ich dir etwas Geheimes mitteilen?« Diese entgegnete: »So sicher, als deiner eignen Seele.« Hierauf sprach jene: »Meinem Mann ist ein wunderlicher Zufall begegnet, denn diese Nacht ging er auf die Seite, um ein natürliches Bedürfnis zu befriedigen, und siehe da, zwei pechschwarze Raben flogen aus seinem Hinterteil heraus, und das macht mir viel Kummer.« Jene erzählte nun einer Nachbarsfrau von dreien, die dritte von vieren und so fort, bis sich das Gerücht verbreitet hatte, es seien vierzig Raben aus ihm herausgeflogen. Jener aber, über dieses Gerücht unruhig, berief das Volk zusammen und erzählte den Hergang der Sache, wie er die Frau habe versuchen wollen, ob sie ein Geheimnis bewahren könne. Nach diesem aber starb seine Frau, und er ging in ein Kloster, wo er drei Buchstaben lernte, von denen der erste schwarz, der andre rot und der dritte weiß war: Der erste aber bedeutete das Gedächtnis seiner Sünden, der andre die Erinnerung an das rote Blut unsres Heilandes, welches er am Kreuze vergossen, und der dritte die Sehnsucht nach den himmlischen Freuden und nach denen, welche dem Lamme Gottes, wohin es auch in seiner Weiße geht, folgen.

PAPIRIUS

Makrobius erzählt, daß ein Römerknabe mit Namen Papirius einmal mit seinem Vater in den Senat der weisen Männer ging, wo aber befohlen ward, einen gewissen geheimen Beschluß bei Leibesstrafe zu bewahren. Wie nun der Knabe wieder nach Hause kam, fragte ihn seine Mutter, was das wäre, was die Konsuln bei Leibesstrafe zu verbergen befohlen hätten. Der Knabe antwortete: »Du darfst es auch nicht erfahren, denn es ist befohlen, es zu verheimlichen.« Wie das die Mutter hörte, begann sie mit Bitten, Versprechungen, Drohungen und Schlägen den Knaben zu veranlassen, ihr das Geheimnis zu enthüllen. Endlich sagte der Knabe, um seine Mutter zufriedenzustellen und sein Geheimnis zu bewahren: »Der Beschluß handelt davon, ob es besser ist, daß ein Mann mehrere Frauen, oder eine Frau mehrere Männer ehelicht.« Kaum hatte er das gesagt, als auch seine Mutter dieses Geheimnis den andern römischen Frauen mitteilte. Diese kamen nun am andern Tage in einem großen Haufen, ohne sich die Sache weiter zu überlegen, zu den Senatoren und baten, daß vielmehr eine Frau zwei Männer, als zwei Weiber einen Mann nehmen dürften. Die Senatoren aber erstaunten und wunderten sich über die schamlose Tollheit des sonst so verschämten zweiten Geschlechts: was denn eine solche Verkehrtheit der Weiber zu bedeuten hätte, daß sie ein so wunderliches Verlangen und eine so unverschämte Forderung hervorbrächten. Wie das der Knabe Papirius merkte, sagte er den Senatoren, was geschehen war. Diese aber lobten den Knaben und setzten fest, er solle stets mit in der Ratsversammlung zugegen sein.

VON DER PRÜFUNG EINER WAHREN FREUNDSCHAFT

Es besaß einst ein König nur einen einzigen Sohn, welchen er sehr lieb hatte. Dieser Sohn aber erhielt von seinem Vater die Erlaubnis, sich in der Welt umzusehen, um sich Freunde zu erwerben, trieb sich also sieben Jahre in der Fremde herum und kehrte nach diesem zu seinem Vater zurück. Der Vater aber empfing ihn voller Freude und fragte ihn, wieviel er sich Freunde erworben hätte, und der Sohn sprach: »Drei: Den ersten Freund liebe ich mehr als mich selbst, den zweiten wie mich selbst und den dritten wenig oder gar nicht.« Darauf sprach sein Vater zu ihm: »Es möchte gut sein, sie zu prüfen und zu versuchen, bevor du ihrer bedarfst: Schlachte ein Schwein, stecke es in einen Sack und gehe zur Nachtzeit in das Haus desjenigen Freundes, den du mehr als dich selbst liebst, und sage ihm, daß du durch Zufall einen Menschen getötet hast und, wenn dessen Körper gefunden wird, du zum schimpflichsten Tode verurteilt werden wirst; ich bitte dich also, wie ich dich immer mehr denn mich selbst geliebt habe, hilf mir in dieser großen Not!« Also geschah es denn auch, jener aber erwiderte: »Wie du ihn getötet hast, also ist es notwendig, daß du dafür büßest, und wenn der Leichnam gefunden wird, dürftest du wohl an den Galgen gehängt werden. Indessen weil ich dein Freund gewesen bin, will ich mit dir bis zum Galgen gehn, und wenn du hingerichtet worden bist, dir drei oder vier Ellen Tuch geben, um deinen Leichnam darin einzuschlagen.« Wie er das hörte, ging er zu seinem zweiten Freund und prüfte ihn wie den ersten, der aber schlug es ihm ab wie der erste und sprach: »Hältst du mich für einen Toren, daß ich mich einer solchen Gefahr aussetzen sollte? Indessen weil du mein Freund gewesen bist, will ich dich bis an den Galgen begleiten und dir unterwegs Trost einsprechen, soviel ich kann.« Hierauf kam er zu seinem dritten Freunde und stellte ihn auf die Probe, indem er also sprach: »Ich schäme mich, dich anzusprechen, weil ich nie etwas für dich getan habe, allein ich habe zufällig einen Mann umgebracht usw.« Jener aber antwortete: »Ich will das gern für dich tun, will die Schuld auf mich nehmen und, wenn es sein muß, für dich den Galgen besteigen.« Also erfuhr er, daß dieser sein bester Freund gewesen war.

ZEDECHIAS UND DIE SCHLANGE

Einst lebte ein König Fulgentius, in dessen Reiche ein gewisser Ritter namens Zedechias sich befand, der eine schöne Frau nahm, die aber nicht sehr klug war. Es wohnte aber in seinem Hause, in einem Gemache, eine Schlange. Der Ritter aber besuchte Turniere und Lanzenrennen so lange, bis er in die äußerste Dürftigkeit geriet; nunmehr aber weinte er bitterlich und lief wie verzweifelt bald hier- und bald dorthin, indem er nicht wußte, was er anfangen sollte. Wie aber die Schlange seinen Schmerz gewahr wurde, da bekam sie das Vermögen zu reden, wie einst die Eselin Bileams, und sprach: »Warum weinst du? Tue nach meinem Rat, und du wirst es nachher nicht bereuen: Gib mir jeden Tag süße Milch, und ich will dich reich machen!« Wie das der Ritter hörte, freute er sich sehr und versprach, dieses getreulich erfüllen zu wollen. Alsbald ward er in kurzer Zeit sehr reich und bekam schöne Kinder und großen Reichtum. Nun begab es sich aber eines Tags, daß seine Frau zu ihm, ihrem Mann, sprach: »Herr, ich glaube, daß jene Schlange in dem Gemach, worin sie liegt, viele Güter besitzt; ich rate, sie zu töten, und wir werden ihre Schätze bekommen.« Er aber brachte auf Antrieb seiner Frau einen Hammer herzugeschleppt, um die Schlange bei ihrem Milchtopfe zu erschlagen. Wie nun die Schlange den Milchtopf sah, steckte sie ihren Kopf aus einem Loche des Gemachs heraus, um nach ihrer Gewohnheit die Milch zu lecken. Als aber der Ritter dieses bemerkte, hob er den Hammer auf und wollte damit die Schlange erschlagen; allein diese sah es auf einmal, zog den Kopf zurück, und der Hieb traf den Milchtopf. Sogleich nachher verlor der Ritter alles, was er besessen hatte, und seine Frau sprach zu ihm: »O weh, ich habe dir einen schlimmen Rat gegeben; gehe also zu dem Loche der Schlange und demütige dich in allem vor ihr, ob du nicht vielleicht bei ihr Gnade finden kannst.« Der Ritter machte sich also nach dem Gemache der Schlange auf und weinte bitterlich und bat sie um Gnade, damit er durch sie, wie früher, reich werden könne. Die Schlange aber sprach zu ihm: »Jetzt sehe ich, wie dumm du bist und daß du auch dumm bleiben wirst; denn es ist unmöglich, daß nicht jener Hammerschlag mir öfters ins Gedächtnis kommt, und es dir einfällt, wie ich deine Kinder getötet und deinen Reichtum genommen habe: darum kann kein wahrhafter Frieden zwischen uns bestehen.« Hierüber ward der Ritter sehr traurig und sprach: »Ich verspreche dir auf mein Wort, daß ich nie etwas gegen dich verüben will, wenn ich nur deine Gunst wiedererhalten kann.« Hierauf antwortete die Schlange: »Mein Lieber, die Natur der Schlange ist Verschlagenheit, und meine Worte voll von Gift müssen dir genug sein, denn eben fällt mir der Schlag mit dem Hammer und deine Nichtswürdigkeit ein; packe dich weg, damit dir nicht noch ein größeres Unglück zuteil wird.« Der Ritter aber entfernte sich mit großen Schmerzen von ihr und sprach zu seiner Frau: »Weh mir, daß ich deinen Rat ausgeführt habe!« Und also brachten sie nunmehr ihr Leben beständig in Dürftigkeit hin.

VON DER FURCHT VOR DEM JÜNGSTEN GERICHT

Es gab einst einen König, der das Gesetz festsetzte, daß, wenn jemand plötzlich des Todes sterben müßte, man früh vor Sonnenaufgang vor seinem Hause mit Trompeten blasen, er sich dann sogleich schwarze Kleider anziehen und zum Gericht kommen solle. Dieser König stellte nun ein großes Gastmahl an und ließ alle Fürsten seines Reichs dazu einladen, und diese kamen auch alle. Bei diesem Gastmahle fanden sich nun auch alle möglichen Musiker ein, welche durch ihre süßen Melodien den Gästen viel Vergnügen machten. Der König zeigte aber keine Heiterkeit oder irgendein Zeichen von Vergnügen, sondern machte ein trauriges Gesicht und stieß Seufzer und Wehklagen aus. Wie das die Gäste sahen, wunderten sie sich, wagten aber nicht, ihn um die Ursache seiner Traurigkeit zu fragen, sondern sagten zu dem Bruder des Königs, er möge doch dem Grunde dieser Betrübnis nachforschen; dieser tat es auch und sagte, daß sich alle Gäste über seine so große Bekümmernis verwunderten und er sie gern erfahren möchte. Der König aber sprach: »Gehe in deine Wohnung, und du sollst am morgenden Tage meine Antwort hören«, und also geschah es. Der König aber befahl den Trompetenbläsern, sie sollten am folgenden Morgen vor seines Bruders Haus kommen, mit Trompeten blasen und ihn dem Gesetze gemäß vor ihn führen; was sie auch taten. Als nun der Bruder des Königs frühmorgens Trompeten vor seinem Hause hörte, da bewegten sich alle seine Eingeweide; er stand auf, zog schwarze Kleider an und begab sich zum König. Der aber ließ eine tiefe Grube aufwerfen und über die Grube einen gebrechlichen Stuhl mit vier schadhaften Beinen stellen, seinen Bruder die Kleider ausziehen und ihn auf den Stuhl setzen. Wie er aber auf den Stuhl gesetzt worden war, befahl er, man solle ein scharfes Schwert an einem seidnen Faden über seinem Kopfe aufhängen. Hierauf befahl er vier Männern mit scharfen Schwertern, einer von vorn, der andre von hinten, der dritte von der rechten und der vierte von der linken Seite, zu ihm zu treten, und als sie sich aufgestellt hatten, sagte der König zu ihnen: »Wenn ich es euch heißen werde, stoßt ihr bei Leibesstrafe eure Schwerter in ihn hinein.« Hierauf ließ er Trompeten und alle Arten Instrumente bringen und vor seinem Bruder eine Tafel decken und mit verschiedenen Speisen besetzen und sprach: »O mein liebster Bruder, weshalb bist du so traurig und warum hast du solche Kümmernis in deinem Herzen? Siehe, hier die köstlichsten Gerichte, hier die lieblichsten Melodien: warum bist du nicht vergnügt und freust dich?« Jener aber antwortete: »Wie kann ich froh sein, wenn ich zum Zeichen, daß ich sterben soll, heute früh den Schall der Trompete vor meinem Hause vernommen habe und jetzt auf einen wandelbaren und zerbrechlichen Stuhl gesetzt worden bin? Wenn ich mich unbedachtsam rühre, bricht derselbe, und ich falle in die Grube, aus der ich nicht wieder heraus kann. Wenn ich meinen Kopf aufrichte, wird mich das über meinem Kopf aufgehangene Schwert bis aufs Gehirn durchbohren, und vier Henker stehen um mich herum und sind bereit, auf ein einziges Wort von Euch mich mit ihren Schwertern niederzustoßen. Wenn ich das bedenke, könnte ich mich, auch wenn ich der Herr der ganzen Welt wäre, doch nicht freuen.« Darauf sprach der König zu ihm: »Nunmehr antworte ich dir auf deine Frage von gestern, warum ich nicht vergnügt sei. Ich bin wie du auf einen wandelbaren, zerbrechlichen Stuhl gesetzt, weil ich mich in einem gebrechlichen Leibe mit vier wandelbaren Beinen, nämlich den vier Elementen, befinde. Unter mir ist die Höllengrube; über meinem Haupte hängt ein spitziges Schwert, nämlich Gottes Gericht, welches bereit ist, meine Seele vom Körper zu scheiden; vor mir ist ein scharfes Schwert, nämlich der Tod, der niemanden verschont und unverhofft kommen kann, wo und wann, weiß ich nicht. Hinter mir ist ein zweites Schwert bereit, mich zu durchbohren: nämlich meine Sünden, die ich in dieser Zeitlichkeit begangen habe, stehen bereit, mich vor dem Richterstuhle Gottes zu verklagen. Das Schwert an meiner rechten Seite ist der Teufel, der herumgeht und sucht, wen er verzehre, aber immer bereit ist, meine Seele zu erhaschen und sie zur Hölle zu führen. Das Schwert an meiner Linken aber sind die Würmer, welche mein Fleisch nach meinem Tode fressen werden. Wenn ich, mein liebster Bruder, alles das bedenke, werde ich nimmermehr froh sein können; wenn du aber dich heute so sehr vor mir, der ich doch nur ein sterblicher Mensch bin, gefürchtet hast, muß ich also um vieles mehr meinen Schöpfer und Erlöser, unsern Herrn Jesus Christus, fürchten. Gehe also hin, mein lieber Bruder, und wolle künftig nicht mehr solche Fragen an mich richten!« Der aber sprang auf und dankte seinem Bruder, dem König, für die Erhaltung seines Lebens, indem er ihm die feste Verheißung gab, er wolle fortan seinen Lebenswandel bessern. Alle aber, welche zugegen waren und das hörten, lobten die Antwort des Königs.

APOLLONIUS

Es regierte einstmals ein König Antiochus in der Stadt Antiochia, die von ihm ihren Namen bekommen hat, und erzeugte mit seiner Frau eine reizende Tochter. Als diese zum mannbaren Alter gekommen war und der Glanz ihrer Schönheit immer wuchs, da verlangten sie viele mit ihrer großen und unschätzbaren Mitgift zur Ehe. Während ihr Vater aber noch mit sich zu Rate ging, wem er vornehmlich seine Tochter zur Frau geben solle, und es selbst nicht wußte, entbrannte plötzlich in ihm eine grausame Flamme der Liebe und ungerechten Begierde nach seiner eigenen Tochter, und er fing sie an mehr zu lieben, als es sich für ihn als ihren Vater geziemte. Während er aber noch mit seiner Raserei rang und diese mit der Schamhaftigkeit kämpfte, siegte doch endlich die Liebe, und er begab sich eines Tags in das Schlafgemach seiner Tochter und hieß alle sich daraus entfernen, als wenn er mit seiner Tochter eine geheime Unterredung haben wollte. Da ihn aber die Tollheit seiner Lust antrieb, so raubte er seiner Tochter trotz ihres Sträubens ihre Unschuld und beschmutzte ihre Schamhaftigkeit. Wie nun aber das Mägdlein bei sich darüber nachdachte, was sie machen solle, kam plötzlich ihre Amme zu ihr herein, und als sie dieselbe mit einem weinerlichen Gesicht erblickte, sprach sie: »Weshalb ist deine Seele also niedergeschlagen?« Das Mädchen aber sprach: »O Teuerste, eben sind in diesem Gemache zwei edle Namen untergegangen.« Die Amme aber entgegnete: »Herrin, was soll das heißen?« Jene aber antwortete: »Daß ich noch vor meiner Verehelichung durch das schändlichste Verbrechen beschimpft worden bin.« Als die Amme gehört und gesehen hatte, ward sie wie toll und sprach: »Und welcher Teufel hat denn die Frechheit gehabt, das Bett einer Königin zu besudeln?« Das Mägdlein antwortete: »Gottlosigkeit hat es getan.« Die Amme erwiderte: »Warum zeigst du es nicht deinem Vater an?« Das Mädchen versetzte: »Wo ist denn mein Vater? Wenn du es wüßtest, wird der Name des Vaters bei mir verloren sein, und der Tod behagt mir allein noch als Rettung.« Als aber die Amme hörte, daß sie sich nach der Hilfe des Todes sehne, da redete sie ihr mit schmeichelnden Worten ab und ermahnte sie, ihren Vorsatz aufzugeben. Während indessen der gottlose Vater mit heuchlerischer Miene vor seinen Untertanen den frommen Vater spielte, freute er sich, in seinen vier Wänden der Mann seiner Tochter zu sein; und um für immer das verfluchte Bett seiner Tochter teilen zu können, erdachte er eine neue Art von Nichtswürdigkeit, um die Freier zu verscheuchen, welche sie vielleicht zur Frau begehrten. Er gab nämlich ein Rätsel auf, indem er sich also vernehmen ließ: »So jemand die Lösung meiner Frage finden wird, der soll meine Tochter zur Frau bekommen, wenn er dieselbe aber nicht trifft, den Kopf verlieren.« Es kamen nun aber von allen Enden der Welt sehr viele Könige um der unglaublichen und unerhörten Schönheit des Mädchens willen hergezogen, und wenn auch einer zufällig die Lösung des Rätsels gefunden hatte, wurde er doch, als hätte er nichts gesagt, hingerichtet und sein Kopf über dem Tore aufgesteckt, auf daß die Ankommenden das Bild des Todes vor sich hätten und abgeschreckt würden, sich auf eine solche Bedingung einzulassen. Alles dieses hatte er aber getan, um selbst mit seiner Tochter im Ehebruch leben zu können. Während aber Antiochus noch dergleichen Grausamkeiten ausübte, kam ein gewisser junger Tyrier mit Namen Apollonius, der in seiner Vaterstadt zu den Vornehmsten gehörte, sehr reich war und bedeutende Kenntnisse besaß, auf einer Seereise nach Antiochia, begab sich zu dem König und sprach: »Heil dir, o König!« Und jener sprach: »Möge es deinen Eltern in ihrer Ehe wohlgehen!« Der Jüngling aber sprach: »Ich erbitte mir deine Tochter zur Gemahlin.« Als aber der König hörte, was er nicht hören wollte, schaute er den Jüngling an und sprach: »Kennst du die Bedingung ihrer Verheiratung?« Der Jüngling entgegnete: »Ich kenne sie und sah sie am Tore.« Der König aber ward zornig und sprach: »Vernimm also die Frage: ›Auf Verbrechen fahre ich, das Fleisch meiner Mutter verzehre ich, ich suchte meinen Bruder und meiner Mutter Mann und finde ihn nicht.‹« Als der Jüngling diese Frage vernommen hatte, entfernte er sich einige Augenblicke von dem Könige; und da er sich nach der Hilfe seiner Wissenschaft umsah, fand er durch die Gnade Gottes die Auflösung der Frage, kehrte zum König zurück und sprach: »Mein guter Herr König, du hast mir eine Frage vorgelegt, vernimm jetzt die Auflösung derselben. Darin nämlich, daß du gesagt hast: ›Ich fahre auf einem Verbrechen‹, hast du nicht gelogen, siehe dich nur selbst an; bei den Worten aber: ›Ich verzehre meiner Mutter Fleisch‹, schaue nur deine Tochter an.« Als der König aber vernahm, daß die Lösung des Rätsels von dem Jüngling getroffen worden sei, fürchtete er, seine Sünde möchte offenbar werden; er schaute ihn daher mit zorniger Miene an und sprach: »Jüngling, du bist noch weit von der Auflösung der Frage entfernt, du hast nicht gesagt, was wahr ist; zwar verdienst du, geköpft zu werden, allein siehe, du sollst noch einen Zeitraum von dreißig Tagen haben: Überlege dir die Sache noch einmal, kehre in dein Land zurück, und wenn du die Auflösung meiner Frage findest, sollst du meine Tochter zur Frau bekommen, wo nicht, wirst du deinen Hals verlieren.« Der Jüngling aber ward bestürzt, nahm seine Begleiter mit sich, bestieg ein Schiff und begab sich in seine Vaterstadt. Allein nach der Entfernung des junges Mannes rief der König seinen Haushofmeister namens Taliarchus zu sich und sprach zu ihm: »Taliarche, mein getreuester Geheimschreiber, wisse, daß Apollonius von Tyrus die Auflösung meiner Frage entdeckt hat; besteige also gleich ein Schiff, ihn zu verfolgen, und wenn du nach Tyrus kommst, so frage nach ihm und bringe ihn durch Gift oder Dolch um. Wenn du zurückkehrst, sollst du eine große Belohnung erhalten.« Taliarchus aber nahm seinen Schild und Geld, machte sich auf den Weg und begab sich nach der Vaterstadt des Jünglings. Apollonius aber gelangte eher dahin, begab sich in sein Haus, öffnete alle seine Schränke, schlug alle seine Bücher nach und fand doch nichts andres, als was er dem König gesagt hatte, sprach also bei sich: ›Wenn ich mich nicht irre, liebt der König seine Tochter mit einer unlautern Brunst.‹ Wie er aber noch darüber nachdachte, sagte er in seinem Herzen: ›Was machst du, Apolloni, du hast die Auflösung entdeckt und doch die Prinzessin nicht erhalten, du bist also von Gott bestimmt, nicht unterzugehen.‹ Alsbald ließ er Schiffe für sich rüsten und dieselben mit hunderttausend Scheffeln Getreide, einer großen Last Silber und vielen Kleidungsstükken beladen, bestieg in der dritten Stunde der Nacht mit wenigen Getreuen ein Schiff und vertraute sich der hohen See an. Am andern Tage aber wurde er von seinen Mitbürgern gesucht, aber nicht gefunden; und es erhob sich ein ungeheures Wehklagen, daß der geliebteste Fürst des Vaterlandes nirgends zu finden war, und es herrschte in der ganzen Stadt eine große Trauer. Er besaß aber die Liebe seiner Mitbürger in einem so hohen Grade, daß lange Zeit hindurch die Bartscherer feiern mußten, die öffentlichen Schauspiele ruhten, die Bäder verschlossen wurden und niemand weder die Tempel noch Wirtshäuser besuchte. Während aber die Sachen so standen, kam Taliarchus, der vom König Antiochus gesandt war, jenen zu ermorden, an; und da er alle Häuser verschlossen sah, sprach er zu einem Knaben: »Sage mir bei deinem Leben, warum diese Stadt also in Trauer liegt?« Der Knabe aber sprach: »O Teuerster, weißt du denn nicht bereits, was du fragst? Diese Stadt hat Trauer angelegt, weil der Fürst Apollonius nach seiner Zurückkunft vom König Antiochus sich nirgends sehen läßt.« Wie das Taliarchus hörte, kehrte er voller Freude auf sein Schiff zurück, segelte wieder nach Antiochia, begab sich zu dem König und sprach: »Herr, mein König, freue dich, weil Apollonius aus Furcht vor dir sich nicht wieder hat blicken lassen!« Der König aber sagte: »Fliehen kann er wohl, aber mir nicht entfliehen.« Alsbald ließ er folgendes Edikt bekanntmachen: »Wer mir den Apollonius von Tyrus, den Verräter meiner Majestät, ausliefern wird, soll fünfzig Goldtalente erhalten, wer aber seinen Kopf abschlagen wird, der soll hundert haben.« Hierauf ließen sich nicht bloß seine Feinde, sondern auch seine Freunde von der Habsucht verlocken und machten sich eilig auf, dem Apollonius nachzusetzen. Man forschte aber dem Apollonius zu Wasser und zu Lande, in den Wäldern und jeglichem Schlupfwinkel nach, und fand ihn doch nicht. Darauf ließ der König ganze Schiffsflotten ausrüsten, um den Jüngling zu verfolgen; allein während sich die dazu Bestellten noch bei der Ausrüstung derselben aufhielten, kam Apollonius nach Tharsis und wurde, als er am Gestade herumspazierte, von einem seiner Sklaven, mit Namen Elinatus, erblickt, der zu derselbigen Stunde angekommen war. Dieser aber trat zu ihm und sprach: »Heil sei dir, König Apolloni!« Als der aber also begrüßt wurde, machte er es so, wie es Mächtige zu tun pflegen, und beachtete den Mann gar nicht. Darüber ward der Alte sehr aufgebracht, grüßte ihn zum zweiten Male und sprach: »Heil sei dir, König Apolloni! Erwidere doch meinen Gruß und wolle nicht eine durch anständige Sitten geschmückte Armut geringschätzen! Denn wenn du wüßtest, was ich weiß, würdest du dich wohl in acht nehmen.« Jener aber sprach: »Saget mir es doch, wenn es Euch gefällig ist!« Der aber sprach:

»Du bist geächtet.« Jener entgegnete aber: »Und wer hat denn den Fürsten seiner Vaterstadt in die Acht erklärt?« Elinatus aber sprach: »Der König Antiochus.« »Weshalb denn der König Antiochus?« Elinatus entgegnete: »Weil du sein willst, was er als Vater ist.« Apollonius versetzte: »Und für wieviel hat er mich denn geächtet?« Und jener entgegnete: »Wer dich ihm lebend stellen wird, der soll fünfzig Goldtalente, wer ihm aber deinen Kopf bringt, der soll hundert Talente als Lohn haben. Darum ermahne ich dich, irgendwo Schutz zu suchen.« Als Elinatus also gesprochen hatte, entfernte er sich. Apollonius aber rief ihm nach und bat ihn, er möchte doch zu ihm kommen, er wolle ihm hundert Goldtalente geben, und sprach: »Nimm sie doch von meiner Armut, weil du sie verdient hast, haue mir den Kopf ab und überreiche ihn dem König; das wird ihm große Freude machen. Siehe, hier hast du hundert Goldtalente, und dabei bleibst du ohne Schuld, weil ich dich aus freiem Willen dazu gedungen habe, daß du dem König eine so große Freude machen sollst.« Der Greis aber antwortete ihm: »Herr, es sei ferne von mir, daß ich um einer solchen Sache willen jemals in meinem Leben eine Belohnung haben möchte, rechtliche Leute stellen Freundschaft niemals dem Gelde gleich.« Und nachdem er den König Apollonius noch sehr gepriesen hatte, begab er sich hinweg. Nach diesem, als Apollonius sich noch auf demselben Flecke am Meeresufer erging, sah er einen Mann auf sich zukommen, namens Stranguilio, der ein betrübtes und trauriges Gesicht machte. Apollonius aber ging auf ihn los und sprach zu ihm: »Heil sei dir, Stranguilio!« Und dieser erwiderte: »Auch dir, mein König Apolloni«, und setzte hinzu: »Sage mir doch, weshalb du dich an diesem Orte mit so verstörter Miene aufhältst?« Apollonius sprach: »Weil ich die Tochter des Königs, nachdem ich die Wahrheit gesprochen hatte, zur Frau und zu meiner ehelichen Gemahlin begehrte. Ich wünsche also und bitte, daß ich, wenn es möglich ist, mich in Eurer Stadt verstecken kann.« Stranguilio aber sagte: »Herr Apollonius, unsere Stadt ist sehr arm und nicht imstande, deine hohe Geburt standesgemäß aufrechtzuerhalten; außerdem leiden wir an einer schweren Hungersnot und Getreidemangel, und unsere Mitbürger haben keine Hoffnung auf Erlösung, sondern der grausamste Tod schwebt vor unsern Augen.« Apollonius aber erwiderte: »Danket Gott, der mich auf meiner Flucht an Eure Grenze verschlagen hat; ich will Eurer Stadt hunderttausend Scheffel Korn geben, wenn du nur meine Flucht hierher verheimlichen willst.« Als das Stranguilio hörte, warf er sich ihm zu Füßen und sprach: »Herr Apollonius, wenn du dieser verhungerten Stadt zu Hilfe kommen willst, werden wir nicht bloß deine Flucht geheimhalten, sondern, wenn es nötig ist, auch für deine Erhaltung kämpfen.« Hierauf bestieg Apollonius auf dem Markte den Richterstuhl und sprach zu allen Bürgern jener Stadt, welche anwesend waren: »Ihr Bürger von Tharsis, welche Getreidemangel drückt und plagt, ich, Apollonius von Tyrus, will euch helfen; denn ich denke, daß ihr dieser Wohltat eingedenk sein und meine Flucht geheimhalten werdet. Denn wisset, daß ich nicht wegen meiner Reise, wohl aber zu eurem Glücke hierhergeführt worden bin. Ich will euch also hunderttausend Scheffel Korn um denselben Preis geben, als ich sie in meiner Heimat gekauft habe, nämlich einen jeden für acht Schillinge.« Wie das die Bürger hörten, daß sie einen Scheffel für acht Schillinge kaufen könnten, wurden sie sehr froh, dankten ihm und fingen sogleich an, das Korn zum Gebrauche zuzurüsten. Apollonius aber nahm zwar das Geld, allein damit es nicht schiene, als wenn er seine königliche Würde abgelegt hätte und mehr ein Kaufmann als ein Wohltäter wäre, schenkte er dasselbe dem Gemeindevermögen dieser Stadt wieder. Wie aber die Bürger diese seine so großen Wohltaten erkannten, errichteten sie ihm auf dem Markt eine Bildsäule, auf welcher er, auf einem Wagen stehend, dargestellt war, wie er mit der rechten Hand die Ähren brach und sie mit dem linken Fuße austrat, und schrieben darunter auf das Fußgestell: »Der Apollonius von Tyrus hat der Stadt Tharsis ein Geschenk gegeben, welches sie von einem schrecklichen Tode errettet hat.« Als hierauf einige Tage verflossen waren, nahm er sich vor, auf den Rat des Stranguilio und seiner Frau Dyonisiades nach der Tyrrhenerstadt Pentapolis zu schiffen, um sich daselbst zu verbergen, während seine Guttaten mit Ruhe und Wohlfahrt vollzogen wurden. Er wurde also mit großen Ehren ans Meer geführt und bestieg, nachdem er allen ein Lebewohl gesagt hatte, sein Schiff. Allein nach drei Tagen und ebensoviel Nächten, als er das Gestade von Tharsis verlassen hatte und er bisher mit günstigem Winde gesegelt war, veränderte sich auf einmal das Meer. Denn in wenigen Stunden erhob sich nun ein Sturm, indem der Aquilo und Eurus die Flotte bedrängten; der Himmel ergoß sich mit ungeheurem Regen, das tyrische Schiffsvolk ward vom Sturm vernichtet, das Schiff barst zu gleicher Zeit, der Zephyrus wühlte das Meer auf, Hagel und dunkle Wolken lagerten sich auf demselben. Es bliesen aber die Winde so stark, daß der Tod alle erfaßte; zwar haschte jeder nach einem Brette, allein bei einer solchen Finsternis und Unwetter kamen alle ums Leben. Apollonius allein ward durch eine Planke, die er glücklicherweise erhascht hatte, an die Küste der Pentapolis getrieben, und als er jetzt am Ufer stand und auf das nun ruhige Meer hinblickte, sprach er also: ›O du treuloses Meer, lieber will ich in die Hände des grausamen Königs geraten als in die deinigen; wohin soll ich mich jetzt wenden, wo soll ich ein Vaterland finden, welcher Bekannte soll mir, dem Unbekannten, beistehen?‹ Während aber Apollonius also bei sich sprach, erblickte er einen jungen Mann, der auf ihn zukam, einen kräftigen Schiffer, in einen schmutzigen Mantel gehüllt, und weil ihn die Not dazu zwang, so warf er sich ihm zu Füßen und sprach unter vielen Tränen: »Erbarme dich, wer du auch bist, eines Schiffbrüchigen, der nur das nackte Leben gerettet hat, aber nicht von niedrigen, sondern vornehmen Eltern gezeugt ist; und damit du es weißt, wessen du dich erbarmen sollst: ich bin Apollonius von Tyrus, ich, der Herr meiner Vaterstadt, flehe dich an, mir das Leben zu retten!« Als aber der Fischer die Schönheit des jungen Mannes gewahr wurde, da ward er von Mitleid bewegt, hob ihn auf und führte ihn unter das Dach seiner Wohnung, setzte ihm Speisen vor, soviel er nur bekommen konnte, und damit er seiner Mildtätigkeit noch vollständiger Genüge leisten möchte, zog er seinen großen Kittel aus, teilte ihn in zwei Hälften, gab eine davon dem jungen Manne und sprach: »Nimm, was ich habe, und gehe in die Stadt, vielleicht wirst du da jemand finden, der sich deiner erbarmt; so du aber keinen findest, kehre wieder zu mir zurück und laß dir an meiner Armut genügen.« Der Fischer setzte noch hinzu: »Nur daran erinnere ich dich, daß, wenn du irgend einmal deiner früheren Herrlichkeit zurückgegeben wirst, du dann die Armut eines geringen Fischermannes nicht verachten magst.« Apollonius aber erwiderte: »Wenn ich nicht ewig deiner gedenken werde, will ich noch einmal Schiffbruch leiden und nicht einen Mann finden, wie du bist.« Als er so gesprochen hatte, schlug er den ihm gezeigten Weg ein und trat in das Tor der Stadt. Während er aber noch darüber nachdachte, wo er Hilfe hernehmen solle, sah er einen nackten Knaben durch die Straßen laufen, der sein Haupt mit Öl gesalbt hatte, mit einem Handtuche umgürtet war und mit lauter Stimme folgendes ausschrie: »Höret es alle, höret es, ihr Fremden und Knechte, wer sich abwaschen will, der trete in die Badestube!« Wie das

Apollonius vernommen hatte, zog er seinen alten Rock aus, begab sich in das Bad und bediente sich des Wassers desselben. Während er aber alle Anwesenden einzeln anschaute, suchte er einen seinesgleichen, fand aber keinen. Als plötzlich der König der ganzen Umgegend, Altistrates, mit einem Schwarme von Dienern hereintrat, und als der König mit seinen Knechten das Ballspiel trieb, da bückte sich Apollonius vor dem König, hob den laufenden Ball auf und sandte ihn mit einer feinen Leichtigkeit geschlagen wieder dem König zurück. Darauf sprach der König zu seinen Dienern: »Entfernt euch; denn hier ist ein Jüngling, der es mit mir, wie ich denke, aufnehmen kann.« Als Apollonius aber hörte, daß er gelobt werde, trat er mutvoll hin zum König, und nachdem er das Gefäß mit Öl und Wachssalbe ergriffen hatte, salbte er ihn am ganzen Körper mit geschickter Hand und bähete ihn dann auf einem weichen Sessel und hörte mit seinen Dienstleistungen erst auf, als jener sich entfernte. Und der König sprach zu seinen Freunden nach dem Weggange des Jünglings: »Ich schwöre euch, daß ich mich in Wahrheit nie besser gebadet habe, als heute durch dieses Jünglings Dienstfertigkeit, ob ich gleich nicht weiß, wer er ist«; dabei sah er einen seiner Diener und sprach: »Siehe zu, wer der Jüngling ist, der mich bedient hat.« Jener aber folgte dem jungen Manne und sah, daß er mit einem schmutzigen und schlechten Mantel bekleidet war, kehrte zum König zurück und sprach: »Der junge Mann ist ein Schiffbrüchiger.« Der König erwiderte: »Woher weißt du das?« Und jener versetzte: »Auch ohne daß er es sagt, zeigt es seine Kleidung an.« Der König aber sprach: »Gehe schnell hin zu ihm und sage ihm: ›Der König läßt dich bitten, du möchtest heute an seiner Tafel speisen.‹« Wie das Apollonius hörte, freute er sich sehr und begab sich mit dem Diener zum Könige. Der Diener trat aber eher in dessen Gemach und sprach: »Der Schiffbrüchige ist da, allein wegen seiner schmutzigen Kleidung schämt er sich hereinzukommen.« Und gleich ließ ihn der König mit seiner würdigen Gewändern bekleiden und in das Speisezimmer treten. Als aber Apollonius in den Speisesaal getreten war, setzte er sich an einem ihm angewiesenen Orte, dem König gegenüber, nieder; es wurde zuerst ein Frühstück, dann aber ein königliches Mahl aufgetragen, allein Apollonius langte nicht zu, obgleich alles speiste, sondern betrachtete mit Tränen in den Augen das goldne und silberne Geschirr und die Diener des Königs. Darauf sprach einer von den Gästen zum König: »Wenn ich nicht irre, beneidet dieser junge Mann da dein Glück.« Der König aber entgegnete: »Dein Verdacht ist unbegründet; er beneidet nicht mein Glück, wohl aber trauert er darüber, daß er so viel verloren hat.« Hierauf schaute der König dem Apollonius ins Gesicht und sprach zu ihm mit freundlicher Miene: »Jüngling, iß doch mit uns und hoffe, daß Gott dir ein besseres Schicksal verleihen wird!« Während er ihm aber also noch zuredete, da trat plötzlich die Tochter des Königs, eine erwachsene Jungfrau, herein und küßte ihren Vater und alle seine an der Tafel befindlichen Freunde. Wie sie aber einen jeden geküßt hatte, kehrte sie zu ihrem Vater zurück und sprach: »Guter Vater, wer ist der junge Mann, der den Ehrenplatz dir gegenüber innehat und so betrübt ist?« Der König aber sprach: »O mein süßes Töchterlein, dieser Jüngling hat Schiffbruch gelitten und mir in der Ringschule viel Liebesdienste erzeigt, darum habe ich ihn zu Tische geladen; wer er aber ist, weiß ich nicht; so du es aber wissen willst, so frage ihn, denn es ist recht, daß du alles erfährst, und vielleicht wirst du Mitleid mit ihm empfinden, wenn du ihn kennen gelernt hast.« Als das das Mädchen hörte, trat sie zu ihm und sprach: »Mein Lieber, dein edles Aussehn zeugt von deiner adligen Abstammung; wenn es dir nicht unangenehm ist, so verkündige mir deinen Namen und deine Begebenheiten.« Jener aber erwiderte: »Wenn du meinen Namen wissen willst, den habe ich auf dem Meere verloren, wenn meinen Adel, den habe ich in Tyrus gelassen.« Das Mädchen aber sprach: »Rede deutlicher, damit ich dich verstehen kann!« Darauf erzählte ihr Apollonius alle seine Unglücksfälle und nannte ihr seinen Namen. Als er aber seine Rede geendigt hatte, fing er an, Tränen zu vergießen, und der König sprach, als er ihn weinen sah, zu seiner Tochter: »Mein süßes Kind, du hast unrecht getan, daß du Namen und Schicksale dieses jungen Mannes zu wissen verlangtest, denn du hast seinen alten Schmerz von neuem hervorgerufen. Meine süße Tochter, da du jetzt die Wahrheit weißt, so ist es billig, daß du ihm deine königliche Milde zuteil werden lässest.« Als aber das Mägdlein den Willen ihres königlichen Vaters vernommen hatte, blickte sie den Jüngling an und sprach: »Apollonius, du bist jetzt der Unsre, lege deine Trauer ab, denn mein Vater wird dich wieder reich machen.« Apollonius aber dankte ihr mit Seufzen und Ehrerbietung. Danach sprach der König zu seiner Tochter: »Hole deine Leier, auf daß du mit deinem Gesange unsre Gäste erheiterst.« Hierauf ließ sich die Prinzessin ihre Leier bringen und begann dieselbe lieblich zu spielen. Alle aber fingen an, sie zu preisen und zu sagen: »Man kann nichts Schöneres noch Süßeres hören.« Allein aber von ihnen schwieg Apollonius, und der König sprach zu ihm: »Apollonius, du tust nicht recht; alle loben meine Tochter bei ihrem Spiele, warum findest du allein keinen Gefallen an ihr?« Jener aber sprach: »Guter König, wenn du mir es gestattest, will ich dir sagen, was ich denke: Deine Tochter hat zwar die Musik angefangen, allein sie noch nicht vollkommen inne. Befiehl also, daß man mir die Leier übergibt, und du sollst sogleich erfahren, was du bisher noch nicht wußtest!« Der König aber versetzte: »Apolloni, ich sehe, daß du in allen Dingen wohlunterrichtet bist.« Hierauf ließ er ihm die Leier geben und schmückte ihm, als er hinausgegangen war, das Haupt mit einem Kranze. Jener aber nahm die Leier, trat wieder in den Speisesaal und spielte so lieblich vor dem König, daß ihn alle nicht mehr für Apollonius, sondern für Apollo selbst hielten. Die Gäste aber sprachen zum König, sie hätten nie etwas Besseres gehört oder gesehen. Wie aber die Königstochter solches vernahm, schaute sie den Jüngling an und ward von Liebe zu ihm ergriffen; sie sprach also zu ihrem Vater: »O Vater, erlaube, daß ich dem Jüngling geben darf, was mir beliebt.« Der König aber sprach: »Ich gestatte es.« Hierauf wandte sie ihren Blick auf Apollonius und sprach zu ihm: »Meister Apollonius, empfange von der Gütigkeit meines Vaters zweihundert Goldtalente, vierhundert Pfund Silber, reichliche Gewänder, zwanzig Sklaven und zehn Dienerinnen«; zu diesen aber sprach sie: »Holet, was ich ihm eben versprochen habe«, und in Gegenwart der Freunde des Königs und bei geöffneten Türen des Speisesaals wurde alles auf Befehl der Prinzessin hereingebracht. Hierauf standen aber alle auf und begaben sich, nachdem sie sich beim König beurlaubt hatten, hinweg. Apollonius aber sprach: »Guter König, du Erbarmer der Unglücklichen, und du Prinzessin, du Freundin der Wissenschaften und Gönnerin der Weltweisheit, lebet wohl!« Hierauf wandte er sein Gesicht zu den Dienern, welche ihm die Prinzessin verehrt hatte, und sprach: »Nehmet, ihr Diener, was mir geschenkt worden ist, und laßt uns gehen und eine Herberge suchen.« Das Mädchen aber fürchtete, sie möchte ihren Geliebten verlieren, und ward sehr traurig, blickte ihren Vater an und sprach: »Guter König und liebster Vater, willst du es haben, daß Apollonius, der erst heute durch uns wohlhabend geworden ist, dahin gehe und ihm böse Menschen wieder abnehmen, was wir ihm geschenkt haben?« Darauf befahl der König eilig, es solle jenem ein Zimmer angewiesen werden, wo er ruhig und seinem Stande gemäß schlafen könne. Das Mägdlein aber, welches von Liebe entbrannt war, hatte eine unruhige Nacht und begab sich daher frühmorgens in das Schlafgemach ihres Vaters. Als sie derselbe aber gewahr wurde, sprach er zu ihr: »Was heißt das, daß du wider deine Gewohnheit so frühzeitig erwacht bist?« Das Mägdlein aber entgegnete: »Ich konnte keine Ruhe finden, weshalb ich dich, liebster Vater, ersuche, daß du mich dem jungen Manne zu unterrichten gibst, auf daß ich die Musik und andre Dinge erlernen kann.« Wie das der König hörte, freute er sich, ließ den Jüngling zu sich rufen und sprach zu ihm: »Apolloni, meine Tochter wünscht sehr, deine Kunst zu erlernen, ich bitte dich also, daß du ihr alles zeigst, was du selbst weißt; ich will dir dafür einen deiner würdigen Lohn zahlen.« Jener aber sprach: »Herr, ich bin bereit, Eurem Willen Genüge zu leisten.« Er unterrichtete also das Mägdlein in allem, was er selbst gelernt hatte. Allein die Prinzessin ward nach diesem aus allzu großer Liebe zu dem Jüngling krank, und da der König sah, daß seine Tochter ein Unwohlsein angefochten habe, ließ er seine Ärzte kommen. Diese aber befühlten die Adern und einzelne Teile des Körpers derselben, konnten aber nirgends eine Krankheit entdecken. Nach wenigen Tagen aber begrüßten drei sehr edle junge Männer, die seit langer Zeit die Prinzessin schon zur Ehe begehrt hatten, den König wie mit einem Munde, und der König blickte sie an und sprach: »Was wollt ihr denn?« Sie aber entgegneten: »Deswegen, weil du uns öfters versprochen hast, einem von uns deine Tochter zur Gemahlin zu geben, darum sind wir heute zusammen hierhergekommen. Wir sind deine Untertanen, reich und von edlen Eltern erzeugt; wähle also einen von uns dreien, welchen du zum Schwiegersohn haben willst!« Der König aber erwiderte: »Ihr habt mich zu einer unpassenden Zeit gestört; meine Tochter liegt jetzt den Wissenschaften ob, ist aber aus lauter Liebe zum Studieren unpaß geworden; damit ich jedoch nicht scheine euch hinhalten zu wollen, so schreibt mir auf eure Schreibtafeln eure Namen und die Größe eures Erbteils, die will ich dann meiner Tochter einhändigen, und sie mag dann selbst den wählen, welchen sie haben will.« Jene aber taten also; der König aber nahm, was sie geschrieben hatten, las es, drückte sein Siegel darauf und übergab es mit folgenden Worten dem Apollonius: »Meister, nimm diese Papiere und händige sie deiner Schülerin ein.« Apollonius aber nahm sie und brachte sie dem Mägdlein. Als aber die Prinzessin den erblickte, welchen sie liebte, sprach sie: »Meister, was gibt es, daß du allein in mein Gemach trittst?« Apollonius aber erwiderte: »Nimm diese Schreibtafeln, welche dir dein Vater sendet, und lies!« Das Mägdlein öffnete aber die Schreibtafeln, las die drei Namen ihrer Freier, warf sie auf die Erde, blickte ihren Apollonius an und sprach zu ihm: »Meister Apollonius, tut es dir nicht leid, daß ich einem andern zur Ehe gegeben werden soll?« Jener aber entgegnete: »Nein, denn alles, was dir geschieht, wird auch für mich Ehre und Gewinn sein.« Das Mägdlein aber sprach: »Meister, wenn du mich liebtest, würde es dir weh tun.« Hierauf schrieb sie eine Antwort darunter, versiegelte die Schreibtafel wieder und übergab sie dem Apollonius, daß er sie dem König überbrächte. Sie hatte aber so geschrieben: »Mein König und teuerster Vater, da mir deine Huld gestattet hat, dir zu antworten, so schreibe ich dir jetzt wieder: Ich wünsche jenen Schiffbrüchigen zu meinem Ehegemahl zu haben.« Als aber der König gelesen hatte und die Meinung seiner Tochter nicht verstand, was für einen Schiffbrüchigen sie meinte, wandte er sich zu den Jünglingen und sprach zu ihnen: »Wer von euch hat Schiffbruch gelitten?« Einer aber von ihnen, namens Ardonius, sprach: »Ich.« Ein andrer aber sagte: »Daß dich die Pest treffe und du nie wieder gesund und wohl werdest! Da ich dich als meinen Gespielen von klein auf kenne und du niemals aus dem Tore dieser Stadt gegangen bist, daß du hättest Schiffbruch erleiden können.« Als nun der König nicht hatte finden können, wer von ihnen Schiffbruch gelitten hatte, schaute er den Apollonius an und sprach: »Nimm diese Brieftafel und lies; denn es wäre wohl möglich, daß du das, was ich nicht verstehe, weißt, da du dabei warest, als sie schrieb.« Apollonius aber nahm das Schreiben, durchlief es schnell und errötete, als er merkte, daß er geliebt sei. Hierauf sprach der König zu ihm: »Apolloni, hast du den Schiffbrüchigen herausgefunden?« Jener sagte aber nur wenige Worte, weil er sich schämte. Wie der König merkte, daß seine Tochter diesen haben wollte, sprach er zu den andern: »Sobald ich Zeit habe, werde ich zu euch kommen.« Diese aber nahmen Abschied von ihm und gingen ihres Weges. Der König begab sich nun allein zu seiner Tochter hinein und sprach: »Was für einen Gemahl hast du dir auserlesen?« Sie aber warf sich ihm mit Tränen zu Füßen und sprach: »Teuerster Vater, ich will den schiffbrüchigen Apollonius haben.« Wie aber der König seine Tochter in Tränen sah, hob er sie auf von der Erde und sprach also zu ihr: »Süßes Töchterlein, denke an nichts anderes, denn du hast dir den erkoren, für welchen auch ich gewesen bin, sobald ich ihn nur erblickt hatte. Weil ich nun aber dein lieber Vater bin, so will ich deinen Hochzeitstag ohne Verzug festsetzen.« Am folgenden Tage wurden nun die Freunde des Königs aus den benachbarten Städten herbeigerufen, und der König sprach zu ihnen: »Ihr Lieben, meine Tochter will ihren Lehrer Apollonius heiraten, ich bitte euch also, daß ihr euch des alle freuen mögt, weil sich meine Tochter einem so klugen Manne vermählt.« Als er so gesprochen hatte, bestimmte er einen Tag zu ihrer Vermählung; sie aber wurde schnell schwanger, und als sie das Kind unter ihrem Herzen trug, begab es sich, daß sie mit ihrem Manne, dem König Apollonius, am Ufer des Meeres spazieren ging und ein kostbares Schiff erblickte. Apollonius aber erkannte, daß es aus seinem Vaterlande sei, wandte sich also zu dem Schiffsherrn und sprach: »Wo kommst du her?« Jener aber erwiderte: »Von Tyrus.« Apollonius aber entgegnete: »Das ist der Name meiner Vaterstadt.« Der andere erwiderte: »Also bist du ein Tyrier?« Und jener sprach: »Es ist so, wie du sagst.« Darauf sagte der Schiffsherr: »Kennst du vielleicht einen Fürsten aus dieser deiner Vaterstadt, der Apollonius heißt? Ich bitte dich, daß, wo du ihn auch erblicken magst, du ihm sagest, er möge sich freuen und guten Mutes sein, weil der König Antiochus samt seiner Tochter vom Blitz getroffen worden ist und die Schätze seines Reiches zu Antiochia für den Apollonius aufbewahrt werden.« Wie das Apollonius hörte, sprach er voll Freude zu seiner Gemahlin: »Ich bitte dich, laß mich von hier ziehen, um mein Reich in Besitz zu nehmen.« Jene aber sprach, indem sie Tränen vergoß: »O Herr, wenn du auf einer weiten Reise wärest, müßtest du zu meiner Niederkunft herbeieilen, und jetzt willst du dich entfernen, da du doch bei mir bist? So du es aber willst, wollen wir zusammen dorthin schiffen.« Hierauf ging sie zu ihrem Vater und sprach: »O geliebter Vater, freue dich mit uns, weil der alte König Antiochus samt seiner Tochter durch das Gericht Gottes vom Blitze erschlagen worden ist, seine Schätze aber und seine Krone für uns aufbewahrt werden; erlaube also, daß ich mit meinem Mann dorthin fahren darf.« Der König aber freute sich sehr, ließ Schiffe ans Gestade ziehn und mit allen möglichen Gütern beladen, befahl auch, daß eine Amme, namens Ligozis, und eine Wehmutter, der Entbindung seiner Tochter wegen, die Reise mitmachen sollten, gab ihnen die Erlaubnis abzureisen, begleitete sie bis ans Ufer und gab seiner Tochter und seinem Schwiegersohne viele Küsse mit auf den Weg. Als sie aber einige Tage auf dem Meere gewesen waren, da erhob sich ein gewaltiges Ungewitter, und die Prinzessin ward durch die Geburt einer Tochter so schwach, daß sie tot zu sein schien. Wie das ihre Dienerinnen bemerkten, erhoben sie ein lautes Geschrei und Geheul; Apollonius eilte herbei, und als er seine Gemahlin wie tot daliegen sah, da riß er seine Kleider von seinem Leibe, warf sich unter Tränenströmen über ihren Körper hin und sprach: »Teures Weib, Tochter des Altistrates, was soll ich deinem Vater über dich antworten?« Kaum hatte er also gesprochen, so sagte der Steuermann zu ihm: »Kein Schiff kann einen Leichnam ertragen, befiehl also, den Körper ins Meer zu werfen, auf daß wir dem Tode entrinnen können.« Apollonius aber sprach zu ihm: »Was sagst du, Schändlicher? Du willst also, daß ich diesen Körper ins Meer werfe, der mich, als ich schiffbrüchig und arm war, aufgenommen hat?« Er berief also seine Diener zu sich und sprach: »Machet einen Sarg mit Öffnungen und verklebt sie mit Erdharz; hinein aber legt eine bleierne Tafel und befestigt sie darin.« Als nun das Behältnis fertig war, legten sie die Prinzessin mit köstlichem Schmuck geziert in den Sarg und eine Menge Gold unter ihren Kopf; hierauf gab er unter vielen Tränen dem Leichnam einen Kuß, befahl das Kind aufzuziehen und sorgsam zu ernähren, um dem König statt seiner Tochter eine Enkelin zeigen zu können, und gebot unter vielem Weinen, den Sarg ins Meer zu senken. Am dritten Tage warf aber die Meeresflut den Kasten an das Gestade von Ephesus nicht weit vom Hause eines Arztes namens Cerimon, der mit seinen Schülern am selbigem Tage am Meeresufer spazieren ging. Als der nun den Kasten, welchen die Wellen ans Land geworfen hatten, vor sich liegen sah, sprach er zu seinen Dienern: »Hebet diesen Kasten auf und traget ihn, aber mit möglichster Behutsamkeit, nach meinem Landgute.« Als sie das getan hatten, öffnete ihn der Arzt und erblickte darin ein mit königlichem Schmuck geziertes und sehr schönes Frauenzimmer. Alle aber, die ihre Schönheit erblickten, wunderten sich sehr; denn war in ihr eine wahrhaft strahlende Schönheit, so daß die Natur an ihr weiter nichts Fehlerhaftes hervorgebracht hatte, als daß sie dieselbe nicht hatte unsterblich werden lassen. Denn ihre Haare waren glänzend wie Schnee, unter ihnen aber thronte die milchweiße Fläche der Stirne, auf der sich auch nicht eine einzige häßliche Runzel zeigte. Ihre Augen aber waren wie zwei kreisende Sterne, an Geschwindigkeit, nicht aber an Entgegenkommen denselben ähnlich, denn sie waren durch einen bescheidenen Blick gefesselt und versprachen die Beständigkeit eines treuen Gemüts. Auch ihre Augenlider hatte die Natur auf eine reizende Weise mit ihren Augenwimpern in Einklang gebracht; auch ihre Nase bildete eine vollkommen gerade Linie, indem sie auf angenehme Weise die beiden Teile des Gesichts durchschnitt, sie erhob sich aber weder durch allzu große Länge nach vorn zu, noch war sie durch allzu große Kürze abgeschnitten, sondern zeigte sich in einem schicklichen Ebenmaße. Ihr Hals, glänzender als die Strahlen der Sonne und mit Halsgeschmeiden verziert, versetzte aller Augen in wunderbares Entzücken. Ihr übriger Körper war aber weder zu klein, noch durch eine allzu große Fülle strotzend, so daß durchaus niemand an ihr etwas auszusetzen hatte. Aus ihrer Brust traten aber zwei reizende Arme, wie Äste aus dem Stamme eines Baumes hervor; ihre Finger hatten eine verhältnismäßige Größe, indem der Glanz derselben sogar nicht an dem Ebenmaße der Nägel übersehen war. Als nun der Arzt sie wie tot vor sich liegen sah, erstaunte er und sprach: »O liebes Mädchen, warum bist du so verlassen?« Er sah aber, daß unter ihrem Haupte eine Summe Goldes lag, und auf dem Golde eine beschriebene

Tafel, und sprach: »Wir wollen doch sehen, was diese Schreibtafel enthält!« Als er sie geöffnet hatte, fand er folgendes darauf geschrieben: »Wer diesen Sarg findet, den bitte ich, daß er zehn Goldstücke für sich behält, fünf aber auf das Begräbnis dieses Leichnams verwendet; denn dieser Leichnam hat seinen Angehörigen viele Tränen und bittere Schmerzen hinterlassen; so aber jemand anders tut, als der Schmerz von ihm fordert, der möge des Todes sein und niemanden finden, der seinen Leib dem Grabe übergebe.« Als nun jener dieses Schreiben durchgelesen hatte, sprach er zu seinen Dienern: »Laßt uns dem Körper gewähren, was der Schmerz von uns fordert.« Alsbald ließ er einen Scheiterhaufen erbauen; allein während man noch damit beschäftigt war, denselben aufzurichten, um den Körper daraufzulegen, kam ein junger Schüler des Arztes dazu, der jedoch, was sein Genie anging, ein Greis zu sein schien. Als dieser den schönen Leichnam auf dem Scheiterhaufen liegen sah, erblickte ihn auch sein Meister und sprach zu ihm: »Du kommst zur guten Stunde, denn eben wartete ich auf dich: nimm diese Flasche mit Salbe und gieße sie, was das Letzte bei dem Begräbnis ist, über den Leichnam.« Also trat der Jüngling zu dem Leichnam und zog dessen Gewänder weg und goß mit seiner Hand die Salbe über den ganzen Körper, fühlte aber dabei Leben am Herzen desselben. Der Jüngling erstaunte, fühlte den Puls und entdeckte Lebenszeichen; prüfte hierauf die Nasenlöcher und legte seine Lippen auf den Mund des Leichnams und entdeckte Leben, welches noch mit dem Tode rang; hierauf sprach er also zu den Dienern: »Stekket langsam Fackeln an diese vier Enden, nehmt euch aber in acht!« Als hierauf das Blut, welches erstarrt war, flüssig ward, und dieses der Jüngling gewahr wurde, sprach er zu seinem Meister: »Das Frauenzimmer, welches du für tot hältst, lebt, und ich will, damit du mir Glauben beimissest, dir solches durch einen Versuch beweisen.« Als er so gesprochen hatte, hob er die Prinzessin auf, trug sie in sein Schlafzimmer und legte ihr heißes Öl auf die Brust; hierauf feuchtete er Wolle an und legte sie auf ihren Körper, so daß das Blut, welches innerlich erstarrt war, durch die Wärme wieder zum Fließen kam und der Atem anfing, durch ihr Mark zu ziehen; hierauf öffnete er ihr die Adern. Sie schlug die Augen auf, holte Atem und sprach, indem sie wieder zu sich kam: »Wer bist du? Berühre mich nicht anders, als es sich geziemt, denn ich bin die Tochter eines Königs und die Gemahlin eines Königs.« Als das der Jüngling hörte, ward er voller Freude, begab sich in das Zimmer seines Meisters und sprach zu ihm: »Siehe, Meister, das Frauenzimmer lebt!« Der aber sprach: »Ich bin mit deiner Erfahrung zufrieden, lobe deine Kunst, bewundere deine Klugheit. Höre von jetzt an sorgfältig auf meinen Rat: Sei nie undankbar gegen deine Kunst! Empfange hier deinen Lohn, denn dieses Frauenzimmer hat eine große Summe Geldes bei sich gehabt.« Hierauf befahl er, sie mit frischen Kleidern, gesunden Speisen und den besten Stärkungsmitteln zu laben, und nach wenigen Tagen, als er erfahren hatte, daß sie aus königlichem Blute entsprossen sei, rief er seine Freunde zu sich und nahm sie an Kindes Statt an. Sie aber bat ihn flehentlich, daß sie von niemandem berührt werden möchte und unter den Priesterinnen der Diana dienen dürfe, worauf er sie mit Frauen dahin sandte, auf daß sie daselbst unverletzt bewahrt würde. Indessen segelte Apollonius mit großer Trauer dahin und landete durch die Fügung Gottes zu Tharsis; hier stieg er aus und begab sich in das Haus des Stranguilio und der Dyonisiades und erzählte ihnen, nachdem er sie begrüßt hatte, alle seine Unglücksfälle, indem er also sprach: »Zu meinem großen Kummer ist mir meine Frau gestorben, meine Tochter aber erhalten worden, worüber ich mich sehr freue. Darum, so ich mich auf euch verlassen kann, will ich mein verloren gegangenes Reich, welches mir aufgehoben worden, nicht annehmen, aber auch nicht zu meinem Schwiegervater zurückkehren, dessen Tochter ich auf dem Meere verloren habe, sondern ich will lieber Handelsgeschäfte treiben; euch aber vertraue ich mein Kind an, daß sie mit eurer Tochter Philomacia erzogen werde und meine Tochter den Namen Tharsia erhält. Außerdem wünsche ich, daß Ligozis, die Amme meiner Frau, auch die Sorge für dein Mädchen noch übernimmt.« Mit diesen Worten übergab er dem Stranguilio das Kind, händigte ihm Gold und Silber und eine große Menge Kleider ein und schwur, er wolle nicht eher sein Haar, seinen Bart und seine Nägel verschneiden, bis er seine Tochter verheiratet habe. Jene aber erstaunten gar sehr, schwuren ihm aber einen schweren Eid, daß sie seine Tochter mit allem Fleiße erziehen wollten. Apollonius bestieg nun ein Schiff und fuhr in ferne Länder. Indessen ward die Jungfrau Tharsia, als sie fünf Jahre alt geworden war, samt der Philomacia, der Tochter jener Leute, die mit ihr von gleichem Alter war, in die Schule geschickt; als sie nun aber das vierzehnte Jahr erreicht hatte und einstmals aus dem Hörsaale nach Hause kam, fand sie ihre Amme Ligozis von plötzlichem Unwohlsein ergriffen, setzte sich neben sie und fragte sie um die Ursache ihrer Krankheit. Die Amme aber sprach zu ihr: »Gutes Kind, höre auf meine Worte und bewahre sie in deinem Herzen! Wen hältst du für deinen Vater, oder deine Mutter, oder deine Vaterstadt?« Das Mädchen aber entgegnete: »Meine Vaterstadt ist Tharsus, mein Vater Stranguilio und meine Mutter Dyonisiades.« Da seufzte ihre Amme und sprach: »Höre, meine Tochter, die Geschichte deiner Geburt, damit du weißt, was du nach meinem Tode tun mußt. Dein Vater heißt Apollonius, deine Mutter aber war Lucina, eine Königstochter. Als sie dich gebar, gab sie ihren Geist auf und starb;

dein Vater Apollonius aber ließ einen Sarg machen und sie mit ihrem königlichen Schmucke ins Meer versenken, und legte ihr zwanzig Goldstücke unter das Haupt, damit, wohin sie auch von den Wellen getrieben würde, ihr diese nützen könnten. Das Schiff gelangte nun, trotz dem Widerstande der Winde, mit deinem trauernden Vater und dir, die du noch in der Wiege lagst, an diese Stadt, und der Tyrier Apollonius vertraute dich und mich diesem seinen Gastfreunde, dem Stranguilio und der Dyonisiades, an und tat ein Gelübde, er wolle nicht eher seinen Bart, seine Haare und Nägel verschneiden, als bis er dich verheiratet habe. Jetzt rate ich dir aber, so nach meinem Tode deine Gastfreunde, welche du deine Eltern nennst, dir irgendein Unrecht zufügen, so begib dich auf den Markt, wo du ein Standbild deines Vaters antreffen wirst, dieses fasse mit deiner Hand an und rufe laut: ›Ich bin die Tochter des Mannes, den dieses Standbild vorstellt!‹ Die Bürger aber werden sich der Wohltaten deines Vaters erinnern und die dir angetane Beleidigung rächen.« Tharsia aber sprach zu ihr: »Teure Amme, ich rufe die Götter zu Zeugen an, daß, hättest du mir dieses nicht gesagt, ich gar nicht wissen würde, woher ich wäre.« Während sie aber noch also miteinander sprachen, gab die Amme ihren Geist auf. Tharsia aber beerdigte den Leichnam ihrer Amme und betrauerte ein ganzes Jahr lang ihren Tod; nach diesem aber legte sie ihre frühere vornehme Kleidung wieder an und ging, um sich weiter in den schönen Wissenschaften auszubilden, in die Schule; wenn sie aber aus derselben herauskam, nahm sie nicht eher Speise zu sich, als bis sie das Grab ihrer Amme besucht hatte; dieses betrat sie aber immer, ein Gefäß mit Wein in der Hand, blieb dort eine Weile und rief ihre Eltern an. Während sie aber dieses tat, ging einst Dyonisiades mit ihr und ihrer Tochter Philomacia über den Markt. Alle aber, welche die Zierlichkeit und Schönheit der

Tharsia sahen, sprachen: »Glücklich ist der Vater, dessen Tochter Tharsia ist; die aber, welche an ihrem Arme hängt, ist häßlich und ein wahrer Abschaum.« Als aber Dyonisiades das hörte, wie Tharsia gelobt und ihre Tochter getadelt wurde, geriet sie in Wut, setzte sich allein für sich hin und dachte bei sich: ›Seitdem ihr Vater von hier weggereist ist, sind einige Jahre ins Land gegangen: Er wird nicht wiederkommen, seine Tochter zu holen, hat auch keine Briefe nach ihr geschrieben; ich glaube, er ist tot; ihre Amme ist auch gestorben, ich habe jetzt keine Gegenwehr zu scheuen und werde meine Tochter mit ihren Kostbarkeiten schmücken.‹ Als sie noch so bei sich dachte, da kam ein Mann von ihrem Landgute, namens Theophilus, den rief sie zu sich und sprach zu ihm: »Wenn du eine Belohnung zu haben wünschest, so töte mir die Tharsia.« Der Meier aber sprach: »Was hat denn die unschuldige Jungfrau begangen?« Jene aber erwiderte: »Sie ist eine schlechte Person, also darfst du mir diesen Dienst nicht verweigern; tue, wie ich dir heiße, und wenn du nicht also tust, soll es dir übel bekommen.« Jener aber sprach: »Herrin, wie kann das geschehen?« Sie aber antwortete: »Es ist ihre Gewohnheit, sobald sie aus der Schule kommt, nicht eher Speise zu sich zu nehmen, als bis sie in das Grabmal ihrer Amme getreten ist; wenn sie dich dort mit einem Dolche gerüstet findet, so fasse sie bei den Haaren ihres Scheitels, morde sie und wirf ihren Körper ins Meer, dafür sollst du deine Freiheit nebst einer großen Belohnung empfangen.« Der Meier nahm also einen Dolch, begab sich unter Seufzern und Tränen nach dem Grabmale und sprach: »Weh mir, ich verdiene mir die Freiheit nur dadurch, daß ich das Blut jener unschuldigen Jungfrau vergieße.« Als nun das Mägdlein aus der Schule kam, trat sie nach ihrer Gewohnheit mit einer Flasche Wein versehen in das Grabmal, der Meier aber stürzte auf sie los, faßte sie bei den Haaren und warf die Jungfrau auf den Boden; wie er aber im Begriff war, sie zu durchbohren, sprach Tharsia zu ihm: »O Theophile, was habe ich dir oder irgend jemandem getan, daß ich jetzt sterben soll?« Der Meier aber sprach: »Du hast nichts verbrochen, aber dein Vater, der dich mit vielem Golde und königlichem Schmucke hier zurückgelassen hat.« Darauf sprach das Mädchen zu ihm: »Herr, ich bitte dich, daß, wenn keine Hoffnung mehr für mich da ist, du mir gestattest, meinen Gott anzurufen.« Der Meier aber entgegnete: »Bete, denn Gott weiß es, daß ich dich nur gezwungen töte.« Wie sich aber jene zum Gebet niedergeworfen hatte, kamen Seeräuber herbei und schrien, als sie jene in Todesgefahr erblickten und sahen, wie ein bewaffneter Mann im Begriff sei, sie zu durchbohren: »Schone sie, grausamer Barbar, sie ist unsre Beute, der Sieg ist nicht mehr dein!« Als aber jener solches hörte, flüchtete er sich hinter das Grabmal und versteckte sich am Gestade; die Seeräuber aber schleppten die Jungfrau fort und begaben sich mit ihr wieder aufs Meer. Hierauf kehrte der Meier wieder zu seiner Herrin zurück und sprach zu ihr: »Es ist geschehen, wie du befohlen hast; ich rate dir, lege jetzt, wie ich, Trauerkleider an, und wir wollen vor den Augen unsrer Mitbürger einige erheuchelte Tränen vergießen und sagen, sie sei an einem schweren Gebreste gestorben.« Wie das Stranguilio hörte, da ergriff ihn Furcht und Schrecken, und er sprach: »Gib mir also ein Trauerkleid, auf daß ich um sie trauern kann, weil ich in ein solches Verbrechen verwickelt worden bin. Weh, was soll ich tun? Der Vater jenes Mädchens hat diese Stadt aus Todesgefahr gerettet, um dieser Stadt willen hat er Schiffbruch erlitten, seine Güter verloren und Mangel erduldet, und jetzt ist ihm Gutes mit Bösem vergolten worden! Ein grimmiger Löwe hat seine Tochter, welche er mir, um sie zu erziehen, gesandt hatte, verschlungen; weh mir, ich bin verblendet gewesen, jetzt muß ich die Unschuldige betrauern; durch eine schändliche giftige Schlange habe ich mich überwältigen lassen.« Dabei hob er seine Augen gen Himmel auf und sprach: »Gott, du weißt es, daß ich rein bin von Tharsias Blute, fordere es von der Dyonisiades zurück!« Dabei schaute er seine Frau an und sprach: »Auf welche Weise hast du die Königstochter ums Leben gebracht, du Feindin Gottes und Schandfleck der Menschheit?« Sie aber kleidete sich und ihre Tochter in Trauerkleider, und sie vergossen Tränen und sprachen zu ihren Mitbürgern: »Ihr lieben Mitbürger, wir schrein zu euch, denn die Hoffnung unsrer Augen, Tharsia, die ihr gesehen habt, ist plötzlich unter Schmerzen gestorben und hat uns nur Jammer und bittre Tränen hinterlassen; wir aber haben sie auf eine ihrer würdige Weise bestatten lassen.« Hierauf begaben sich die Bürger dahin, wo für die Verdienste ihres Vaters dessen Körper aus Erz dargestellt war, und wo die Bürger der Jungfrau Tharsia für die Wohltaten ihres Vaters ein ehernes Grabmal errichten ließen. Die nun, welche das Mädchen geraubt hatten, langten bei der Stadt Machilenta an, und das Mägdlein ward unter den übrigen Sklaven zum Verkauf dargestellt. Als aber ein gottloser und unseliger Kuppler von ihr gehört hatte, fing er an, sich vorzunehmen, dieselbe zu kaufen. Indessen erblickte sie auch Athanagoras, ein Fürst aus derselben Stadt; und da er ihre Schönheit, Adel und Klugheit gewahr wurde, bot er zehn Goldstücke für sie. Der Kuppler aber sprach: »Ich will zwanzig geben.« Da entgegnete Athanagoras: »Ich gebe dreißig«, und der Kuppler sagte: »Ich vierzig«, Athanagoras aber: »Ich fünfzig«, worauf der Kuppler sagte: »Ich achtzig«, und Athanagoras erwiderte: »Ich neunzig«, und der Kuppler sprach: »Ich will auf der Stelle hundert Goldstücke geben«, und fügte noch hinzu: »So jemand mehr bietet, so will ich noch zehn Goldstücke zulegen.« Da sprach Athanagoras: »Wenn ich mit dem Kuppler hier wetteifern wollte, so müßte ich mehrere Sklavinnen verkaufen, um für diese eine zu erhalten; ich will sie ihn also kaufen lassen, und wenn er sie in sein Haus bringen wird, da will ich zuerst zu ihr gehen und ihre Jungfrauschaft rauben, das wird dann gerade so gut sein, als wenn ich sie selbst gekauft hätte.« Kurz, sie mußte sich mit dem Kuppler in dessen Sprechzimmer begeben, wo ein goldener und mit Edelsteinen verzierter Priapus aufgestellt war; und hier sprach er zu ihr: »Mägdlein, an diesen da richte dein Gebet.« Sie aber versetzte: »Nimmermehr will ich mein Knie vor einer solchen Gottheit beugen!« und fügte hinzu: »Herr, bist du vielleicht aus Lampsacus?« Der Kuppler aber antwortete: »Weshalb?« Und jene sprach: »Weil die Lampsazener den Priapus anbeten.« Da sagte der Kuppler: »Unglückliche, weißt du nicht, daß du das Haus eines habsüchtigen Wucherers betreten hast?« Da warf sich das Mädchen ihm zu Füßen und sprach: »O Herr, erbarme dich meiner Jungfräulichkeit und schände nicht meinen Leib unter einem so schmählichen Namen.« Worauf der Kuppler also zu ihr redete: »Du weißt nicht, daß bei einem Kuppler und Henker weder Bitten noch Tränen irgend etwas ausrichten?« Hierauf rief er den Aufseher seiner Mädchen herein und sprach zu ihm: »Laß dieses Mägdlein mit kostbaren, ihrem Alter angemessenen Gewändern bekleiden und folgende Ankündigung schreiben: ›Wer die Tharsia zuerst besitzen will, der soll ein halbes Pfund Gold bezahlen; nachher soll sie einem jeden für einen Goldgulden zu Diensten stehen.‹« Als nun der Aufseher getan hatte, wie ihm befohlen war, ward sie von dem Kuppler, indem der übrige Haufen seiner Mädchen voranging, drei Tage nachher mit Musik in sein Haus geführt. Der Fürst Athanagoras begab sich indessen mit verhülltem Haupt zuerst in ihr Gemach; allein Tharsia warf sich, als sie ihn erblickte, zu seinen Füßen hin und sprach: »Herr, erbarme dich meiner um Gottes willen! Ich beschwöre dich im Namen Gottes, beschimpfe mich nicht, bekämpfe deine Lust und vernimm den Bericht über meine Herkunft und meine unglücklichen Schicksale, und bedenke, von wem ich abstamme.« Als sie ihm nun alle ihre Begebenheiten erzählt hatte, da sprach der Fürst bestürzt und von Mitleid gerührt zu ihr: »Auch ich habe eine Tochter, welche dir ähnlich sieht, und fürchte für sie ein gleiches Schicksal.« Mit diesen Worten gab er ihr zwanzig Goldstücke und sprach: »Hier hast du mehr, als der Preis für deine Jungfrauschaft beträgt, sage allen, welche hierherkommen, dasselbe, was du mir gesagt hast, und du wirst erlöst werden.« Da vergoß das Mägdlein Tränen und sagte: »Ich danke dir für deine Gottesfurcht, erzähle aber niemandem, was du von mir erfahren hast.« Athanagoras aber erwiderte: »Nur meiner Tochter will ich es erzählen, damit sie nicht, wenn sie ein gleiches Alter erreicht haben wird, ein ähnliches Schicksal erfahre«, und entfernte sich, Tränen in seinen Augen. Als er aber das Haus verließ, begegnete ihm ein andrer und sprach: »Wie hat dir das Mägdlein gefallen?« Der Fürst aber entgegnete: »So gut als möglich, sie war aber sehr traurig.« Hierauf begab sich der Jüngling in ihr Gemach; und das Mägdlein verschloß nach Gewohnheit die Türe, worauf der Jüngling zu ihr sprach: »Wieviel hat dir der Fürst gegeben?« Das Mädchen erwiderte: »Vierzig Goldstücke«, worauf jener sagte: »Hier ist ein ganzes Pfund Gold.« Als das der Fürst von außen hörte, sagte er: »Je mehr du gibst, desto mehr wird sie weinen.« Das Mägdlein nahm also die Goldstücke, warf sich jenem zu Füßen und verkündete ihm ihr Unglück; und der Jüngling, Aporiatus genannt, sprach zu ihr: »Steht auf, Dame, wir sind Menschen, und alle solchen Schicksalen unterworfen.« Als er so gesprochen hatte, ging er hinweg; und da er den Athanagoras lachen sah, sprach er zu ihm: »Ei, du bist ein so großer Mann, und hast doch jetzt niemanden als mich, dem du etwas vorweinen kannst.« Hierauf schwuren sie, sie wollten ihre Worte keiner Seele verraten, und schickten sich an, die Ankunft anderer abzuwarten. Es kamen aber viele, zahlten ihr Geld und verließen sie weinend. Nach diesem aber überreichte sie dem Kuppler das Geld und sprach: »Hier ist der Preis meiner Jungfrauschaft.« Der Kuppler aber sprach: »Siehe zu, daß du mir alle Tage so viel einhändigen kannst!« Wie er aber am folgenden Tage hörte, daß sie noch Jungfrau sei, rief er zornig den Aufseher seiner Mädchen und sprach: »Nimm sie mit dir und raube ihr ihren jungfräulichen Kranz!« Daher sprach der Aufseher also zu ihr: »Sage mir, ob du eine Jungfrau bist?« Jene aber antwortete: »Solange es Gott gefällt, bleibe ich es.« Der aber sprach: »Wo hast du aber so viel Geld herbekommen?« Da entgegnete ihm das Mägdlein: »Dadurch, daß ich Tränen vergoß, mein Unglück erzählte und die Leute bat, Erbarmen mit meiner Jungfräulichkeit zu haben.« Hierauf warf sie sich auch ihm zu Füßen und sprach: »Erbarme dich meiner, Herr, stehe einer gefangenen Königstochter bei und entehre mich nicht!« Jener aber erwiderte: »Der Kuppler ist ein habsüchtiger Mensch, ich weiß nicht, ob du wirst Jungfrau bleiben können.« Jene sprach indessen: »Ich bin in allen freien Künsten unterwiesen worden und kann wie ein Meister auf der Zither spielen; führe mich auf den Markt, wo du meine Beredsamkeit vernehmen kannst; ich lege dem Volke Fragen vor, ich werde sie auflösen und täglich durch diese Kunst Geld erwerben.« Jener aber versetzte: »Das ist mir recht.« Hierauf lief das ganze Volk zusammen, die Jungfrau zu sehen. Jene aber schickte sich an, ihre Beredsamkeit zu zeigen, und ließ sich Fragen aufgeben, welche sie alle deutlich löste und auf diese Weise viel Geld vom Volke bekam. Indessen hütete Athanagoras ihre Jungfräulichkeit und bewahrte sie unversehrt wie seine einzige Tochter, so daß er sie mit vielen Geschenken dem Aufseher wieder übergab. Während aber dies vorging, kam am Ende des vierzehnten Jahres Apollonius nach der Stadt Tharsis und in das Haus des Stranguilio und der Dyonisiades; kaum hatte ihn aber Stranguilio erblickt, als er auch eilenden Laufes fortstürzte und zu seiner Frau Dyonisiades sprach: »Du sagtest, der schiffbrüchige Apollonius sei tot, siehe, jetzt kommt er, um seine Tochter von uns zu fordern, was sollen wir nun über das Mägdlein sagen?« Jene aber entgegnete: »Mann, ich und du, wir sind verloren; indessen wollen wir Trauerkleider anlegen und Tränen vergießen, und er wird uns glauben, daß seine Tochter eines natürlichen Todes gestorben ist.« Während sie noch darüber miteinander verhandelten, trat Apollonius ein, und als er sie in Trauer gekleidet sah, sprach er: »Warum weinet ihr bei meiner Ankunft? Ich glaube nicht, daß diese Tränen mich angehn, sondern euch.« Das Weib aber sprach: »Keineswegs. O, wenn doch ein andrer als ich oder mein Gatte Euren Ohren zurufen wollte, was ich Euch sagen muß, daß Eure Tochter Tharsia plötzlich verschieden ist.« Wie aber das Apollonius hörte, da zitterte sein ganzer Körper, und er blieb lange wie erstarrt stehen; nachher aber kam er endlich wieder zu sich, schaute das Weib an und sprach: »Wenn meine Tochter tot ist, wie du sagst, ist denn auch mit ihr ihr Vermögen und ihre Kleider verschwunden?« Jene aber erwiderte: »Einiges ist da, andres weg.« Und sie sprachen: »Glaube uns, denn weil wir dachten, daß du deine Tochter am Leben zu finden hofftest, und damit du wüßtest, daß wir nicht lügen, so haben wir uns darüber ein Zeugnis verschafft: denn unsre Mitbürger, deiner Wohltaten eingedenk, haben in der Nähe des Meeresufers aus Erz deiner Tochter ein Denkmal errichtet, welches du sehen kannst.« Apollonius aber, welcher glaubte, daß seine Tochter wirklich gestorben sei, sprach zu seinen Dienern: »Nehmt das und tragt es auf mein Schiff, ihr Diener, ich will das Grabmal meiner Tochter besuchen.« Er las aber die Inschrift desselben, wie sie oben geschrieben steht, geriet ganz außer sich, verfluchte seine Augen und sprach: ›O ihr grausamen Augen, da ihr das Grabmal meiner Tochter seht, konntet ihr keine Träne vergießen?‹ Mit diesen Worten begab er sich auf sein Schiff und sprach zu seinen Dienern: »Werft mich, ich bitte euch, in die Tiefe des Meeres, denn ich wünsche in den Wellen meinen Geist auszuhauchen.« Während er aber auf seiner Rückreise nach Tyrus bisher mit günstigem Winde geschifft war, veränderte sich plötzlich das Meer, und sie wurden durch gefährliche Stürme umhergeworfen. Da aber alle Gott anriefen, gelangten sie zur Stadt Machilenta, wo sich seine Tochter Tharsia befand. Darüber erhob der Steuermann und alle Schiffer ein großes Freudengeschrei, und Apollonius sprach: »Was für ein freudiges Getöse erreicht meine Ohren?« Der Steuermann aber erwiderte: »Freue dich, Herr, denn heute feiern wir deinen Geburtstag!« Apollonius aber seufzte und sprach: »Mögen alle diesen Tag feiern, nur ich kann es nicht; meinen Dienern muß meine Buße und mein Schmerz genug sein; ich schenke ihnen zehn Goldstücke, sie mögen kaufen, was sie wollen, und diesen Festtag begehen; wer mich aber rufen oder mir irgendein Vergnügen machen wird, dem will ich die Beine zerschlagen lassen.« Also empfing sein Zahlmeister, was nötig war, und kehrte wieder auf das Verdeck zurück. Während aber das Schiff des Apollonius zierlicher geschmückt war als alle übrigen und besser aussah und die Schiffer ein großes Festmahl hielten, ging Athanagoras, der sich in die Tharsia verliebt hatte, in der Nähe des Schiffes am Gestade spazieren, erblickte das Schiff des Apollonius und sprach: »Freunde, sehet, so ein Schiff gefällt mir, denn ich sehe, daß es äußerst zierlich geschmückt ist.« Wie aber die Schiffer ihr Schiff loben hörten, sprachen sie zu ihm: »Herr, wir bitten dich, steige auf unser Schiff.« Jener aber entgegnete: »Recht gern«, stieg hinauf und setzte sich lustigen Sinnes unter sie, legte zehn Goldstücke auf den Tisch und sprach: »Sehet her, ihr sollt mich nicht umsonst eingeladen haben!« Da sprachen sie: »Herr, wir bedanken uns.« Wie aber der Fürst sah, daß sich alle gesetzt hatten, sprach er: »Wer ist der Herr dieses Schiffes?« Der Steuermann erwiderte: »Unser Patron trauert, er liegt im Raume und will sterben, denn er hat auf der See seine Frau und im fremden Lande seine Tochter eingebüßt.« Da sprach Athanagoras zu einem seiner Sklaven namens Ardalius: »Ich will dir zwei Goldstücke geben, gehe hinab und sage ihm: ›Der Fürst dieser Stadt läßt dich ersuchen, hier aus dem Dunkel hinauf zu ihm ans Tageslicht zu kommen.‹« Der Jüngling aber sprach: »Ich kann für deine Goldstücke meine Beine mir nicht wieder ganz machen, suche dir einen andern; denn er hat befohlen, jedem die Beine zu zerschlagen, der ihn rufen würde.« Athanagoras aber sprach: »Dieses Gebot gilt für euch, nicht für mich; ich aber will hinabgehn, sagt mir nur, wie er sich nennt.« Jene aber erwiderten: »Apollonius.« Wie er den Namen gehört hatte, sprach er bei sich: ›Auch Tharsia nannte ihren Vater Apollonius.‹ Hierauf stieg er zu ihm hinab, und als er sah, daß sein Bart lang herabfiel und sein Haar verworren und struppig um ihn hing, sprach er mit leiser Stimme zu ihm: »Sei gegrüßt, Apollonius!« Wie aber Apollonius dieses hörte und glaubte, daß ihn einer seiner Sklaven beim Namen rufe, schaute er mit finstrer Miene auf; da er aber einen unbekannten, anständigen und feingekleideten Mann erblickte, schwieg er. Darauf sprach der Fürst zu ihm: »Ich weiß, daß du dich wundern wirst, warum ich, der ich dir unbekannt bin, dich bei deinem Namen rufe; vernimm aber, daß ich der Fürst dieser Stadt bin und Athanagoras heiße; ich stieg zum Meeresufer hinab, um mir die dort liegenden Schiffe anzusehn, und sah, wie das deinige vor den übrigen zierlich geputzt war, und sein Anblick gefiel mir; ich ward hierauf von deinen Matrosen eingeladen, zu ihnen zu kommen, stieg hinauf und setzte mich fröhlichen Mutes mit ihnen zu Tische; da fragte ich nach dem Herrn des Schiffes, und da sie mir sagten, er lebe in großer Traurigkeit, so stieg ich zu dir herab, um dich aus diesem finstern Orte mit hinauf ans Licht zu nehmen, hoffe auch, daß dir Gott nach Trauer Freude gewähren wird.« Apollonius aber richtete seinen Kopf in die Höhe und sprach: »Herr, wer du auch bist, gehe hin in Frieden; ich aber bin nicht wert zu schmausen, will also auch nicht mehr leben.« Hierauf stieg Athanagoras bestürzt wieder auf das Verdeck des Schiffes und sprach: »Ich bin nicht imstande, euren Herrn zu überreden, daß er wieder ans Tageslicht kommt, ich will aber doch machen, daß er von seinen Todesgedanken abgebracht wird.« Hierauf rief er einen von seinen Sklaven und sprach zu ihm: »Gehe hin zu dem Kuppler und bitte ihn, er solle mir die Tharsia zusenden, denn sie ist klug und hat eine angenehme Stimme; vielleicht kann sie ihn dahin bringen, daß ein solcher Mann nicht sein Leben auf solche Weise endet.« Das Mägdlein kam also auf das Schiff, und Athanagoras sprach zu ihr: »Komm her zu mir, Tharsia! Denn hier kannst du deine Kunst zeigen, damit du den Herrn dieses Schiffes, der unten im Finstern sitzt, tröstest, und ihn veranlassest, wieder herauf ans Sonnenlicht zu kommen, denn er trauert um seine Gemahlin und Tochter. Gehe zu ihm, auf daß er wieder herauf zu uns komme, vielleicht wird Gott durch dich seine Trauer in Freude verkehren. So du das tun kannst, will ich dir dreißig Goldstücke und ebensoviel Silber geben und dich binnen dreißig Tagen von dem Kuppler loskaufen.« Wie das Mägdlein dieses hörte, ging sie mutig hinab, begrüßte ihn demütig und sprach: »Sei mir gegrüßt, wer du auch bist! Freue dich und wisse, daß eine unschuldige Jungfrau, die ihre Jungfrauschaft und Keuschheit bei allen Unglücksfällen unversehrt erhalten hat, dich begrüßt.« Hierauf begann sie mit Spiel und Gesang so lieblich ihn zu ergötzen, daß Apollonius sich verwunderte; und getragen sprach sie, wie folgt: »Mitten unter Buhlerinnen schreite ich einher und bin doch keine, so läßt sich auch die Rose durch keine Dornen verletzen; mein Entführer stürzte von den Hieben eines Schwertträgers zu Boden; obgleich einem Kuppler überliefert, ist doch meine Schamhaftigkeit nicht verletzt worden. Die Wunden meiner Seele würden aufhören und meine Tränen trocknen, keinem würde wohler sein als mir, wenn ich meine Eltern kennte; nur das weiß ich, daß ich ihr einziges Kind und aus königlichem Geschlechte bin, und werde, glaube ich, einst noch, wenn Gott es will, wieder froh werden. Laß jetzt die Tränen und gib deine Bekümmernis auf, zeige dem Himmelsgewölbe wieder dein Gesicht und wende deinen Geist zu den Gestirnen; denn Gott ist der Schöpfer, Regierer und Erhalter der Menschen, er wird nicht zulassen, daß deine Tränen vergeblich gewesen sind.« Darauf schlug Apollonius seine Augen auf, und als er das Mägdlein gewahr wurde, seufzte er und sprach: »Weh mir Unglücklichem! Solange ich noch mit meinem Schicksal ringen werde, danke ich dir und deiner Weisheit und Edelsinn. Nimm das dafür als Vergeltung, daß ich deiner eingedenk sein will, solange ich mich noch freuen kann und die Kräfte meines Reiches mich erhalten. Vielleicht bist du, wie du gesagt hast, aus königlichem Blute, und wirst wieder zu deinen Eltern kommen; nimm aber jetzt hundert Goldstücke, entferne dich und rufe mich nicht mehr, denn da meine noch frische Trauer durch die Erwähnung deines Unglücks wieder aufgefrischt worden ist, vergehe ich.« Das Mägdlein aber nahm die hundert Goldstücke und schickte sich an wegzugehn. Athanagoras aber sprach zu ihr: »Wo gehst du hin, Tharsia? Du hast vergebens dich abgemüht, konntest du sein Mitleid nicht erregen und dem Manne, der sich umbringen will, beistehn?« Tharsia aber entgegnete: »Ich habe alles getan, was ich konnte, er hat mir aber hundert Goldstücke gegeben und mich gebeten, mich zu entfernen.« Da sprach Athanagoras: »Ich will dir zweihundert geben, gehe aber wieder hinab, gib ihm die, welche er dir geschenkt hat, wieder, und sprich zu ihm: ›Ich wünsche deine Erhaltung, nicht dein Geld.‹« Hierauf begab sich Tharsia wiederum hinab, setzte sich neben ihn und sprach: »Wenn du einmal darauf bestehst, in dieser Trauer zu verharren, so erlaube mir wenigstens, mit dir zu reden. Wenn du ein Rätsel, welches ich dir aufgeben will, lösen kannst, so will ich gehn; wenn du aber auch dieses nicht willst, so will ich dir dein Geld zurückgeben und mich entfernen.« Darauf sprach Apollonius, um das Geld nicht wiedernehmen zu müssen, aber auch die Rede des klugen Mägdleins nicht von sich zu weisen: »Obgleich ich in meinem Elende keine andere Sorge habe, als wie ich weinen und klagen kann, so sage dennoch, damit ich deiner zierlichen Weisheit nicht verlustig gehe, was du mich fragen willst, und gehe sodann deiner Wege; denn ich bitte dich, daß du meinen Tränen Raum gibst.« Da sprach Tharsia: »Es gibt ein Haus auf Erden, das, obwohl zugeschlossen, doch immer wieder aufspringt; das Haus gibt aber einen Widerhall von sich, und doch sind seine Gäste still und geben keinen Laut von sich; beide aber, Gäste und Haus, laufen nebeneinander. So du nun ein König bist, wie du sagst, mußt du auch weiser als ich sein, löse mir also das Rätsel auf.« Da sprach Apollonius: »Damit du nicht glaubst, daß ich gelogen habe, so wisse, daß das Haus, welches auf dem Lande widerklingt, die Wellen sind, die Gäste aber die stummen Fische, welche in ihrem Hause dahinlaufen.« Jene aber versetzte: »Ich bin lang und schnell und die Tochter des schönen Waldes, umgeben von einer unzähligen Schar von Begleitern; ich durchwandle viele Straßen, lasse aber keine Spuren zurück.« Da entgegnete Apollonius: »Wenn es ginge, wollte ich dir vieles zeigen, was du nicht weißt, wenn ich auf deine Fragen geantwortet haben werde; demungeachtet aber wundre ich mich, daß du in so zartem Alter mit so bewunderungswürdiger Klugheit begabt bist. Der Baum nämlich, welcher von vielen Scharen von Begleitern begleitet ist, viele Straßen durchwandelt und doch keine Spur zurückläßt, ist ein Schiff.« Da fügte das Mägdlein hinzu: »Es geht unschuldig durch Gewölbe und Häuser, in der Mitte ist große Hitze, die niemand zu entfernen sucht, das Haus selbst ist nackt; aber doch paßt für dasselbe nur ein nackter Gast, und wenn du deine Trauer ablegen wolltest, könntest du ohne Schaden in das Feuer hineingehen.« Da antwortete Apollonius: »Ich würde dann in ein Bad treten, wo hier und da Flammen durch das Getäfel schlagen; nackt ist das Haus, in welchem nichts ist, nackte Gäste nur passen für dieses, und nackt sollen sie daselbst schwitzen.« Wie aber das Mägdlein solches und ähnliches redete, warf sie sich über den Apollonius, breitete ihre Arme aus und umarmte ihn mit folgenden Worten: »Erhöre die Stimme der dich Anflehenden, schau mich Jungfrau an, denn es ist gottlos, daß ein Mann von so großer Klugheit sterben soll; wenn dir Gott durch seine Gnade die Gemahlin, nach der du so großes Verlangen trägst, wiedergibt, wenn du die Tochter, welche du für tot ausgibst, wiederfinden kannst, so mußt du, um dich darüber freuen zu können, am Leben bleiben.« Als aber Apollonius diese Worte vernahm, geriet er in Wut, sprang auf und stieß das Mägdlein mit dem Fuße weg; die Jungfrau aber stürzte von diesem Stoße zu Boden, und von ihrer aufgerissenen Backe strömte Blut herab; sie fing daher bestürzt an zu weinen und sprach: »O Gott, du Erbauer des Himmelsgewölbes, sieh mein Bekümmernis! Ich bin unter Wellen und Wogen des Meeres geboren, meine Mutter ist von Schmerzen zerrissen gestorben, ein Grab auf dem festen Lande ist ihr verweigert worden, sie wurde nur von meinem Vater geschmückt in einen Sarg gelegt und mit zwanzig Goldstücken dem Meere übergeben; ich Unglückliche aber bin von meinem Vater mit Schmuck und königlichen Gewändern seinem gottlosen Gastfreunde, dem Stranguilio, und der Dyonisiades überliefert worden, und sie befahlen einem ihrer Sklaven, mich zu töten; endlich hat dieser auf mein Bitten, die Götter vor meiner Ermordung noch einmal anrufen zu dürfen, mir dieses zugestanden, und da Seeräuber inzwischen hinzukamen, bin ich von diesen entführt worden, während der, welcher mich töten wollte, entfloh; man hat mich an diesen Ort gebracht, und Gott mag mich nun, so es ihm gefällt, meinem Vater Apollonius zurückgeben.« Als aber Apollonius alle diese so sichern Merkmale gewahr ward, rief er mit lauter Stimme folgende Worte aus: »O Herr, du Allerbarmer, der du den Himmel und die Tiefen durchschaust und alle Geheimnisse an den Tag bringst, gesegnet sei dein Name!« Als er so gesprochen hatte, fiel er seiner Tochter Tharsia in die Arme, küßte sie voller Freude, weinte vor Wollust bitterlich und sprach: »O meine süße einzige Tochter, du Hälfte meiner Seele, dir zu Gefallen will ich nun nicht sterben, denn ich habe die wiedergefunden, wegen der ich mir den Tod geben wollte.« Hierauf rief er mit lauter Stimme: »Eilet herbei, ihr Diener, laufet, ihr Freunde, kommt alle herzu und macht meinem Jammer ein Ende, denn ich habe meine einzige Tochter, die ich verloren hatte, wiedergefunden!« Als aber die Diener sein Geschrei vernahmen, liefen sie hinab, mit ihnen lief auch der Fürst Athanagoras hinunter, und als sie im Schiffsraume angelangt waren, fanden sie ihn vor Freude weinend am Halse seiner Tochter und also sprechend: »Hier ist die zweite Hälfte meiner Seele, meine Tochter, die ich betrauerte, nun will ich wieder leben.« Alle aber weinten vor Freude mit ihm. Hierauf richtete sich Apollonius auf, warf seine Trauerkleider ab, kleidete sich in reine Gewänder, und alle sprachen: »O Herr, wie ähnlich ist Euch Eure Tochter! Hätten wir auch kein andres Zeugnis dafür, schon ihre Ähnlichkeit würde hinreichen, zu beweisen, daß sie deine Tochter ist.« Hierauf küßte das Mägdlein ihren Vater drei- bis viermal und sprach: »O mein Vater, gelobt sei Gott, daß er mir diese Gnade erwiesen hat, daß ich dich sehen, mit dir leben und mit dir sterben kann!« Und nun erzählte sie, wie sie von dem Kuppler erworben und in ein Freudenhaus gebracht worden sei, und wie Gott ihre Jungfräulichkeit beschützt habe. Als das Athanagoras hörte, fürchtete er, jener möchte seine Tochter einem andern zur Frau geben, warf sich also dem Apollonius zu Füßen und sprach: »Ich beschwöre dich bei dem lebendigen Gott, der dich als Vater deiner Tochter zurückgegeben hat, gib deine Tochter keinem andern als mir zur Ehe, denn ich bin der König dieser Stadt, und durch meine Beihilfe ist sie Jungfrau geblieben, und unter meiner Führung hat sie dich als ihren Vater erkannt.« Darauf antwortete ihm Apollonius: »Ich darf dir nicht entgegen sein, da du vieles für mein Kind getan hast, und wünsche, daß sie deine Gemahlin werden möge; es ist nun bloß noch übrig, daß ich Rache an dem Kuppler nehme.« Sogleich begab sich Athanagoras in die Stadt, rief die Bürger zusammen und sprach: »Nicht möge die ganze Stadt um eines Gottlosen willen untergehn! Wisset, daß der König Apollonius, der Vater der Tharsia, hier angelangt ist; seht, seine Flotte eilt mit einem großen Heere herbei, um die Stadt wegen eines Kupplers zu zerstören, der seine Tochter Tharsia in sein Hurenhaus gebracht hatte.« Alsbald entstand ein Zusammenlauf und eine solche Bewegung unter dem Volke, daß weder Männer noch Weiber zurückblieben, sondern alle zum Apollonius hinliefen, um ihn zu sehn und um Erbarmen anzuflehn. Athanagoras aber sprach: »Ich rate, daß der Kuppler, auf daß nicht die ganze Stadt zerstört werde, vor ihn geführt wird.« Alsbald ward er ergriffen und mit auf den Rükken gebundenen Händen vor den König Apollonius gebracht; der aber legte ein königliches Gewand an, setzte sein Diadem auf seinen abgeschornen Kopf, bestieg mit seiner Tochter den Richterstuhl und sprach zu den Bürgern: »Ihr seht hier die Jungfrau Tharsia, welche heute von ihrem Vater wiedererkannt worden ist; jener schändliche Kuppler bereitete ihr aber, wie groß seine Verdorbenheit ist, ewige Schande und wollte weder durch ihre Freunde noch ihre Bitten, noch für Geld sich von seiner Absicht abbringen lassen: Rächet also meine Tochter!« Hierauf sprachen alle mit einer Stimme: »Herr, der Kuppler soll lebendig verbrannt und seine Schätze dem Mägdlein gegeben werden.« Sogleich ward der Kuppler gebracht und vor den Augen aller auf einen Scheiterhaufen gestellt und ganz zu Asche verbrannt; Tharsia aber sprach zu seinem Vogte: »Ich schenke dir die Freiheit, denn durch deine und deiner Mitbürger Gütigkeit bin ich eine Jungfrau geblieben«, und damit schenkte sie ihm zweihundert Goldstücke und die Freiheit. Auch allen den andern Mädchen, die sich ihr vorstellten, gab sie die Freiheit und sprach zu ihnen: »Macht euch von nun an frei von dem Gedanken an das, was ihr bisher mit eurem Leibe getan habt.« Hierauf sprach Apollonius zu dem Volke: »Um euch meinen Dank für die Wohltaten, die ihr mir und meiner Tochter getan habt, zu beweisen, schenke ich euch fünfzig Pfund Goldes.« Diese aber neigten ihre Häupter, um ihm ihren Dank darzubringen; alle Bürger aber errichteten in der Mitte der Stadt ein Standbild des Apollonius und gruben auf das Fußgestell desselben ein: ›Dem Apollonius von Tyrus, dem Wiederhersteller unsrer Häuser, und der heiligen Jungfrau, seiner Tochter, der Tharsia‹. Wenige Tage nachher gab Apollonius zur Freude der ganzen Stadt seine Tochter dem Athanagoras zur Frau und segelte mit seinem Schwiegersohn und seiner Tochter ab, um nach Tharsus, seiner Vaterstadt, zu gehn, ward aber im Traume von einem Engel aufgefordert, sich nach Ephesus zu begeben und mit seiner Tochter und seinem Schwiegersohne in den Tempel der Epheser zu gehn: Dort solle er laut alle seine Schicksale erzählen, was er von seiner Jugend auf erlitten hätte, wie er nochmals nach Tharsus gekommen sei und seine Tochter gerächt habe. Apollonius aber erzählte bei seinem Erwachen dies alles seinem Schwiegersohne und seiner Tochter wieder, jene aber sprachen: »Tue, Herr, was dir gut scheint.« Hierauf befahl er dem Steuermann, nach Ephesus zu fahren, und als er daselbst gelandet war, begab er sich mit den Seinigen nach dem Tempel, wo seine Gemahlin auf heilige Weise unter den Priesterinnen lebte, und bat, man möchte ihm den Tempel öffnen, was auch geschah. Als aber seine Gemahlin hörte, daß ein König mit seiner Tochter und Eidam gekommen sei, schmückte sie ihren Kopf mit königlichen Edelsteinen, kleidete sich in ein Purpurgewand und begab sich mit einem glänzenden Gefolge in den Tempel. Sie war aber sehr reizend, und wegen ihrer so großen Liebe zu einem keuschen Lebenswandel versicherten alle, es gäbe keine so reizende Jungfrau wie sie. Als Apollonius sie nun erblickte, erkannte er sie nicht und warf sich ihr nebst seiner Tochter und seinem Schwiegersohne zu Füßen. Und es lag in ihr eine solche glänzende Schönheit, daß sie allen, welche sie schauten, selbst wie ein Diadem vorkam. Apollonius legte nun in dem Tempel kostbare Geschenke nieder und begann nach diesem zu reden, wie es ihm der Engel befohlen hatte: »Ich bin von meiner Kindheit an ein geborner König gewesen, stamme von Tyrus und heiße Apollonius. Wie ich aber zu jeglicher Weisheit gelangt war, habe ich ein Rätsel des gottlosen Königs Antiochus gelöst, um seine Tochter zur Frau zu bekommen; er aber hat sie selbst entehrt und bei seiner Gottlosigkeit erhalten, mich aber zu ermorden gesucht. Nach diesem habe ich mich auf die Flucht begeben, allein auf der See alles verloren; indessen bin ich nachher vom König Altistrates aufs wohlwollendste aufgenommen worden und habe seine Güte so weit erfahren, daß er mir sogar seine Tochter zur Gemahlin gab. Hierauf habe ich, als Antiochus mittlerweile gestorben war, meine Frau mit mir genommen, um mein Reich in Besitz zu nehmen; und sie hat mir auf dem Meere diese meine Tochter geboren, ist aber an der Entbindung gestorben, und ich habe sie mit zwanzig Goldstükken in einem Sarge verschlossen und ins Meer hinabgelassen, auf daß sie, wenn man sie fände, anständig beerdigt werden könnte. Dann habe ich diese meine Tochter den nichtswürdigsten Menschen anbefohlen, um sie zu erziehen, und habe mich nach dem obern Teile von Ägypten begeben. Wie ich nun nach vierzehn Jahren erschien, um meine Tochter von ihnen zu fordern, sagten sie, sie sei gestorben, und indem ich ihnen Glauben beimaß, habe ich in Kummer und Trauerkleidern gelebt und gewünscht zu sterben, bis mir meine Tochter wiedergegeben wurde.« Während er aber dieses und ähnliches erzählte, richtete sich seine Gemahlin, die Tochter des Königs Altistrates, auf, riß ihn an sich und umarmte ihn, indem sie ihn küssen wollte; Apollonius aber stieß sie mit Unwillen von sich, weil er nicht wußte, daß sie seine Gattin sei. Jene aber sprach mit Tränen: »O mein Herr, mein zweites Ich, warum handelst du also an mir? Ich bin ja dein Weib, die Tochter des Königs Altistrates, und du bist Apollonius von Tyrus, mein Mann und mein Eheherr; du bist mein Schiffbrüchiger, den ich nicht um fleischlicher Lust willen, sondern seiner Weisheit wegen geliebt habe.« Als das Apollonius hörte, erkannte er sie gleich, fiel ihr um den Hals und vergoß Freudentränen, indem er also sprach: »Gelobt sei der Höchste, der mir meine Frau und Tochter wieder zugeführt hat!« Jene aber sagte: »Wo ist meine Tochter?« Er selbst aber wies auf die Tharsia und sprach: »Das ist meine Tochter Tharsia.« Sie aber küßte sie, und also ward, sowohl in der Stadt als in der Umgegend, zur großen Freude aller bekannt, wie der König Apollonius seine Gemahlin in dem Tempel wiedergefunden habe. Hierauf bestieg Apollonius mit seiner Frau und Tochter und seinem Eidam ein Schiff und segelte wieder nach seiner Vaterstadt. Wie nun also Apollonius nach Antiochia kam, nahm er die ihm aufgehobene Regierung an und begab sich sodann nach Tyrus, nachdem er seinen Schwiegersohn Athanagoras zu seinem Stellvertreter eingesetzt hatte. Hierauf zog er mit seinem Schwiegersohne, seiner Gemahlin und Tochter und einem königlichen Heere nach Tharsus, ließ die Dyonisiades und den Stranguilio greifen und vor sich führen und redete hierauf alle Anwesenden also an: »Ihr Bürger von Tharsus, habe ich mich irgendeinem unter euch unangenehm gemacht?« Alle aber riefen: »Nein, Herr, wir sind bereit, für Euch zu sterben; diese Bildsäule ist darum gesetzt worden, weil Ihr uns vom Tode errettet habt!« Apollonius sprach nun: »Ich habe meine Tochter dem Stranguilio und seiner Frau Dyonisiades anvertraut, allein sie haben mir dieselbe nicht zurückgeben wollen.« Das unglückselige Weib rief: »Guter Herr, hast du nicht die Inschrift ihres Grabmals gelesen?« Da ließ Apollonius seine Tochter vor das Angesicht aller Anwesenden treten, und Tharsia fluchte dem Weibe und sprach zu jenen: »Heil euch! Tharsia, die von den Toten auferweckt worden ist, bringt euch ihren Gruß.« Als aber das elende Weib sie erblickte, zitterte es am ganzen Leibe; die Bürger aber wunderten und freuten sich. Hierauf ließ Tharsia den Meier holen und sprach zu ihm: »Theophile, du kennst mich; antworte jetzt mit lauter Stimme: Wer hat dich veranlaßt, mich zu ermorden?« Der Meier aber entgegnete: »Meine Gebieterin, die Dyonisiades.« Darauf ergriffen die Bürger den Stranguilio und die Dyonisiades, schleppten sie zur Stadt hinaus und steinigten sie. Da sie aber auch den Theophilus töten wollten, entriß ihn Tharsia dem Tode, indem sie also sprach: »Hätte er mir nicht Zeit zum Beten gelassen, würde ich ihn jetzt nicht beschützen.« Hierauf gab Apollonius den Bürgern viele Geschenke, um ihre Stadt zu verschönern, und hielt sich drei Monate lang bei ihnen auf; dann aber schiffte er nach der Stadt Pentapolis, begab sich auf das Stadthaus und besuchte voller Freuden den König Altistrates. Mittlerweile war dieser aber alt geworden und sah seine Tochter und Enkelin mit ihrem Gemahl ein ganzes Jahr lang mit Vergnügen bei sich, und so lange blieben sie auch beisammen; nachher aber starb er, als seine Zeit vollendet war, nachdem er zuvor die eine Hälfte seines Reichs dem Apollonius, die andre aber seiner Tochter übergeben hatte. Als nun aber alles vollendet war und Apollonius einst am Gestade des Meeres lustwandelte, erblickte er den Fischer, welcher ihn nach seinem Schiffbruche aufgenommen hatte, und befahl, ihn zu greifen und nach seinem Palaste zu führen. Wie sich aber der Fischer von Soldaten gepackt sah, meinte er, die Stunde seines Todes sei gekommen; allein Apollonius trat bald darauf auch in den Palast und ließ ihn vor sich bringen, indem er also zu ihnen sprach: »Das ist mein Brautwerber, der mich nach meinem Schiffbruch unterstützt und mir den Weg nach dieser Stadt gezeigt hat«, und sagte zu ihm: »Ich bin Apollonius von Tyrus.« Hierauf ließ er ihm zweihundert Goldstücke, Sklaven und Mägde geben und nahm ihn, solange er noch lebte, unter seine Begleiter auf. Da warf sich auch Elamitus, der ihm zuerst die Nachricht von Antiochus hinterbracht hatte, ihm zu Füßen und sprach zu ihm: »Erinnere dich, o Herr, deines Knechtes Elamitus!« Apollonius aber nahm ihn bei der Hand, hob ihn auf, machte ihn zu einem reichen Manne und ordnete ihn seinem Gefolge bei. Als aber Apollonius alles dieses zu Ende gebracht hatte, zeugte er noch mit seiner Frau einen Sohn, welchen er an der Stelle seines Großvaters Altistrates zum König einsetzte. Und es lebte Apollonius mit seiner Gemahlin noch vierundachtzig Jahre und regierte Antiochia und Tyrus und die Tyrier in Ruhe und Glück, schrieb aber seine Begebenheiten selbst auf und füllte mit ihnen zwei große Rollen an, von denen er eine in dem Tempel zu Ephesus, die andre in seiner Bibliothek niederlegte; endlich starb er und gelangte zum ewigen Leben, zu welchem auch wir kommen mögen. Amen.

VOM RITTER ALBERTUS

In England liegt, wie Gervasius erzählt, an den Grenzen des Bistums Elie eine Burg, die den Namen Cathubica führt; und ein klein Stück weiter unter demselben befindet sich ein Ort, den man Wandlesbury nennt, weil die Vandalen, als sie die einzelnen Teile Britanniens durch ein greuliches Morden der Christen verheerten, daselbst ihr Lager aufgeschlagen haben. Wie sie nun ihre Zelte am Gipfel eines dort befindlichen Hügels errichtet hatten, umgaben sie die ganze Ebene in der Runde mit einem Walle, so daß nur ein einziger Eingang, wie ein hohes Portal, um auf dieselbe zu gelangen, offen blieb. Wenn nun auf dieser Ebene, wie von grauem Altertum her eine Sage geht, die in aller Munde ist, in einer stillen Nacht beim Mondenschein ein Krieger laut ruft, daß ihm ein andrer entgegenkommen solle, dann zeigt sich ihm gleich gegenüber ein Ritter, der sich zum Zusammenrennen gerüstet hat, und in dem

Zusammenstoße der Rosse hebt derselbe entweder seinen Gegner aus dem Sattel oder wird selbst zu Boden geworfen. Gleichwohl aber reitet der Ritter nur allein in die Öffnung des Walles hinein und kann von da aus alles, was auswendig vorgeht, wohl übersehn. Um nun dieser Sache, welche wirklich also vorgeht und vielen Personen bekannt ist, Glauben zu verschaffen, will ich hier beifügen, was ich darüber von den Einwohnern und Eingebornen vernommen habe. Es lebte vor einiger Zeit in Oberbritannien ein Ritter namens Albertus, ein äußerst tapfrer und kriegskundiger und auch übrigens mit allen Tugenden gezierter Mann. Dieser kam eines Tages in jene genannte Burg als Gast, und da bei dem rauhen Winterwetter abends nach Tische die Familie des reichen Schloßherrn sich am Herde, wie es die Sitte der Großen ist, mit Erzählung alter Begebenheiten unterhielt, ward zuletzt auch von einem der hier Gebornen dieses wunderbare Ereignis berichtet. Dieser tapfre Mann nun, um sich von dem, was er mit seinen Ohren vernommen hatte, auch durch eigne Erfahrung zu überzeugen, wählte sich einen adligen Schildknappen, der sich daselbst befand, zum Begleiter aus und begab sich an jenen Ort. Als ihm aber der Platz gezeigt worden war und der geharnischte Ritter sich demselben genähert hatte, ritt er den Hügel hinan und begab sich hierauf, nachdem er den Edelknaben entlassen hatte, allein auf jenes Feld. Nun rief der Ritter laut aus, er wünsche einen Gegner zu finden, und auf seinen Ruf kam von der entgegengesetzten Seite ein Mann, der wie ein Ritter aussah, angesprengt. Nun hielten sie ihre Schilde vor, legten ihre Speere ein und rannten auf ihren Rossen gegeneinander; und die Reiter wurden bald durch ihre gegenseitigen Stöße zum Wanken gebracht. Endlich aber zersplitterte die Lanze des andern, nachdem er einen vergeblichen Stoß getan hatte, und Albertus brachte seinen Gegner durch einen gewaltigen Anlauf zum Fallen.

Dieser war aber kaum niedergestürzt, als er auch wieder ohne Verzug aufsprang und, während Albertus sich umsieht, um das Roß seines Gegners als Kampfpreis zu fangen, seinen Speer wieder an sich zieht und ihn wie einen Wurfspieß nach dem Albertus schleudert und dessen Hüfte durch diesen furchtbaren Wurf durchbohrt. Unser Ritter dagegen, der entweder aus Freude über seinen Sieg weder Wurf noch Wunde fühlte, oder auch nur den Schmerz verbiß, verläßt, da mittlerweile sein Gegner verschwunden war, als Sieger den Kampfplatz und übergibt dem Schildknappen das erbeutete Roß, welches von hohem Bau, schlankem und gewandtem Körper und äußerlich sehr schön war. Als aber der Ritter wieder nach dem Schlosse zurückkehrte, kam ihm das ganze Burggesinde entgegen, wunderte sich über die Begebenheit, freute sich, daß der feindliche Ritter niedergeworfen worden war, und pries die Tapferkeit des edlen Barons. Doch als derselbe seine eisernen Beinschienen abschnallte, fand er die eine ganz mit geronnenem Blute angefüllt. Alle Anwesenden entsetzten sich über die Wunde, allein der Ritter erzürnte sich über ihre Furcht. Das ganze Volk aber, welches bisher der Schlaf gefesselt hatte, lief jetzt, von dem Lärme aufgeweckt, herbei, und die erwachende Verwunderung veranlaßte es bald, das Stillschweigen zu brechen; denn als Zeuge des Triumphs ward das Roß aufgezäumt dem Anblicke aller ausgesetzt gehalten mit seinen feuersprühenden Augen, hohem Nacken, schwarzen Mähnen und Rittersattel. Kaum hatte sich aber der erste Hahnschrei hören lassen, als auch das Roß rasende Sprünge machte, die Nüstern aufblies, mit seinen Hufen in den Erdboden hieb, plötzlich die Riemen, an welchen man es hielt, sprengte, seine natürliche Freiheit wiedergewann, entfloh und seinen Verfolgern bald aus den Augen kam. Indessen behielt unser Ritter eine beständige Erinnerung an seiner ihm förmlich eingebrannten Wunde; denn alle Jahre, und zwar in derselben Nacht, erneuerte sich der Schmerz derselben, und sie brach jedesmal wieder auf der Oberfläche der Haut von neuem auf. Daher kam es denn, daß der edle Ritter nach wenigen Jahren über das Meer fuhr und sein Leben und seine Seele nach vielfachen mannhaften Kämpfen gegen die Ungläubigen an den Herrn zurückgab.

DAS TRINKHORN

In dem Königreiche Engelland liegt ein kleiner Berg in einer Waldschlucht, welcher sich in der Gestalt eines Menschen nach seinem Gipfel erhebt. Diesen pflegten nun die Ritter und Jäger zu besteigen, wenn sie von Hitze oder Durst erschöpft ein Mittel gegen die sie drängende Not suchten; allein einstmals brachten es der Ort und die Umstände so mit sich, daß nur ein einzelner Mann, der von seinen Gesellen verlassen war, den Berg bestieg. Wie der nun allein für sich, als wenn er mit einem andern spräche, sagte: ›Ich habe rechten Durst‹, siehe, da stand gleich, ohne daß er es hätte vermuten können, ein Mundschenk an seiner Seite, der prächtig gekleidet war, eine heitere Miene zeigte und in seiner ausgestreckten Hand ein großes, mit Gold und Edelsteinen verziertes Trinkhorn hielt, wie es heutzutage noch manche Leute anstatt eines Bechers zu brauchen pflegen, welches er ihm, angefüllt mit einem Göttertrank von unbekanntem, aber äußerst süßem Geschmack, anbot; worauf, als er daraus getrunken hatte, die ganze Hitze seines warm gewordenen Leibes und die Müdigkeit wegging, so daß es ihm vorkam, als habe er keine Arbeit erduldet, sondern müsse jetzt erst sich solcher unterziehn. Wie jener aber den Trank genommen hatte, da reichte ihm der Diener auch ein ganz reines Leinwandtuch, um sich seinen Mund abzutrocknen, und wie er seinen Dienst erfüllt hatte, verschwand er, und wartete weder auf Lohn für seine Dienstleistung noch auf weitere Unterredung oder Nachfrage. Dies tat jener aber seit langen Jahren bis ins graue Altertum hinauf, und bei den Alten war es eine bekannte und alltägliche Sache, bis endlich ein gewisser Ritter auf der Jagd an diesen Ort kam und, als er einen Trunk verlangte und erhalten hatte, das Horn nicht, wie es der Sitte und Artigkeit gemäß war, dem Mundschenken wieder zurückgab, sondern es zu seinem eignen Gebrauche an sich behielt. Als aber sein Herr den Hergang der Sache erfuhr, verurteilte er den Räuber zum Tode und schenkte das Horn dem englischen Könige Heinrich dem Ältern, auf daß man von ihm nicht glauben möchte, wie er ein so großes Vergehen gutgeheißen habe.

WIE MAN SICH VOR DEM FLUCHEN IN ACHT NEHMEN MÜSSE

Gervasius von Tilbury berichtet eine Begebenheit, die zwar neu und ungewöhnlich, aber voll guter Lehren ist und Unvorsichtige auf leichte Weise lehrt, auf ihrer Hut zu sein. Unter dem römischen Kaiser Otto befand sich in Katalonien, im Bistum Girona, ein hoher Berg, dessen Gipfel sehr steil und beinahe unersteiglich war und auf dessen Spitze sich ein See befand, der ein schwarzes und in seiner Tiefe unergründliches Wasser enthielt. Dort soll der Aufenthalt der bösen Geister sich wie ein Palast weit ausdehnen, aber eine verschlossene Pforte enthalten. Das Äußere dieser Wohnung aber sowie der Geister selbst hielt man gewöhnlich für unbekannt und unsichtbar. Wenn nun jemand einen Stein oder irgendeinen andern festen Körper in den See warf, brach sogleich, wie wenn die Geister erzürnt wären, ein Gewittersturm los. Auf der einen Seite des Berges liegt aber beständig Schnee; dort ist fortwährend Eis, eine Menge Kristalle, aber niemals ein Sonnenstrahl sichtbar. Am Fuße dieses Berges befindet sich ein Fluß, der Goldsand enthält, und aus diesem Sande wird das Gold, welches man gewöhnlich Waschgold nennt, herausgezogen. Im Innern und Umkreis dieses Berges wird aber Silber ausgegraben, und ist derselbe fruchtbar an vielerlei Dingen. Nun wohnte auf einem Gute, welches an diesen Berg stieß, ein Landmann, der, wie er eines Tages mit häuslicher Arbeit dringend beschäftigt war und dabei durch das fortwährende, nicht zu beruhigende Geheul seines kleinen Töchterchens gestört wurde, endlich, wie es Zornige zu tun pflegen, sein Kind dem Teufel befahl. Alsbald kam diesem unbesonnenen Wunsche der Empfänger bereitwillig entgegen, und ein Haufe von Teufeln trug, ohne daß man sie sehen konnte, das Mägdlein hinweg. Als nun ein Zeitraum von sieben Jahren bereits vergangen war, erblickte ein Einwohner dieses Landes, welcher am Fuße des Berges seine Straße zog, einen Mann, der schnellen Laufes an ihm vorübereilte und mit weinerlicher Stimme klagend ausrief: »O ich Elender, was soll ich anfangen, der ich von einer so großen Last zu Boden gedrückt werde!« Als der nun von dem Wanderer gefragt wurde, was denn der Grund seiner so großen Betrübnis sei, antwortete er, er sei nun schon sieben Jahre auf dem Berge herumgelaufen, weil er sich den Teufeln befohlen habe, die sich nun seiner täglich als ihres Reitpferds bedienten. Um nun dem Zuhörer eine so unwahrscheinliche Sache mehr glaublich zu machen, fügte er hinzu, die Tochter eines seiner Nachbarn, welche er kenne, befinde sich in gleicher Lage und sei gleichsam dem Teufel befohlen worden, daß indessen die Teufel, welche der Erziehung dieses Mädchens überdrüssig wären, dieselbe längst gern ihrem Verflucher zurückgegeben haben würden, wenn nur ihr Vater sie auf dem Berge wieder in Empfang nehmen wollte. Der Helfer stutzte lange, ob er das Unglaubliche verschweigen oder reden solle, wählte aber endlich das letztere, nämlich: den Vater von dem Zustande seiner Tochter in Kenntnis zu setzen. Wie er nun zu dem Vater derselben kommt, trifft er ihn laut klagend über den lange dauernden Verlust seines Kindes, fragt ihn um den Grund seiner Wehklagen, und als er die Sache bestätigt findet, erzählt er, was er, wie eben geschildert, von dem, den die Teufel als Saumroß gebrauchten, gehört hatte. Als jener ihn nun um seinen Rat bat, sagte er, er solle an den bezeichneten Ort kommen und unter Anrufung des Namens Gottes die Teufel beschwören, ihm die ihnen anbefohlene Tochter zurückzugeben. Als nun der Vater die Worte des Boten vernommen hatte, staunte er sehr; als er jedoch bedachte, was er machen solle, zog er es vor, sich dem Rate des Boten zu unterwerfen. Er stieg hierauf auf den Berg und lief den See entlang, indem er die Teufel beschwor, ihm die ihnen anbefohlene Tochter zurückzugeben. Auf einmal erscheint seine Tochter vor ihm, wie durch einen plötzlichen Windstoß hergebracht, von hoher Gestalt, mit unsteten Augen, und Knochen und Sehnen, die kaum in der Haut zu hängen schienen, schrecklich anzusehn, ohne Begriffe und kaum etwas Menschliches verstehend und kennend. Der Vater aber wunderte sich über das ihm wiedergeschenkte Kind, und im Zweifel, ob er es erziehen und bei sich behalten solle, begab er sich zum Bischof von Girona, erzählte ihm die traurige Begebenheit und fragte ihn bekümmert, was er tun solle. Der Bischof aber, ein frommer Herr, der die ihm anvertraute Herde durch sein gutes Beispiel belehrte, befragte das Mägdlein in Gegenwart aller, und als er alles, was ihr begegnet war, der Reihe nach erkundet hatte, lehrte er seine Untergebnen in einer Predigt, wie sie künftighin nichts mehr den bösen Geistern befehlen sollten, weil unser Erbfeind, der Teufel, herumgeht wie ein brüllender Löwe und sieht, wen er verzehre, einige aber, welche sich ihm ergeben hätten, hinopfre, und andre, ohne Hoffnung auf Rückkehr, eingekerkert halte, auf daß sie ihre Verwünschung aufreibe und abzehre. Und nicht lange nachher kam auch der, welchen die Teufel zu ihrem Reitpferde gebrauchten, durch den Ratschluß des himmlischen Vaters aus seiner Verwünschung an den Tag, und weil er bei seiner Entführung mehr und vollständiger seine Vernunft besessen hatte, so erzählte er den Gläubigen und Verständigen, wie es bei den Teufeln hergeht. Er versicherte aber, es befinde sich neben dem genannten Platze in einer unterirdischen Höhle ein breiter Palast, an dessen Eingang eine Pforte liege, und dort sei alles dunkel; dorthin kämen bei gegenseitiger freudiger Begrüßung die Teufel zusammen, wenn sie alle Teile des Erdkreises durchwandelt hätten, und berichteten ihren Vorfahren, was sie getan hätten. Indessen betritt das Innere des Palastes keiner als sie selbst und diejenigen, welche durch das Joch ewiger Verdammnis den Teufeln zu eigen geworden sind.

PHILOMELA

Einst hatte ein Bogenschütze ein Vöglein, Philomela genannt, gefangen und wollte es töten: Siehe, da ward demselben das Vermögen zu reden verliehen, und es sprach: »Mensch, was nützt es dir, wenn du mich tötest, du könntest nicht einmal deinen Magen mit mir füllen, wogegen, wenn du mich fortlassen wolltest, ich dir drei Lehren geben würde, aus denen du, wenn du sie fleißig bewahrtest, großen Nutzen ziehen könntest.« Der aber erstaunte, als er es reden hörte, und versprach, er wolle es fliegen lassen, wenn es ihm diese drei nützlichen Sprüchlein lehren wolle. Hierauf versetzte Philomela: »Höre zu! Der erste ist: Suche nie einen Gegenstand zu erhaschen, der unerreichbar ist! Höre den zweiten: Gräme dich nie über eine Sache, die du einmal verloren hast und nicht wiederbekommen kannst! Endlich, vernimm den dritten: Glaube nie einer Rede, die dir unglaublich scheint! Diese drei Stücke bewahre wohl bei dir, und es wird dir wohlgehen.« Hierauf ließ sie jener, seinem Versprechen gemäß, fliegen. Die Philomela flog nun durch die Luft, sang lieblich, und als ihr Lied zu Ende war, sprach sie zu ihm: »Wehe mir, daß du einem bösen Rate gefolgt bist, denn du hast heute einen großen Schatz eingebüßt; es befindet sich nämlich in meinen Eingeweiden eine Perle, welche an Größe ein Straußenei übertrifft.« Wie jener das hörte, ward er sehr betrübt, daß er sie fortgelassen hatte, spannte sein Netz aus und versuchte, sie wieder zu fangen, indem er also sprach: »Komm in mein Haus, ich will dir jeden Liebesdienst erzeigen, dich mit meinen eignen Händen füttern und nach deinem Belieben ausfliegen lassen!« Da sprach die Nachtigall zu ihm: »Jetzt weiß ich, daß du ein Narr bist, denn aus dem, was ich dir gesagt habe, hast du gar keinen Nutzen gezogen, weil du dich über etwas grämst, was du einmal verloren hast und doch nicht wiederbekommen kannst, und trotz dem, daß du mich nicht zu fangen vermagst, dein Netz ausgespannt hast. Überdies hast du geglaubt, daß sich in meinen Eingeweiden eine Perle befindet, während ich doch ganz, wie ich bin, noch nicht die Größe eines Straußeneies erreichen kann. Du bist ein Dummkopf und wirst immer dumm bleiben!« Mit diesen Worten flog sie davon; der Mann aber kehrte betrübt und traurig in sein Haus zurück und sah Philomela nicht wieder.

VON DER EWIGEN VERDAMMNIS

Barlaam erzählt, wie der Sünder ihm vorkommt wie ein Mensch, der, während er sich vor einem Eichhorn fürchtet, in einen Abgrund stürzt. Wie er aber im Fallen ist, packt er mit den Händen einen Strauch, der aus der Tiefe emporragt, und indem er hinunterschaut, erblickt er am Fuße des Baumes einen scheußlichen Brunnen und einen schrecklichen Drachen, der sich um den Baum schlingt und mit offnem Rachen auf seinen Fall lauert. Da aber zwei Mäuse, von denen die eine weiß ist, die andre schwarz ist, den Baum ohne Aufhören an seiner Wurzel benagen, fühlt er ihn schwanken, und vier weiße Vipern, welche an dem Vorsprunge, wo er seinen Fuß fest eingestemmt hatte, hervorkamen, verpesteten die ganze Grube mit ihrem tödlichen Atem. Da hob er die Augen auf und erblickte einen Honigstrom, der aus den Ästen des Baumes hervorquoll, vergaß die Gefahr, welche ihn auf allen Seiten umgab, und gab sich ganz dem süßen Getränk hin. Wie ihm aber einer seiner Freunde eine Leiter hinhielt, um sich herauszuhelfen, verschob er es, von der Süßigkeit des Honigs verlockt, und stürzte, indem der Baum umfiel, in den Rachen des Drachen, der ihn, auf den Boden des Brunnens hinabsteigend, verzehrte. Und also starb er eines jämmerlichen Todes.

VON ALLZU GROSSER LIEBE UND TREUE

Petrus Alphonsus berichtet, daß einst zwei Ritter lebten, der eine in Ägypten, der andre in Baldach. Zwischen diesen beiden Leuten gingen aber öfters Boten hin und her, denn was nur in Ägyptenland vorging, das berichtete der Ritter aus Ägypten durch Boten an den Ritter von Baldach, und so umgekehrt, und also war zwischen ihnen eine treue Liebe entstanden, und doch hatte noch keiner den andern gesehen. Wie aber einmal der Ritter von Baldach auf seinem Bette lag, dachte er bei sich: ›Mein Geselle aus Ägyptenland erzeigt mir viel Freundschaft, und gleichwohl habe ich ihn noch nie mit meinen leiblichen Augen geschaut: Ich will mich zu ihm aufmachen und ihn besuchen.‹ Er mietete hierauf ein Schiff und kam nach Ägypten; und als sein Freund von ihm hörte, kam er ihm entgegen und führte ihn voller Freude in sein Haus. Nun hatte aber jener Ritter ein sehr schönes Mägdlein in seinem Hause, und wie sie der Ritter von Baldach erblickt hatte, ward er von ihren Augen gefangen und krank vor allzu großer Liebe zu ihr. Wie aber der Ritter aus Ägyptenland solches gewahr wurde, sprach er zu ihm: »Mein Lieber, sage, was fehlt dir denn?« Jener aber erwiderte: »In deinem Hause ist ein Mägdlein, nach welchem mein Herz von ganzer Seele begehrt, so daß, wenn ich es nicht bekomme, ich ein Kind des Todes sein werde.« Als das der Ritter hörte, zeigte er ihm alle Frauen seines Hauses, jenes Mägdlein ausgenommen. Wie aber jener alle in Augenschein genommen hatte, sprach er: »Um alle diese kümmere ich mich wenig oder gar nicht, allein es gibt noch eine andre, die ich hier nicht sehe, welche meine Seele liebt.« Endlich zeigte er ihm auch dieses Mädchen, und als er dasselbe betrachtet hatte, sprach er: »Auf ihr allein beruht mein Leben oder Tod.« Der Ritter aber entgegnete: »Auch ich sage dir, daß ich diese von ihrer Kindheit an in meinem Hause erzogen habe, auf daß sie meine Gemahlin würde und ich mit ihr unendliche Schätze erhielte; indessen habe ich dich so lieb, daß, ehe ich dich sterben lasse, ich sie dir lieber zur Frau abtrete samt all ihrem Reichtum, welchen sie hätte erhalten sollen.« Wie das der andre Ritter hörte, freute er sich sehr, nahm sie zur Frau, erhielt mit ihr große Reichtümer und machte sich also mit dieser seiner Gemahlin nach seiner Vaterstadt Baldach auf. Nach diesem geriet auf einmal der Ritter aus Ägypten in große Dürftigkeit, so daß er weder ein Haus noch sonst etwas andres mehr besaß. Er dachte also bei sich: ›Zu wem kann ich mich besser begeben als zu meinem Gesellen von Baldach, dem ich zu Reichtum verholfen habe, auf daß er selbst nun in meiner Armut auf mich Rücksicht nehme.‹ Er bestieg also ein Schiff und kam nach Baldach nach Sonnenuntergang in eine Stadt, in welcher sein reicher Geselle wohnte. Er dachte aber bei sich: ›Es ist jetzt Nacht, wenn ich in diesem Augenblicke in das Haus meines Genossen komme, wird er mich nicht erkennen, weil ich schlecht gekleidet bin und niemand bei mir habe, da ich doch gewohnt war, eine große Dienerschaft mit mir zu führen und an allem Überfluß zu haben.‹ Er sprach also bei sich: ›Ich will diese Nacht ausruhen und morgenden Tages zu ihm gehen‹, sah sich um, erblickte den Kirchhof, sah die Kirchtüren offen und trat hinein, um daselbst die Nacht zuzubringen. Wie er aber eine Weile daselbst gewesen war und eben einschlafen wollte, fochten einige auf der Straße miteinander, und einer tötete den andern. Der Mörder aber floh auf den Kirchhof und lief auf der andern Seite wieder hinaus. Nach diesem erhob sich nun in der Stadt ein Geschrei: ›Wo ist der Mörder, wo ist der Verräter, der einen Menschen umgebracht hat?‹ Jener aber sprach: »Ich bin der Mörder, der jenen Mann erschlagen hat, nehmt mich und hängt mich an den Galgen!« Jene legten nun Hand an ihn und sperrten ihn die ganze Nacht hindurch in ein Gefängnis. Frühe aber ward mit der Glocke der Stadt geläutet, der Richter fällte seinen Spruch gegen ihn, und man führte ihn zum Galgen. Unter den Zuschauern aber befand sich auch sein Geselle, der Ritter, zu dem er gekommen war. Wie ihn der zum Galgen schleppen sah, sprach er bei sich: ›Das ist mein Genosse aus Ägypten, der mir meine Frau samt vielen

Schätzen gegeben hat, und der geht zum Galgen, und ich soll leben?‹ Er rief also mit lauter Stimme und sprach: »Ihr lieben Leute, wollet nicht einen unschuldigen Menschen hinrichten; der, welchen ihr zum Tode führt, hat keine Schuld, ich bin der Verräter, der den Mann erschlagen hat, nicht er.« Wie das jene hörten, legten sie Hand an ihn und führten beide zum Galgen. Wie nun aber beide schon nahe am Galgen waren, da dachte der wahrhaft Schuldige bei sich: ›Da ich schuld an dieser Tat bin, soll ich zugeben, daß diese Unschuldigen sterben? Es kann nicht anders kommen, als daß Gott einmal Rache an mir dafür nimmt; es ist besser für mich, hier eine kurze Strafe auszustehen, als die ewige Pein in der Hölle zu leiden!‹ Er rief also mit lauter Stimme: »Liebe Leute, wollet um Gottes willen nicht Unschuldige hinrichten, denn keiner von diesen hat durch ein Zeichen, Wort oder Tat die Veranlassung gegeben, daß der, welcher getötet worden ist, erschlagen wurde, sondern ich bin der, welcher ihn mit eigner Hand ermordet hat; also richtet mich hin und lasset die Unschuldigen frei ihre Straße ziehn.« Wie jene das vernahmen, griffen sie auch diesen, verwunderten sich aber und führten sie vor den Richter. Wie sie aber der Richter erblickte, wunderte auch er sich und sprach: »Weshalb seid ihr wieder umgekehrt?« Jene aber erzählten den ganzen Hergang der Sache von Anfang bis ans Ende, und der Richter sprach zu dem ersten Ritter: »Mein Bester, aus welchem Grunde hast du gesagt, daß du den Menschen erschlagen hast?« Jener aber erwiderte: »Das will ich Euch ohne Falsch sagen. In meinem Vaterlande Ägypten war ich reich und hatte Überfluß an allem; nachher bin ich in große Dürftigkeit geraten und besaß weder ein Haus noch einen Ort, noch irgend etwas mehr: Aus Sehnsucht habe ich mich also in dieses Land begeben, ob ich vielleicht eine Unterstützung erhalten könnte. Darum habe ich gesagt, daß ich den Mann getötet hätte, denn ich will lieber sterben als leben, und in diesem Augenblick noch bitte ich dich um Gottes willen, mich hinrichten zu lassen.« Hierauf sprach der Richter zu dem zweiten Ritter von Baldach: »Und du mein Lieber, weshalb hast du gesagt, daß du den Mann umgebracht hast?« Der antwortete aber: »Herr, dieser Ritter hat mir mein Weib mit ihren vielen Schätzen gegeben, die er für sich aufgehoben hatte, und durch ihn bin ich in allem reich geworden. Wie ich nun diesen meinen lieben Gesellen, durch den ich zu so Großem und so Vielem gelangt bin, zum Galgen führen sah, habe ich mit lauter Stimme gerufen: ›Ich bin schuld an dem Tode jenes Mannes, nicht er‹, weil ich gern aus Liebe für ihn zu sterben wünschte.« Nun sprach der Richter zu dem Mörder: »Weshalb hast du aber behauptet, den Mann ermordet zu haben?« Der aber entgegnete: »Herr, ich habe nur die Wahrheit gesagt, denn es wäre eine schwere Sünde gewesen, wenn ich Unschuldige hätte sterben lassen und am Leben geblieben wäre. Deshalb habe ich es vorgezogen, die Wahrheit zu sagen und hier Strafe zu leiden, als daß Schuldlose verurteilt würden und ich in der Hölle oder anderswo dafür bestraft werden sollte.« Da sprach der Richter: »Weil du die Wahrheit bekannt und Unschuldige gerettet hast, schenke ich dir das Leben, sofern du nur künftig deinen Lebenswandel zu bessern trachtest; gehe hin in Frieden.« Alle aber, welche die Worte des Richters vernahmen, lobten ihn, daß er ein so gutes Urteil gefällt hatte, weil der Schuldige die Wahrheit gestanden hatte.

VON DER STANDHAFTIGKEIT EINES TREUEN GEMÜTES

Es gab einen gewissen König in England, in dessen Reich zwei Ritter lebten: Der eine hieß Guido, der andre Tyrius. Dieser Guido nun hatte in vielen Schlachten gekämpft und in jedem Kriege den Sieg davongetragen, liebte aber ein Mägdlein von edler Geburt gar sehr, welches er jedoch nicht eher bekommen konnte, als bis er aus Liebe zu ihr einige schwere Kämpfe bestanden hatte. Endlich erlangte er sie durch einen Zweikampf und vermählte sich mit ihr mit großen Ehren. In der dritten Nacht darauf stand er nach dem Hahnschrei von seinem Lager auf und schaute das Firmament scharf an und erblickte unsern Herrn Jesus Christus mitten unter den Sternen, der also zu ihm redete: »Guido, Guido, gleichwie du oft einem einzigen Mägdlein zuliebe Fehden unternommen hast, so ist es nun an der Zeit, daß du dich um meiner willen bemühest, männiglich gegen meine Feinde zu streiten.« Als Jesus Christus so gesprochen hatte, verschwand er. Wie aber jener merkte, daß es der Wille Gottes sei, daß er nach dem Gelobten Lande zöge und Jesum Christum an den Ungläubigen rächte, da sprach er zu seiner Gattin: »Ich denke, daß du schon von mir ein Kindlein empfangen hast, das ziehe du auf, bis ich wiederkomme, weil ich gesonnen bin, nach dem Heiligen Grabe zu ziehen.« Wie aber jene solches hörte, sprang sie wie rasend aus dem Bette, nahm einen Dolch, der am Kopfende ihres Bettes lag, und sprach: »O Herr, ich habe dich stets geliebt, und nur aus Liebe zu dir, damit du erst viele Fehden bestehen konntest, um deinen Ruhm in der ganzen Welt zu verbreiten, habe ich so lange gewartet, bis ich mit dir durch das Band der Ehe verbunden ward. Nun aber bin ich von dir schwanger worden, und du willst dich jetzt von mir entfernen. Eher will ich mich selbst mit diesem Dolche umbringen.« Jener aber stand auf, entwand ihr den Dolch und sprach: »Meine Liebe, deine Worte jagen mir Furcht ein, denn ich habe Gott ein Gelübde getan, das Heilige Grab zu besuchen, und jetzt ist es weit passendere Zeit, ein Gelübde zu erfüllen, als im Alter; ich werde mit Gottes Hilfe bald wieder zu dir zurückkommen.« Jene aber, durch seine Worte ermutigt, reichte ihm einen Ring und sprach: »Nimm diesen Ring und gedenke meiner in der Fremde, sooft du ihn ansiehst; ich aber will geduldig deine Rückkunft abwarten.« Der Ritter nahm also Abschied von ihr und nahm den Ritter Tyrius mit sich, sie aber weinte viele Tage lang und konnte sich nicht zufriedengeben; als aber ihre Zeit gekommen war, gebar sie einen sehr schönen Knaben und erzog ihn aufs zärtlichste. Wie aber Guido und Tyrius durch vieler Herren Länder gezogen waren, war zuletzt auch das Reich Dacia durch die Ungläubigen verwüstet worden, und Guido sprach zu seinem Gesellen: »Mein Lieber, du mußt dich in jenes Land begeben und mit allen Kräften dem König gegen die Ungläubigen beistehen, weil er ein Christ ist; ich aber will in das Gelobte Land ziehen und gegen die Feinde Christi kämpfen, hierauf aber wieder zu dir zurückkehren, und also werden wir sodann mit Freuden wieder nach England gehen.« Tyrius aber entgegnete: »Was dir recht ist, gefällt mir auch: Ich will in jenes Reich ziehen, und wenn du am Leben bleibst, komm wieder zu mir, und wir können dann nach unserm Vaterlande zurückkehren.« Jener aber antwortete: »Das verspreche ich dir treulich.« Hierauf küßten sie einander, weinten beim Scheiden bitterlich, und Guido zog nach dem Heiligen Lande, Tyrius aber nach Dazien. Guido kämpfte aber in vielen Schlachten gegen die Sarazenen und Heiden und erhielt in jedem Kampfe den Sieg, so daß sein Ruhm durch den ganzen Erdkreis flog; aber auch Tyrius trieb auf gleich Weise alle

Ungläubigen aus dem Königreiche Dacia, schlug viele Schlachten und blieb immer Sieger. Darum gewann ihn der König vor allen lieb und ehrte ihn, und vom Volke ward er so hoch geschätzt, daß ihm der König viele Schätze gab. Es gab aber zu dieser Zeit in jenem Reiche einen sehr tapfern Raubritter namens Plebeus, der neidisch auf den Tyrius war, weil er so schnell zu Reichtum und Ehre gelangt war; der klagte ihn bei dem Könige des Verrats an, wie er im Schilde führe, den König der Herrschaft zu berauben. Der König aber, der seinen Worten traute, weil er ein mächtiger und tapferer Mann war, nahm dem Tyrius alle seine Ehrenstellen wieder, so daß derselbe in große Dürftigkeit versank und kaum seinen täglichen Unterhalt hatte. Tyrius aber war sehr traurig, weil er so allein und verlassen und in Dürftigkeit geraten war, weinte bitterlich und sprach: »Wehe mir, was soll ich anfangen?« Wie er aber einstmals traurig einherwandelte, begegnete ihm Guido in einem Pilgerkleide. Als ihn Tyrius gewahr wurde, erkannte er ihn nicht; Guido aber kannte ihn gleich, wollte ihm aber nicht entdecken, wer er sei, und sprach zu ihm: »Mein Bester, wo bist du her?« Jener aber erwiderte: »Aus weiter Ferne; allein ich habe schon mehrere Jahre in diesem Lande gelebt, und hatte einen Gesellen, der nach dem Gelobten Lande gezogen ist, weiß aber freilich nicht, ob er lebt oder gestorben ist, oder wie es ihm geht.« Guido versetzte darauf: »Um deines Gesellen willen erlaube mir in deinem Schoße ein wenig zu ruhen, ob ich vielleicht etwas schlafen kann, weil ich von meiner Reise ermüdet bin.« Jener gab ihm die Erlaubnis dazu, und wie Guido jetzt in seinem Schoße eingeschlafen war, sah Tyrius, wie sich sein Mund öffnete und ein weißes Wiesel herauskam und nach einem Berge, der in jener Nähe war, hinlief; wie es aber daselbst einige Zeit zugebracht hatte, kam es wieder und lief wieder in dessen Mund hinein. Hierauf erwachte Guido aus seinem

Schlafe und sprach: »Mein Lieber, ich habe einen wunderlichen Traum gehabt: Es kam mir vor, als wenn ein Wiesel aus meinem Munde käme, in jenen Berg liefe und dann wieder in meinen Mund zurückkehrte.« Tyrius aber entgegnete: »Mein Bester, gerade wie du es in dem Gesichte geschaut hast, habe ich es mit meinen Augen gesehen, weiß jedoch durchaus nicht, was das Wiesel in jenem Berge gemacht hat.« Hierauf sprach jener: »Wir wollen beide in den Berg gehen, vielleicht finden wir daselbst etwas Nutzbares.« Sie begaben sich also in den Berg, und sie fanden einen toten Drachen, dessen Bauch ganz mit Gold gefüllt war, mit einem schön geschliffenen Schwerte, auf welchem folgende Inschrift stand: ›Durch dieses Schwert wird der Ritter Guido den Feind des Tyrius überwinden.‹ Wie aber Guido diesen Drachen gefunden hatte, freute er sich sehr und sprach zu Tyrius: »Mein Lieber, ich schenke dir den ganzen Schatz, allein das Schwert will ich für mich behalten.« Tyrius aber erwiderte: »O Herr, ich habe es um dich nicht verdient, daß du mir ein solches Geschenk machst.« Und jener sprach: »Schlage deine Augen auf und schaue mich an, ich bin ja dein Geselle Guido.« Wie aber jener das hörte, schaute er ihn genau an und erkannte ihn sogleich, fiel vor Freude zur Erde nieder, weinte bitterlich und sprach: »Nun habe ich genug gelebt, da ich dich wiedergesehen habe.« Jener aber versetzte: »Stehe schnell auf! Du solltest dich lieber über meine Ankunft freuen als weinen, denn ich werde gegen deinen Widersacher für dich kämpfen, und wir beide werden mit Ehren nach England ziehen; siehe nur vor allen Dingen zu, daß du keinem Menschen sagst, wer ich bin.« Hierauf stand Tyrius auf, fiel ihm um den Hals und küßte ihn, begab sich aber nachher mit dem Golde in sein Haus, indessen Guido sich nach dem königlichen Palast verfügte und an die Pforte desselben klopfte. Der Türhüter fragte sogleich nach dem Grunde seines Klopfens, jener aber sprach: »Ich bin ein Pilger, der neulich vom Heiligen Grabe gekommen ist.« Gleich ließ man ihn ein und stellte ihn dem Könige vor. Es saß aber an der Seite des Königs jener Raubritter, der den Tyrius um Ehre und Gut gebracht hatte, und der König fragte: »Wie stehts jetzt mit dem Gelobten Lande?« Jener aber sprach: »Jetzt herrscht tiefer Friede daselbst, und viele sind zum Christentume bekehrt worden.« Der aber fragte weiter: »Hast du vielleicht jenen englischen Ritter Guido gesehen, der so viele Schlachten gewonnen hat?« Jener aber antwortete: »O ja, Herr, den habe ich oft gesehen und sogar mit ihm gespeist.« Darauf sagte jener: »Spricht man dort auch von den Königen der Christenheit?« Der Pilger entgegnete: »O ja, Herr, auch über deine Person, wie die Sarazenen und andere Ungläubigen dein Reich viele Jahre lang in Besitz gehabt haben, und wie du durch einen Ritter namens Plebeus jenen edeln Ritter Tyrius aller seiner Ehren und Schätze beraubt hast, und man spricht, das sei ungerecht von dir gehandelt gewesen.« Wie das Plebeus gehört hatte, sprach er: »Du falscher Pilger, der du solche Lügen erzählst, du verdientest wohl, ihn verteidigen zu müssen, falls ich gegen dich kämpfen wollte, denn Tyrius wollte den König, unsern Herrn, vom Throne stoßen.« Da sprach Guido zum König: »Mein Herr, weil jener spricht, ich sei ein falscher Pilger und der Ritter Tyrius ein Verräter, so will ich mit Eurer Erlaubnis mit ihm kämpfen und an seinem Leibe beweisen, daß er ein falscher Verleumder ist.« Der König aber entgegnete: »Mir ists ganz recht, ich bitte dich sogar, dein Vorhaben auszuführen.« Hierauf sprach jener: »Herr, gib mir Waffen.« Der König versetzte: »Alles, was du bedarfst, sollst du bereitfinden.« Hierauf bestimmte er den Tag des Zweikampfes zwischen ihnen; weil er aber fürchtete, der Pilger Guido möchte indessen durch Hinterlist umgebracht werden, so rief er seine Tochter, die noch Jungfrau war, zu sich und sprach zu ihr: »Mein Kind, wenn du dein Leben lieb hast, so bewache diesen Fremdling sorgfältig, und du sollst alles haben, was du brauchst.« Hierauf führte sie den Pilger in ihre Kammer, ließ ihn ein Bad nehmen und behielt ihn nach Gefallen bei sich. Wie aber der Tag des Kampfes gekommen war, da stellte sich früh Plebeus gewappnet ans Tor und schrie: »Wo ist jener falsche Pilger, warum zaudert er so lange?« Wie aber jener das gehört hatte, legte er seine Waffen an, und beide begaben sich auf den Kampfplatz. Sie stießen nun beide so mit ihren Lanzen zusammen, daß Plebeus seinen Geist hätte aufgeben müssen, wenn er nicht einmal trinken konnte; er sprach also: »O guter Pilger, erlaube mir nur einmal Wasser zu trinken.« Der aber versetzte: »Wenn du mir versprichst, getreulich mir dieselbe Gefälligkeit erzeigen zu wollen, wenn es die Not erfordert, so erlaube ich es.« Der aber antgegnete: »Ich verspreche dir das auf mein Wort.« Hierauf begab er sich zu einer Quelle und trank sich satt, rannte aber sodann mit seiner ganzen Kraft wider den Guido an, und beide kämpften nun mannhaft gegeneinander, bis auch Guido Durst bekam und sprach: »Mein Bester, erzeige mir jetzt dieselbe Gefälligkeit, die ich dir erzeigt habe, denn ich habe unglaublichen Durst.« Jener aber erwiderte: »Ich schwöre zu Gott, daß du nur an meiner tapfern Faust deinen Durst stillen sollst.« Wie aber Guido solches hörte, verteidigte er sich so, daß er der Quelle zu nahe kam, und als er ganz nahe dem Gewässer war, sprang er auf einmal hinein und trank, soviel er Lust hatte. Hierauf verließ er das Wasser wieder, stürzte auf jenen wie ein brüllender Löwe los, und der andre suchte sein Heil in der Flucht; der König aber, als er dies gewahr ward, ließ sie voneinander trennen und diese Nacht ausruhen, damit sie beide am morgenden Tage zum Kampfe bereit wären. Der Pilger aber begab sich wieder in das Gemach der Königstochter, welche ihm jede Erquickung verabreichte, seine Wunden verband und, nachdem er eine Mahlzeit gehalten, auf einem sehr festen hölzernen Bette seine Ruhestätte aufschlagen ließ; jener aber, der vom Kampfe ermüdet war, begann einzuschlafen. Nun hatte aber Plebeus sieben tapfere Söhne, diese rief er zu sich und sprach zu ihnen: »Ihr Lieben, ihr seid meine Söhne: Ich sage euch, daß, wenn dieser Fremdling nicht noch in dieser Nacht getötet wird, ich morgenden Tages werde unter die Toten gezählt werden; denn einen tapferern Mann, als er ist, habe ich noch nicht gesehen.« Jene aber sprachen: »Vater, in dieser Nacht soll er also abgetan werden.« Um Mitternacht aber, als jedermann schlief, drangen sie in das Gemach der Prinzessin, welches nahe am Meer gebaut war, so daß das Meerwasser unter dem Zimmer dahinströmte. Sie sprachen aber zueinander: »Wenn wir ihn in seinem Bette ermorden, sind wir wieder des Todes, wir wollen ihn also zusammen samt seinem Bette ins Meer stürzen; denn dann wird es beim Volke heißen, daß er die Flucht genommen hat.« Hierauf ergriffen sie den schlafenden Pilger und warfen ihn ins Meer. Der Fremde schlief aber fest und merkte nichts. Es befand sich aber zur selbigen Nachtzeit ein Fischer auf dem Meere, der, als er das Getöse, welches das Bett beim Herabstürzen machte, hörte und dasselbe beim Mondenlichte erblickte, sich wunderte und mit lauter Stimme rief: »Sage mir um Gottes willen, wer du bist, auf daß ich dich retten kann, ehe du untersinkst.« Wie aber Guido das Schreien hörte, erwachte er aus seinem Schlafe, und weil er die Sterne am Firmament erblickte, wunderte er sich, wo er sei; und da er bald erkannte, daß er sich im Wasser befinde, rief er dem Fischer zu: »Lieber, hilf mir, und ich will dich belohnen; denn ich bin ein Pilger, der gestern auf dem öffentlichen Kampfplatze focht, wie ich aber hierher gekommen bin, davon weiß auch ich gar nichts.« Als das der Fischer hörte, nahm er ihn in seinen Kahn auf, führte ihn mit sich in sein Haus und hieß ihn in einem Bette der Ruhe pflegen. Es kamen aber die Söhne des Plebeus zu ihrem Vater und meldeten ihm, wie jener im Meere begraben liege und er sich fürder nicht mehr fürchten solle. Plebeus aber freute sich nicht wenig, stand beizeiten auf, wappnete sich und begab sich an die Pforte des Palastes und rief: »Führet jenen Pilger heraus, auf daß ich mich an ihm rächen kann!« Wie das der König gehört hatte, gebot er seiner Tochter, ihn zu wecken, damit er sich zum Kampfe rüsten könne; jene aber begab sich zu seinem Lager und fand ihn nicht. Das Mägdlein weinte aber bitterlich und sprach: »Weh mir, mein Schatz ist fort«, und meldete es ihrem Vater, wie sie ihn nicht mehr angetroffen habe. Aber auch der König ward sehr traurig; und sie wunderten sich, als sie auch das Bett nicht mehr fanden. Hierauf meinten einige, er sei geflohen, andere aber, man habe ihn ermordet, und Plebeus schrie beständig an der Pforte: »Führet diesen Fremdling heraus, denn ich will heute seinen Kopf dem Könige überreichen!« Während man aber im Schlosse noch Nachforschungen anstellte, was aus dem Pilger geworden sei, kam der Fischer zum Könige und sprach: »Herr, trauert nicht länger, denn als ich diese Nacht mit Fischen auf dem Meere beschäftigt war, fand ich den ins Wasser gestürzten Pilgrim, nahm ihn auf, führte ihn in mein Haus und habe ihn daselbst schlafend verlassen.« Wie das der König hörte, freute er sich sehr und schickte nach ihm, daß er sich zum Kampfe rüsten solle. Als aber Plebeus vernahm, daß jener nicht tot sei, fürchtete er sich sehr und begehrte vom Könige einen Aufschub des Kampfes; der König wollte ihm aber auch nicht eine einzige Stunde lang Waffenstillstand zugestehen. Sie begaben sich also beide auf den Kampfplatz und hieben aufeinander los; allein schon beim dritten Hiebe schlug ihm Guido den Arm ab, hernach auch das Haupt und überreichte es dem

König. Der König aber freute sich sehr, daß der Fremde einen so rühmlichen Triumph erhalten hatte, und wie er vernahm, daß ihn die Söhne des Plebeus ins Meer gestürzt hatten, ließ er sie an den Galgen hängen; der Pilger aber beurlaubte sich beim Könige. Der bot ihm viele Geschenke, wenn er bei ihm bleiben wolle, allein er willigte nicht ein. Hierauf gab ihm jener viel Gold und Silber, was er aber alles seinem Tyrius gab; und er, samt dem Könige, setzte Tyrius in seine frühere Würde und großen Güter wieder ein, und er nahm dann Abschied vom Könige. Der König aber sprach zu ihm: »Mein Lieber, ich habe bei Gott eine Bitte an dich, nämlich, daß du mir, ehe du fortziehst, deinen Namen sagst.« Jener aber entgegnete: »Herr, ich heiße und bin jener Guido, von dem du schon gehört hast.« Als das der König hörte, fiel er ihm um den Hals und verhieß ihm einen großen Teil seines Reiches, so er bei ihm bleiben wolle. Der aber wollte sich durchaus nicht dazu verstehen, sondern küßte den König und begab sich hinweg. Guido aber langte bald in England an und kam an seine Burg. Er fand aber eine große Menge Bettler vor dem Tore derselben sitzend, und die Gräfin, seine Gemahlin, saß als Pilgerin gekleidet mitten unter ihnen, wartete ihnen in Person alle Tage auf und gab jedem Armen einen Heller mit den Worten: »Betet für meinen Herrn Guido, daß ich, ehe ich sterbe, mich noch an ihm letzen kann und er glücklich wieder nach Hause kommt, denn er ist nach dem Heiligen Grabe ausgezogen.« Nun begab es sich aber am selbigen Tage, daß ihr Sohn, welcher jetzt sieben Jahre alt war, in prächtigen Kleidern seine Mutter unter die armen Leute begleitete. Wie nun das Kind hörte, daß seine Mutter jedem Bettler den Namen ihres Herrn Guido nannte, sprach er: »O Mutter, ist das mein Vater, den du den armen Leuten so empfiehlst?« Jene aber erwiderte: »Ja, mein Sohn. In der dritten Nacht, nachdem ich dich empfangen hatte, ist er von mir gegangen, und seitdem habe ich ihn nicht wieder gesehen.« Wie aber die Frau der Reihe nach durch die Bettler schritt, kam sie auch zu ihrem Manne Guido und gab ihm Almosen, wußte aber durchaus nicht, wer er war; er aber neigte sein Haupt zur Erde, um nicht erkannt zu werden. Und wie nun die Dame auch zu den andern Armen weiterging, folgte ihr ihr Sohn, und wie Guido seine Augen wieder aufschlug und seinen Sohn erblickte, den er vorher noch nie gesehen hatte, konnte er sich nicht mehr halten, sondern nahm sein Kind auf den Arm, küßte es und sprach: »Mein süßes Kind, möge dir unser Herrgott die Gnade verleihen, ihm stets wohlgefällig zu sein.« Als aber die Mägde sahen, daß er ihn geküßt hatte, rief man ihm zu, er solle nicht länger da stehen bleiben. Guido aber trat zu seiner Gemahlin und bat sie um einen Platz im Walde, wo er immer bleiben könnte; sie aber, welche ihn für einen Pilger hielt, ließ ihm um Gottes und ihres Mannes willen eine Einsiedelei bauen, wo er lange Zeit blieb. Als nun aber die Stunde seines Todes nahe war, ließ er seinen Diener rufen und sprach: »Geh schnell, mein Lieber, zur Gräfin hin, gib ihr diesen Ring und sage ihr, daß, wenn sie mich zu sehen wünscht, sie sogleich ohne Verzug zu mir kommen soll.« Der Bote begab sich aber zu seiner Gebieterin und zeigte ihr den Ring. Kaum hatte sie aber denselben erblickt, so rief sie mit lauter Stimme: »Das ist der Ring meines Mannes!« und machte sich schnellen Laufs nach dem Forste auf; allein ehe sie noch anlangte, war Guido schon gestorben. Sie warf sich über seinen Leichnam und schrie mit lauter Stimme: »Weh mir, meine Hoffnung ist dahin!«, und indem sie Seufzer und Wehklagen ausstieß, fügte sie hinzu: »Wo ist jetzt das Almosen, welches ich jeden Tag für meinen Herrn gespendet habe? Ich sah meinen Herrn Almosen empfangen und habe ihn nicht erkannt; du hast deinen Sohn vor deinen Augen erblickt, ihn gestreichelt und geküßt, und dich doch weder mir noch ihm zu erkennen gegeben. Was hast du, Guido, getan? Guido, nun werde ich dich nie wieder sehen!« Sie übergab also seinen Leib mit großen Ehren dem Grabe und betrauerte seinen Tod viele Jahre lang.

VON DER VERGELTUNG DER UNDANKBARKEIT

Einst ritt ein Kaiser nach Mittag auf die Jagd. Es begab sich aber, daß er durch einen Wald kam und eine von Hirten gefangene und an einen Baum gebundene Schlange antraf; die Schlange aber brüllte gräßlich. Und der Kaiser, von Mitleid gerührt, machte sie los und steckte sie in seinen Busen, um sie wieder zu erwärmen. Sobald sie aber warm geworden war, begann sie ihn zu stechen und ihr Gift auf ihn zu schießen, und der Kaiser sprach: »Was tust du, warum vergiltst du Gutes mit Bösem?« Die Schlange aber bekam, wie einst Bileams Eselin, das Vermögen zu reden und sprach: »Niemand kann ändern, was die Natur uns gelehrt hat: Du hast getan, was du mußtest, ich aber habe meiner Natur gemäß gehandelt. Du hast also so viel Menschlichkeit bewiesen, als du vermochtest, ich aber dafür getan, was mich mein Instinkt gelehrt hat. Ich habe dir Gift gegeben, weil ich nichts als Gift hatte und immer ein Feind des Menschen sein werde, weil ich um eines Menschen willen bestraft und verflucht worden bin.« Wie sie nun also miteinander stritten, ward ein gewisser Philosoph herbeigerufen, auf daß er zwischen ihnen Richter wäre und ein gerechtes Urteil fällte. Der Weise aber sprach: »Alles dieses höre ich nur durch eure Worte und Erzählung. Wenn ich aber die Sache selbst sehen könnte, über die ihr redet, wollte ich wohl ein

Urteil sprechen. Ich wünsche also, daß die Schlange wie vorher an den Baum gebunden werde und der Herr Kaiser sich jetzt von ihr frei mache, alsdann will ich beide Teile richten.« Wie das geschehen war, sprach der Weise zur Schlange: »Jetzt bist du wieder angebunden, mache dich selbst frei, wenn du kannst, und entferne dich.« Die Schlange erwiderte: »Das kann ich nicht, weil ich so festgebunden bin, daß ich mich nicht zu rühren vermag.« Der Weise sprach: »Also wirst du sterben müssen, denn du bist immer und von jeher undankbar gegen die Menschen gewesen, und wirst es stets sein.« Hierauf wendete er sich zum Kaiser und sprach: »Herr, jetzt bist du frei; drücke das Gift aus deinem Busen und ziehe deine Straße, laß dich aber künftig nie wieder in eine solche Torheit ein, weil die Schlange nichts anders machen kann, als was sie die Natur gelehrt hat.« Wie das der Kaiser hörte, dankte er dem Weisen, daß er ein so gerechtes Urteil gefällt hatte, und ging davon.

VON DER TREUE

Paulus, der Langobarden Geschichtsschreiber, erzählt, daß ein gewisser Krieger Onulphus aus Pavia seinem Könige Portaticus solche Beweise seiner Treue gegeben hatte, daß er sich für die Rettung seines Herrn sogar dem Tode preisgab. Da denn Grimmoaldus, der Beneventaner Herzog, durch den Genebaldus, den ersten Herzog von Ravenna und Verräter an der königlichen Krone, nachdem Godobertus, der Langobardenkönig, getötet worden, mit Gewalt und List bis zum Zelte des Königs vorgedrungen war – nachdem der leibliche Bruder dieses genannten Königs Godobertus bis zu den Ungarn auf seiner Flucht gejagt worden war –, suchte der genannte Ritter Onulphus den Portaticus mit Grimmoaldus zu versöhnen, damit er in Ungarn, wohin er nicht einmal aus Furcht vor Grimmoaldus gelangen konnte, um Verzeihung vor den Füßen des Königs bitten und so ein sicheres Leben, wenn auch ohne Königswürde, die ihm eigentlich zukam, mit Anstand führen durfte. Als aber die Versöhnung vollständig erfolgt war, beschloß Grimmoaldus nach einigen Tagen, weil er bösen Zungen allzuviel traute, den Portaticus selbst, mit dem er sich doch versöhnt hatte, am folgenden Tage zu ermorden, und befahl, ihm Wein, der ihn betrunken machen sollte, damit er auf keine Weise an seine Rettung denken konnte, vorzusetzen. Dies blieb jedoch dem Onulphus, dem Ritter des Portaticus, nicht verborgen, weshalb er mit seinem Waffenträger in das Haus des Portaticus ging, daselbst seinen Schildknappen in dessen Schlafgemach ließ, den Portaticus aber in einer verdeckten Sänfte wie seinen eignen Waffenträger mit Drohungen, Schimpfen und Schlägen aus dem Hause führte und in sein eigenes Haus brachte, obgleich die Wächter oder Trabanten des Königs vor dem Hause des Portaticus aufgestellt waren und meinten, der genannte Schildknappe des Onulphus sei betrunken herausgetragen worden. In derselbigen Nacht, zur Zeit des Hahnschreis, ließ aber Onulphus seinen geliebten Herrn, den Portaticus, von der Stadtmauer, an welche sein Haus stieß, an einem Seile hinab, der sich dann einige weidende Pferde einfing und nach der Stadt Asti floh, von wo aus er zum fränkischen König eilte. Wie nun am Morgen der genannte Onulphus und sein Schildknappe vom Könige festgehalten und über die Art und Weise befragt wurden, wie sie ihren Herrn Portaticus befreit hätten, jene aber mit der einfachen Wahrheit antworteten, sprach der König zu seinen Räten: »Welche Strafe verdienen die, welche also gegen unsern königlichen Willen getan haben?« Und da nun einer antwortete, man müsse sie hinrichten, der andere, sie lebendig zu schinden, und ein dritter, sie heimlich zu kreuzigen riet, antwortete der König: »Bei dem, der mich hat geboren werden lassen, sage ich: Diese Männer verdienen den Tod nicht, sondern jegliche Ehre, weil sie ihrem Herrn so treu gewesen sind.« Also belohnte sie der König Grimmoaldus mit vielen Ehren und Geschenken; Genebaldus aber, der verräterische Herzog der Canimenter, ward durch die Hand des Waffenträgers seines ehemaligen Königs Godobert, dem er durch seine Verräterei Krone und Leben geraubt hatte, am Feste Johannis des Täufers elendiglich, aber mit Recht, bei Turin umgebracht.

VOM EHEBRUCH

Man liest, daß sich einst ein König einen Löwen, eine Löwin und einen Leoparden hielt, die er sehr lieb hatte. Wenn aber der Löwe nicht da war, beging die Löwin mit dem Leoparden Ehebruch und pflegte, damit der Löwe ihre Treulosigkeit nicht spüren möchte, sich in einer Quelle in der Nähe des königlichen Schlosses zu baden. Wie aber der König das öfters bemerkt hatte, ließ er einstmals, als die Löwin wiederum treulos gegen ihren Mann gewesen war, den Brunnen verschließen. Als nun der Löwe zurückkam und den geschehenen Ehebruch spürte, hat er sie in Gegenwart aller, wie ein Richter nach gesprochenem Urteil, zerrissen.

VON DEM GROSSEN ALEXANDER

Man liest, daß der große König Alexander an des Königs Pori von India Hof kam, und zwar in der Gestalt eines schlichten Ritters, und wollte dessen Macht kennen lernen. Nun wähnte

Porus, es sei Antiochus, einer der Ritter Alexanders, und nahm ihn würdiglich auf. Es saß aber einst Alexander mit an seinem Tische, und sooft man eine silberne Schüssel oder Kanne vor ihn gesetzt und er sie geleert hatte, so steckte er sie in seinen Ärmel. Das ward dem Könige Poro angezeigt, und der fragte ihn mitten unter den andern, wie er das meine. Der aber sprach: »Herr König, ich habe dich doch allerwegen weit über Alexander ob deiner Ritterlichkeit und Prachtliebe rühmen hören; nun ist aber die Sitte am Hofe Alexandri so, daß alle Ritter, die an seinem Tische sitzen, was man ihnen vorsetzt, Töpfe oder Schüsseln, sie seien gülden oder silbern, diese behalten als ihr Eigentum. Nun habe ich dich weit mildtätiger mit deiner Habe geschätzt denn Alexandern und gemeint, dasselbe Recht auch an deinem Hofe zu erhalten.« Da das die Ritter Pori hörten, zogen sie alle mit Alexander von dannen, und er gab ihnen viele Geschenke und Sold, und sie fochten mit ihm wider König Porum, erschlugen ihn und gewannen das ganze Land India.

VON JOSIAS, DEM KAISER ZU ROM

Einst herrschte der gewaltige Josias zu Rom, der hatte drei Söhne, die ihm gar lieb waren. Nun hatte aber derselbe König beständig Krieg wider den König von Ägypten, und dabei alle seine Habe aufgezehrt bis auf einen Baum, der solche Kraft hatte, daß seine Frucht alle Gebreste heilte, ausgenommen den Aussatz. Da nun derselbige König schwer darniederlag bis auf den Tod und nicht davonkommmen konnte, da rief er seinen Erstgeborenen zu sich und sprach: »Ich habe dich und deine Brüder so lieb gehabt, daß ich alles, was ich gehabt habe, im Kriege verzehrt habe, denn allein diesen Baum, und da du nun mein Erstgeborener bist, so schenke ich dir an dem Baume alles, was in der Erden ist und darob; gehe nun und rufe mir meinen anderen Sohn.« Und also geschah es. Zu diesem sprach er aber also: »Mein lieber Sohn, ich habe dir nichts anderes zu schenken denn von dem Baume, daran schaffe ich dir die Länge, die Breite und die Tiefe.« Hierauf sprach er zu ihm: »Gehe hin und rufe deinen dritten Bruder.« Zu diesem sagte er: »Lieber Sohn, du weißt wohl, daß ich über nichts mehr zu gebieten und alles verkriegt habe, was ich jemals besessen habe, bis auf diesen Baum. An dem schenke ich dir alles Grüne und Dürre, was an ihm ist.« Und da er nun alle seine Geschäfte vollbracht hatte, da kehrte er sich nach der Wand zu und gab seinen Geist auf. Danach ward er würdiglich bestattet und begraben. Nun unterwand sich der erste Sohn des Baumes und tat, als ob er sein wäre. Das vernahm der andere und sprach: »Weshalb unterwindest du dich dieses Baumes?« Der sprach: »Darum, weil mir mein Vater an ihm geschenkt hat alles, was in der Erde ist und darob; darum weiß ich nicht anders, denn daß er mein ist.« Der andere sprach: »Nun hat mir doch mein Vater geschafft an dem Baume die Höhe, die Breite und die Tiefe, und darum ist er auch allein mein.« Das hörte der jüngste Bruder und sprach: »Lieben Brüder, warum unterwindet ihr euch dieses Baumes? Mir hat nun doch mein Vater das alles geschafft, Grünes und Dürres, was an diesem Baume ist, daher ist er billigerweise mein und nicht euer. Allein höret doch meinen Rat, auf daß sich nicht ein Irrsal oder Zorn unter uns begebe, da wir doch einmal Brüder sind. So laßt uns also zu dem König hingehen, der hier in unserer Nähe wohnt, und wie nun der König nach unser aller Vorgeben richten wird, des sollen wir alle willig sein und ihm darin folgen.« Der Rat gefiel ihnen allen wohl, und sie kamen zu dem König, und ein jeder legte dem König seine Sache vor, wie oben geschrieben ist. Da sie nun der König vernahm, sandte er nach einem Bader und ließ den ältesten der Brüder am Arme zur Ader. Danach fragte sie der König, wann ihr Vater begraben worden sei. Das ward ihm gesagt. Da sandte der König einen Boten, der brachte ihm ein Bein aus dem Sarge des Vaters: Das legte der König in das Blut, das von dem ältesten Bruder gekommen war; und da es eine gute Weile darin gelegen hatte, da legte er es an die Sonne und ließ es trocknen, und da es wohl getrocknet war, da ließ er es mit Wasser waschen. Und da man es wusch, ging das Blut von dem Beine, gerade als wenn es nie dagewesen wäre. Da hieß der König, den andern Bruder auch am Arme zur Ader zu lassen, und tat das Bein des Vaters in dasselbe Blut, und tat damit gerade wie mit dem ersten. Und da man es mit Wasser wusch, da ging das Blut ganz davon weg, und das Bein blieb bei seiner Gestalt. Da befahl der König, daß man den jüngsten Bruder auch an dem Arme Blut lassen solle, und tat mit dem Blute und dem Beine des Vaters gerade wie zuvor. Und da es an der Sonne und an der Luft nun wohl getrocknet war, da ließ er es wie zuvor mit Wasser abwaschen. Da konnte er aber das Blut mit Wischen und Schaben und mit keinerlei Sache von dem Beine herunterbringen, und das Bein blieb durchweg blutig. Wie das der König sah, da merkte er dabei, daß der des Königs Sohn war und die andern nicht, und machte ihn zum Herrn des Baumes, und der König ward um seiner Weisheit willen sehr gelobt.

VON EINEM EDLEN MANNE IN ROM

Man liest von einem edlen Manne, der in einer Stadt einen Sitz hatte und ein schönes Weib besaß, das er sehr lieb hatte. Der dienete aber ein andrer Ritter so eifrig und mit solchem Fleiße, daß ihm die Frau gar günstig und hold war. Nun begab es sich aber, daß der Ritter seinen Knecht zu ihr sandte und sie fragen ließ, ob sie es ihm gestatten wolle, daß er den Abend zu ihr käme. Und da nun der Knecht die Botschaft an die Frau gebracht hatte, da ward sie sehr erzürnt, daß er einem Knechte solche Botschaft anvertraut hätte, und wollte dem Knechte keine andere Antwort geben. Und da der Knecht den Zorn der Frau vernahm, da fing er an, um sie für sich selbst zu werben, und überredete die Frau in kurzem, daß sie ihm alles gewährte und ihm zu Willen war. Da nun der Knecht also lange ausblieb, da ward der Ritter sehr verdrießlich und kam selber nach der Frauen Hause und klopfte an. Und da der Knecht des Herrn Kommen vernahm, da kam über ihn dermaßen Furcht, und er wußte nicht, wie er sich gebärden sollte, und fragte die Frau um Rat. Die hieß ihn unter das Bett schlüpfen und ließ danach den Ritter ein, und der fragte die Frau, ob sein Knecht nicht bei ihr gewesen wäre. Da sprach sie: »Er ist hier gewesen, und habe ich ihn im Zorn von mir abgefertigt, daß er eine solche Botschaft an mich fürbaß getragen hat. Auch hätte ich Euch nicht zugetraut, daß Ihr eine solche Sache einem Knechte anvertrauen würdet.« Da der Ritter der Frauen Ernst vernahm, da kam ihm der Gedanke ein, daß er sie beruhigen möchte, und in der Zeit, daß der Ritter bei der Frau war, kam auch ihr Mann an das Tor, und jener wußte nicht, wie er sich dabei benehmen sollte. Da sprach die Frau: »Ziehet Euer Schwert und laufet gegen meinen Mann an, als ob Ihr sehr zornig seiet, und gebt ihm keine Antwort.« Das tat der Ritter also. Des nahm den Mann wunder, und er fragte, was der Ritter gesucht habe. Da sprach sie: »Sein Knecht ist auf meine Erlaubnis hereingelaufen, den habe ich unter meinem Bette verborgen, und den hat er gesucht.« Und da das ihr Ehemann vernahm, da dankte er seiner Frau, daß sie dem Knechte also das Leben gefristet hatte.

VOM KAISER OKTAVIANUS

Einst herrschte der gewaltige Oktavianus zu Rom, der hatte sein Weib um dreierlei Sachen willen, die sie an sich hatte, lieb. Zum ersten, weil sie ihm getreu war, zum andern, weil sie schön war, und zum dritten, weil sie beständig und gehorsam war. Nun geschah es in einer Nacht, als sie zu Bette lag, daß er gedachte, nach dem Heiligen Grabe zu ziehen, und des Morgens früh rief er die Kaiserin und seinen Bruder vor sich und sprach: »Frau, ich habe mir vorgenommen, eine kleine Zeit von hinnen zu ziehen: Nun traue ich dir so wohl, daß ich dir alles, was ich habe, befehle, und will dir dazu keinen Obmann setzen als meinen Bruder; der soll tun nach deinem Gebot alles, was du nicht selbst magst, und er soll dir gehorsam und untertänig sein.« Und er schickte sich nachher in der Kürze dazu an und zog mit einem schönen Gefolge seine Straße, und seine Frau hielt das Reich indessen allezeit gar ordentlich zusammen. Nun ward des Kaisers Bruder aber von der Liebe zu dieser Frau so sehr gefangen, daß er sich versah, es müsse sein Tod werden, so er nicht an ihr seine Lust büßen könnte. Nun kam es eines Tages, daß er die Frau allein fand, so daß niemand bei ihr war; da hub er an und sagte ihr sein Leiden. Und da nun die Frau seine ungetreue Bitte vernahm, ward sie davon erzürnet und sprach, wie er so ungetreu und falsch sei, daß er seinem Bruder die Treue brechen wolle, der ihm doch so wohl getrauet, und an sie ein solches Begehren gerichtet habe, das an ihm nicht ungerochen bleiben könne. Wie er das hörte, da schied er traurig und niedergeschlagen von ihr, ließ jedoch nicht von ihr ab; und wie er doch seinem Wunsche eine Statt bereit machte, so kam er wieder zu ihr und sagte ihr, was Leidens er habe. Und da nun die Frau fand, daß er von seiner Torheit nicht lassen wolle, da legte sie ihn gefangen und behielt ihn da bis an des Kaisers Ankunft. Und da er nun vernahm, daß der Kaiser, sein Bruder, kommen solle, da gedachte er bei sich selbst: ›So mich mein Bruder hier gefangen findet und meine Schuld an seiner Frau erfährt, so bin ich ein Kind des Todes.‹ Und er überzeugte sich davon und sandte nach der Frau, daß sie zu ihm käme, er habe ein klein wenig mit ihr zu reden. Das gewährte ihm die Frau und kam, und da er sie sah, da sprach er: »O Frau, um Gott bitte ich Euch, mir Erbarmen widerfahren zu lassen; laßt mich aus dieser Not, denn wenn mich mein Herr findet und meine Schuld an Euch erfährt, so bin ich ein Kind des Todes.« Da die Frau nun sein heißes Flehen erhört hatte, so befahl sie, man solle ihn loslassen, schickte ihn ins Bad und sandte ihm danach sogar neue Kleider zu. Hierauf sprach sie zu ihm: »Wohlan, der Kaiser ist in der Nähe, wir wollen ihm entgegenreiten.« Da machte er sich auf, und als sie so miteinander ritten, da kam ihnen ein Hirsch zu Gesichte und lief an ihnen vorüber; und sobald sie ihn erblickt hatten, eilte ihm das ganze Gefolge nach, so daß bei der Dame niemand zurückblieb als des Kaisers Bruder. Wie der aber sah, daß er nun allein bei seiner Schwägerin sei, da erwachte seine alte Bosheit in ihm, und er sprach also zu der Frau: »Frau, du siehst wohl, daß jetzund niemand bei uns ist, darum bitte ich dich, daß du mir meine Bitte jetzt noch gewähren mögest.« Als das die Frau hörte, da überkam sie gar großer Zorn, und sie sprach: »Ich hoffe zu Gott, daß mein Leib keinem andern Manne zu Diensten sei, denn meinem Herrn allein.« Kaum hatte aber des Kaisers Bruder dieses vernommen, so ward er sehr erzürnt, zog ihr alle Kleider bis auf das Hemde vom Leibe und hing sie bei den Haaren an einem Baume auf, worauf er das Pferd, welches die Frau geritten hatte, laufen ließ und seinem Bruder entgegenritt. Nun fügte es sich, daß am selbigen Tage ein Herzog in der heißen Mittagszeit durch denselben Wald ritt und seine Hunde, wie sie die Frau erblickten, vor ihr standen und sie anbellten, bis der Herzog dazukam. Und da er die Frau also hängen sah, da fragte er sie, wer sie wäre und wie sie in diese Lage gekommen sei. Da antwortete die Frau: »Wer ich bin und wie ich hierherkam, das weiß Gott wohl, aber eins bitte ich dich, daß du mich von diesem Baume losmachen mögest.« Darauf sprach der Herzog: »Das will ich gern tun«, und befahl, daß man die Frau löse; und als sie losgemacht worden war, schickte er sie heim in sein Haus und empfahl ihr seine Tochter, daß sie diese unterrichten und erziehen solle. Nun hatte der Herzog an seinem Hofe einen Ritter, der war sein Hofmeister und diente der Frau Tag und Nacht in der Absicht, daß sie ihm zu Willen sein sollte. Und da er solches nun einstmal von ihr begehrt hatte, versagte sie es ihm zorniglich mit folgenden Worten: wie sie es Gott zugeschworen habe, keinen Mann zu erkennen, als den sie mit Recht erkannt hätte, und er möge sie also solcher Bitten überheben. Wie das der Hofmeister hörte, schämte er sich, daß sie es ihm so trocken abgeschlagen hatte, und er dachte nun Tag und Nacht darüber nach, wie er sie einmal in Schaden bringen könnte. Nun schlief die Frau des Nachts bei des Herzogs Tochter in derselben Kammer, worin der Herzog bei seiner Frau lag. Da kam der Ritter einmal des Nachts in die Kammer geschlichen und sah, daß sie alle schliefen; da nahm er ein scharfes Messer und schnitt dem Kinde die Kehle ab und gab das blutige Messer der Frau in die Hand, damit man davon abnehmen könnte, daß sie dieses Kind getötet hätte, und ging damit seine Straße. Nun brannte aber eine Ampel alle Nächte in der Kammer, und da die Herzogin erwachte, sah sie das blutige Messer in der Hand der Frau, die neben dem Kinde lag, da sie den Arm auf die Decke gelegt hatte; und wie das die Herzogin sah, erschrak sie sehr und weckte ihren Herrn. Der sprang schnell auf und schaute nach seiner Tochter und sah, daß sie tot und ihre Kehle abgeschnitten war und das ganze Bett voller Blut. Da schrien Vater und Mutter sehr, und da die Frau von dem Geschrei erwachte, da sprach der Herzog zu ihr: »O du gottloses Weib, was für einen Lohn läßt du mich für meine Treue genießen, daß ich dich vom Tode gerettet habe! Wozu hast du mein armes Kind aufgezogen, daß du dasselbe also unschuldig getötet hast?« Darüber entsetzte sich die Frau sehr und sprach: »Mir ist die ganze Sache durchaus unbekannt, und ich bin mir nichts bewußt. Auch ist das Messer, solange ich lebe, nie mein gewesen, welches ich in meiner Hand gefunden habe, und ich weiß auch nicht, wie es dahin gekommen ist; darum möget ihr mit mir tun, wie ihr wollt.« Die Herzogin bat nun ihren Herrn recht sehr, er möge sie töten lassen; der aber sprach: »Ich will mich an ihr nicht schuldig machen«, und hieß sie schnell von dannen gehen, auf daß sie aus seinen Augen käme. Das tat nun auch die Frau mit großem Wehklagen, setzte sich auf ein Pferd und kam vor eine Stadt. Da führte man ihr einen Mann entgegen, der war ein Straßenräuber gewesen; den schleppte man nach dem Galgen, auf daß man ihn henken sollte. Da das die Frau ersah, so eilte sie hin zu ihm und fragte den Richter, ob er den Gefangenen um Geld losgeben wolle; der aber sprach, ja, er sei bereit dazu. Darauf machte ihn die Frau mit Geld, was sie in Bereitschaft hatte, los, nahm ihn mit sich hinweg und sprach: »Du weißt wohl, daß ich dich vom Tode erlöset habe, darum sei mir nunmehr getreu.« Und das verhieß er ihr. Und da sie nun wiederum in die Nähe einer Stadt kamen, da sandte ihn die Frau voraus, daß er ihr eine Herberge bestellte, und das tat der Knecht. Und als sie nun dahin kamen, blieb sie da und hieß ihm, daß er ihr Schiffer kommen ließe, da sie über das Meer fahren wolle. Da kam nun einer, der dieselbe Straße fahren wollte, wohin sie mußte, und da sie das vernahm, ging sie zu ihm in das Schiff und wollte mit ihm dingen. Und da der Mann ihre Schönheit sah, da bestach er den Knecht heimlich mit Geld, daß er aus dem Schiffe ginge, und da das geschehen war, stieß er vom Lande und fuhr auf die weite See. Wie das die Frau ersah, da kam große Bestürzung über sie, und sie fragte ihn, was er im Sinne habe; der aber sprach zu ihr: »Entweder ich schlafe bei dir, oder ich werfe dich ins Meer, wo du eines bittern Todes sterben mußt.« Darüber erschrak die Frau gar sehr und fiel an ihrem Bett auf ihre Knie und bat Gott, daß er sie behüte vor diesem sündlichen Falle. Und alsbald kam ein starker Regenschauer und ein großes Ungewitter und riß das Schiff auseinander; doch wollte Gott keins verderben, so daß ein jedes auf einem Teile des Schiffes entkam, aber eins wußte von dem andern nichts. Da kam nun die Frau zu einer Abtei, in welcher Klosterfrauen waren, und bat daselbst um Herberge, und die Frauen nahmen sie auf und freuten sich über sie. Da blieb denn die Frau eine Zeitlang allein und studierte allezeit in einem Buche, das von den Kräften der Kräuter handelte, und ward darin so klug, daß ihre Kunst durch alle Länder erscholl, also daß alle Sieche nach ihr fragten, und wessen sie sich annahm, der war genesen. Nun wollte aber Gott dem Leiden, das sie lange gehabt hatte, ein Ziel setzen und sie wiederum zu Freuden bringen. Darum focht des Kaisers Bruder ein großes Gebreste an, und da das der Kaiser vernahm, da machte er sich samt seinem Hofe auf und ritt zu dem Kloster, darin er die Frau wußte. Nun begab es sich auch, daß der Ritter, der des Herzogs Kind getötet hatte, gichtbrüchig ward an Händen und Füßen und auch zu dem Kloster kam. Dahin kam auch der Meerfahrer, der war wassersüchtig geworden; und der Knecht, den sie mit ihrem Geld vom Tode erlöst hatte, der war blind und hörte nicht mehr und kam auch in das Kloster. Und da sie nun alle dort zusammenkamen und die Hilfe der Frau begehrten, da kam die Frau, und es erkannte sie keiner; und sie sprach, nur sobald jeder von ihnen vor allem Volke alle seine Missetat beichte, anders könne sie keinen gesund machen. Da das der Kaiser hörte, da sprach er: »Damit soll mein Bruder anheben«, und befahl ihm solches. Der aber sprach: »Wenn dem so ist, daß ich anders nicht gesund werden mag, es sei denn, daß ich alle meine Sünden verraten habe, so verstehe ich mich langer Krankheit, denn wenn ich meines Bruders Sicherheit verraten habe, wollte ich lieber dieses Gebrestes wirkliche Leiden ertragen.« Da das der Kaiser hörte, ward er sehr zornig und sprach: »O du Bösewicht, was hast du getan, daß du dich so sehr fürchtest, daß du lieber dieses Gebrestes Leiden ertragen wolltest?« Der sprach aber: »Nur in dem Falle, daß Ihr mich sicherstellet, anders sage ich nichts.« Da sprach der Kaiser: »Wohl, ich verspreche dir Sicherheit für alles, was du wider mich und die Meinen getan hast.« Da das der Bruder hörte, da sagte er, wie er der Ehre der Frau des Kaisers nachgestellt habe und wie sie ihn, da er das lange Zeit von ihr begehrt, gefangen gehalten hätte, und er sagte alles, wie oben geschrieben steht, und wie er sie zuletzt aufgehangen habe; wo sie aber danach hingekommen sei, das wisse er nicht. Wie das der Kaiser hörte, da geriet er gar sehr in Zorn, und es gereute ihn, daß er ihm Sicherheit gewährt hatte. Und wie der

Ritter, der des Herzogs Hofmeister gewesen war, das hörte, was des Kaisers Bruder gesagt hatte, da sprach er: »Wie ich von diesem gehört habe, daß er Eure Frau in dem Forste aufgehangen hat, geradeso hat mein Herr, der Herzog, Eure Frau gefunden und sie seiner Tochter zur Erzieherin gesetzt; und da sie mir nicht gewähren wollte, was ich von ihr begehrte, da schnitt ich meines Herrn Tochter die Kehle ab, daß es so herauskam, als ob sie es getan hätte, und brachte es also dahin, daß sie vom Hofe getrieben wurde.« Und da solches der Räuber vernahm, da sagte er, wie ihm eine schöne Frau begegnet sei, da man ihn zu dem Galgen führte, und die habe ihn für ihr eignes Geld ausgelöset; und sagte auch, wie er ihr seine Treue gebrochen hätte. Wie das alles der Meerfahrer hörte, da sagte er auch, wie er an der Frau auf dem Schiffe gehandelt hätte. Und wie solches die Frau gehört hatte, sprach sie: »Sie haben alle recht gebeichtet«, und legte ihnen Arzneimittel auf, und sie wurden zur Stelle gesund. Und als solches geschehen war, da sprach sie zum Kaiser: »Herr, was meinst du, ob du nicht wieder froh werden würdest, so du die Frau sähest, die so viel um ihrer Keuschheit willen erlitten hat?« Der aber sprach: »Ja, sicher, über alle Freuden der Welt hinaus würde ich mich freuen!« Da nahm sie sogleich das Tüchlein ab, mit welchem sie das Haupt umbunden hatte; und da erkannte er sie und umhalste sie mit großer Freude und führte sie danach mit sich heim. Und sie verbrachten von nun an ihre Tage seliglich miteinander.

VOM KÖNIG HERODES, DER EINE SCHÖNE TOCHTER HATTE

Herodes war ein gewaltiger Kaiser zu Rom; der hatte eine schöne Tochter, die ihm gar lieb war, der diente ein Ritter lange Zeit. Das verstand die Jungfrau gar wohl, und er ging eines Tages zu ihr und sprach zu ihr: »Edle Jungfrau, wollet mir meine Rede nicht übel vermerken; ich sagte Euch gern eine Kleinigkeit von meiner Not, die ich wohl nicht mehr allein für mich tragen mag.« Die aber sprach: »Sagt mir ohne alle Furcht, was Ihr wollt.« Da sprach der Ritter: »Lange Zeit habe ich mein Leid geduldig ertragen, das ich Euch nun zu wissen tue, da mein einziger Wunsch, daß die Treue, die ich Euch lange gewährt habe, mit Treue vergolten werde. Ich trage aber in meinem Sinn, in das Land Hispania zu reiten, und will meinen Leib und mein Gut dort in die Schanze schlagen, damit ich durch meine Tapferkeit so viel verdiene, daß ich Eurer würdig werde, da ich mich dermalen noch unfähig fühle, Eure Hand erhalten zu können. Nun möchte ich aber von Euch versichert sein, daß Ihr in meinem Dienst sieben Jahre auf mich wartet; und so es der Fall wäre, daß ich in dieser Zeit nicht wieder in dieses Land zurückkäme, so würde das ein Zeichen meines Todes sein, und tut sodann mit mir nach Eurem Gefallen.« Die Rede gefiel aber der Jungfrau gar wohl, und sie war bereit, in seinen Wunsch zu willigen, und versprach ihm das bei ihrem Worte. Danach schickte sich der Ritter zu seinem Zuge an und zog seine Straße. Nicht lange darauf kam aber der König von Apulien mit großem Gefolge und bat um die Hand der Jungfrau; ihr Vater aber verhieß sie ihm, sandte nach seiner Tochter und fragte sie um ihren Willen. Die aber sprach: »Mein Vater, du sollst wissen, daß ich Gott gelobt habe, in sieben Jahren keinen Mann zu nehmen, und nach der Zeit geschehe, was Gott über mich beschließen will.« Da das ihr Vater hörte, so wollte er nichts dawider einwenden, und sagte es dem Könige von Apulien; der war aber bereit, die sieben Jahre auf sie zu warten, und schied unter dieser Bedingung von dannen. Und da die Zeit kam, daß die sieben Jahre nun schier ein Ende nehmen sollten, da schickte er sich wiederum mit all seinem Gefolge feierlich zu seiner Fahrt an und zog seine Straße auf dem Wege gen Rom. Nun kam aber der Ritter unserer Geschichte auf dieser Fahrt zu dem König, und sie ritten miteinander dahin. Es begab sich aber eines Tages, daß es gar sehr regnete, und der Ritter hatte einen guten Mantel und einen Hut. Allein der König ward durch und durch naß, da er weder Mantel noch Hut hatte, und da das der Ritter gewahr wurde, sprach er: »Ihr seid nicht sehr klug gewesen, da Ihr Euer Haus nicht mit Euch genommen habt, da wäret Ihr nicht naß geworden.« Wie das der König hörte, da deuchte ihn die Rede wunderlich, und er sprach: »Ich höre wohl, daß du sonderbar redest, da mein Haus wohl etwas zu groß sein dürfte, also daß ich es nicht mit mir hinwegführen mag.« Und sie ritten also ihres Weges dahin und kamen an eine große Lache; da ritt der König voran hindurch, und wie er hineinkam, war die Lache so tief, daß das Pferd mit ihm bis auf den Grund ging und er sich gar sehr besudelte. Wie das der Ritter sah, ritt er ganz trocken um die Lache herum und sprach zu dem König: »Ihr habt unweise gehandelt, daß Ihr Eure Brücke nicht mit Euch hierhergeführt habt, dann hättet Ihr Euch jetzt nicht beschmutzt.« Die Rede schien jenem ganz unnütz zu sein, und er sprach zu ihm: »Du bist ein Tor und willst mich als solcher tadeln; wie möchte ich meine Brücke mit mir führen? Die ist ja eine halbe Meile lang und von Steinen gemauert.« Jedoch verantwortete er sich weiter nicht gegen ihn, und sie ritten weiter. Da konnten sie aber kein Haus finden, wo sie etwas hätten zu essen bekommen können; und der Ritter bat den König bei sich zu Tische, und sie setzten sich auf die Erde nieder, und der Ritter gab dem König Käse und Brot, welches er in einem Ranzen bei sich geführt hatte, und gab ihm auch aus einer Flasche zu trinken. Wie nun der König zur Genüge gegessen hatte, da sprach der Ritter: »Ihr tut gar nicht wohl, daß Ihr nicht allerwegen Vater und Mutter mit Euch führt.« Da sprach der König: »Meine Mutter ist so alt, daß ich sie ihrer hohen Jahre wegen nirgends mitnehmen kann, und mein Vater ist schon seit langer Zeit tot, so daß ich ihn auch nicht bei mir haben kann.« Während dieser Zeit langten sie in der Stadt Rom an, und der Ritter beurlaubte sich daselbst vom König, worauf ihn derselbe fragte, wohin er jetzo zu ziehen gedenke. Da versetzte er: »Es sind nun bereits sieben Jahre, daß ich in einem Netze gefangen gelegen habe; so ich es nun also wiederfinde, wie ich es verlassen habe, so führe ich es mit mir in meine Heimat, und wird es mir in allen Stücken lieb und wert sein; so es aber zerrissen ist, so laß ich es, wo es ist, und achte sein fürder nicht mehr.« Nach dieser Rede ritt der König in die Stadt hinein, und wie ihn der Ritter nicht mehr sehen konnte, da ritt er ihm auch nach und kam heimlich in den Palast zu der Jungfrau und führte sie von dannen. Nun begab es sich aber, daß der König beim Kaiser zu Tische saß und der König anhub und sagte, er habe einen wunderlichen Ritter zum Gefährten gehabt, der seltsamer Rede gepflogen habe. Und er erzählte, wie er gesprochen habe, da es so sehr regnete, es sei von ihm nicht weise gewesen, daß er sein Haus nicht mit sich geführt habe, weil er sodann nicht naß geworden sein würde; wie er ihm dann geantwortet, sein Haus sei wohl viel zu groß, als daß er es mit über Land nehmen könne. Da fragte ihn der Kaiser, was er angehabt habe, und der König sagte, er habe einen Mantel getragen und einen Hut auf seinem Haupte gehabt. Da sagte der Kaiser: »Sicherlich ist er weise gewesen, da er meinte, warum Ihr nicht auch einen Mantel und einen Hut bei Euch führet.« Da erzählte der ihm weiter, wie er geredet hatte, da er sich in der Lache beschmutzt habe; da antwortete ihm aber der Kaiser und sprach: »Der Ritter hat damit gemeint, warum er seinen Diener nicht vorausgeschickt habe, denn dann würde er sich nicht beschmutzt haben.« Da sagte ihm jener endlich noch, wie sie miteinander, nachdem sie gegessen, gesprochen hätten und er gesagt habe, er tue nicht weise, daß er nicht allwegen Vater und Mutter mit sich nehme, wenn er über Land reite. Das deutete ihm der Kaiser auch und sprach: »Er hat damit gemeint, er solle nicht ausziehen, wenn er nicht Wein und Brot bei sich führe.« Als er also gesprochen hatte, lobte er den Ritter um seiner Weisheit willen und fragte jenen, wo er ihn gelassen habe. Da sagte der König, er habe sich nahe bei der Stadt mit folgenden Worten bei ihm beurlaubt: es seien nun sieben Jahre, daß er in einem Netze gefangen liege, er wolle also zu demselben hinreiten, und wenn er es noch in eben dem Zustande finden werde, als er es hingelegt habe, so wollte er es mit sich hinwegführen; so es aber zerrissen und zerbrochen sei, so wolle er es liegen lassen und sein nicht mehr achten. Da das der Kaiser hörte, schrie er mit lauter Stimme: »Weh mir über mein Herzeleid! Dieses Netz ist meine Tochter, ich fürchte, ich habe sie verloren.« Er eilte also hinweg und sandte nach ihr; allein sie ward nicht gefunden, denn sie war schon lange mit dem Ritter von dannen gezogen. Wie aber die Boten kamen und das dem Kaiser sagten, da sprach derselbe: »Merkt auf: Dieser Ritter hat mich und Euch betrogen, darum sehet Euch nach einem andern Weibe um.« Da schied der König traurig von dannen, und der Ritter behielt die Jungfrau in allem Frieden.

VON DEM KÖNIG LUCIO

Einst herrschte der gewaltige König Lucius zu Rom, der eine schöne Tochter hatte, die ihm gar lieb war. Nun war ein Ritter an seinem Hofe, der alle seine Dienste der Jungfrau weihete; nun kam es aber eines Tages, daß er sie allein in einem Fenster sitzen fand, und er sprach also zu ihr: »Edle Jungfrau, lange Zeit habe ich meine Liebe für Euch dem Wind und Wetter ausgesetzt, und Ihr habt das alles nicht bedenken wollen. Nun will ich aber auch mein Gut um desselbigen willen aufs Spiel setzen, damit ich Eure Gunst verdienen möge, und bitte Euch, daß Ihr mir saget, was ich darum tun soll, auf daß Ihr mir gestattet, daß ich eine Nacht bei Euch schlafen darf.« Da vertröstete sich die Jungfrau auf ihre Kunst und forderte tausend Mark. Des war der Ritter froh und brachte ihr das Geld. Da führte ihn die Jungfrau verstohlen in ihre Kammer und hieß ihn sich also niederlegen, und sowie er in das Bett kam, da schlief er ein und schlief die ganze Nacht hindurch. Am Morgen aber stand die Jungfrau auf und weckte den Ritter; der aber erschrak sehr, daß er also alles verschlafen hatte, und bat die Jungfrau, daß sie sich wieder zu ihm legen solle; die aber wollte ihm solches nicht gewähren. Da dung er mit ihr um die andere Nacht und gab ihr abermals tausend Mark; und da er des Nachts in ihr Bett kam, entschlief er abermals, und alles ging wie zuvor. Da sie ihn aber des Morgens früh aufweckte, erschrak er gar sehr und tat sehr kläglich und bat die Jungfrau, daß sie sich wieder zu ihm legte. Das versagte sie ihm aber gar zorniglich, und da er merkte, daß ihm all sein Bitten nichts half, dung er wiederum um die dritte Nacht für tausend Mark und schied also traurig von ihr und ging zu einem Kaufmann und bat ihn, er solle ihm tausend Mark auf seine Habe leihen. Das wollte der Kaufmann jedoch nicht; aber eins, wenn ihm das gefiele, wolle er für ihn machen, daß er ihm das Versprechen gäbe, wenn er innerhalb drei Tagen ihm die tausend Mark nicht entrichten könne, ihm alsdann ein schwer Stück Fleisch von seinem Leibe schneiden zu lassen, wo er es nur haben wolle, und er solle ihm einen Brief darüber geben, der mit seinem Blute geschrieben sei. Dieses Pfand und Gelübde nahm der Ritter an und gab ihm darüber einen Brief, so wie er begehrt hatte. Hierauf gab ihm der Kaufmann das Geld, und er ging mit demselben gen Hofe und begab sich zu der Jungfrau. Unterwegs aber begegnete ihm ein weiser Philosophus, der also sprach zu ihm: »Es nimmt mich wunder, daß Ihr also einfältig seid, dem zu trauen, der Euch schon zweimal betrogen hat.« Da fragte ihn der Ritter, wie er das meine. Da sprach jener: »Die Jungfrau, bei welcher Ihr zwei Nächte geschlafen habt, hat einen Brief in ihrem Bette, durch welchen Ihr alle Nächte eingeschlafen seid, und doch geht Ihr abermals zu ihr. Nun rate ich Euch aber ungebeten, wenn Ihr nicht verderben wollt, daß Ihr diese Nacht, wenn Ihr Euch schlafen legen sollt, unter das Kopfkissen in dem Bette greifen möget, da findet Ihr einen Brief, den ziehet heraus und werft ihn von Euch, so weit Ihr könnt; darauf leget Euch nieder und tut, als ob Ihr auf der Stelle eingeschlafen wäret, da wird sich die Jungfrau sogleich zu Euch legen.« Wie das der Ritter vernahm, dankte er dem Meister gar sehr und ging zu der Jungfrau und gab ihr das Geld. Da wies sie ihn in ihre Kammer und hieß ihn sich niederlegen. Das tat er, vergaß aber das nicht, was ihn der Meister gelehrt hatte. Und wie die Jungfrau das gewahr worden war, daß er eingeschlafen sei, da legte sie sich zu ihm; er aber griff sie an und drückte sie an sich und sprach: »Frau, es ziemt sich, daß ich mein Geld nicht also unnütz verlieren soll.« Des erschrak die Jungfrau gar sehr und bat ihn mit heißen Zähren, er solle sein Geld alles wiedernehmen, sie aber in Frieden lassen. Des wollte er sie aber nicht erhören und sprach: »Nicht allein mein Geld, ja alle Habe Eures Vaters nähme ich darum nicht an.« Und alsbald überwältigte er sie und vollbrachte seinen Willen an ihr. Aber in demselben Augenblicke ward auch das Herz der Jungfrau so verwandelt, daß sie ihm gar hold wurde, und sie behielt ihn eine ganze Woche bei sich in ihrer Kammer, ohne daß jemand darum wußte. Aber mitten unter diesen Freuden vergaß er das Gelübde, welches er dem Kaufmanne getan hatte; und als er daran gedachte, da erschrak er sehr und begann kläglich zu weinen. Da fragte ihn die Jungfrau, warum er also tue und was ihm geschehen sei. Da sagte er ihr, wie er sich gegen den Kaufmann verpflichtet und wie er nun den Tag versäumt habe, und das sei die Ursache seiner Klagen. Da tröstete ihn die Frau und sprach: »Gehe zu ihm und biete ihm sein Geld an, und ist es, daß er es nicht nehmen will, so frage ihn, was er denn von dir haben will, und komme dann zu mir, daß ich es dir geben kann.« Das tat der Ritter und ging zu dem Kaufmann und bat ihn, er solle sein Geld nehmen; der aber wollte ihn schlechterdings nicht erhören und sprach: er wolle sich an seinen Brief halten und nicht anders tun, und führte ihn sogleich vor den Richter. Nun war aber das Recht des Gesetzes, daß, wozu sich einer willig verbunden hatte, das mußte er also ausrichten. Es hatte aber die Frau Boten ausgesandt, die nachsehen und sich erkundigen sollten, wie es ihm erginge. Die kamen aber zu ihr zurück und sagten ihr, er stehe gefangen vor Gericht. Das erschreckte sie sehr, und sie legte eilig Mannskleider an, setzte sich auf ein Pferd und ritt zu dem Gerichte und ward von jedermann für einen Ritter gehalten. Da ging sie zu dem Kaufmann und fragte ihn, ob er Geld nehmen und sich seines Zornes gegen den Ritter abtun wolle. Das wollte der Kaufmann aber nicht erhören, und da die Frau vernahm, daß ihr kein Gut bei ihm helfen möge, da sprach sie: »Wohlan, da sich dieser Ritter des verbunden hat, so soll er seinem Versprechen also nachkommen. Nun wisset Ihr wohl, daß des Gesetzes Recht ist: Wer eines Menschen Blut vergießt, dessen Blut soll wieder vergossen werden. Nun hat sich dieser Ritter verbunden, daß, so er den gesetzten Tag versähe, man ihm dann ein schwer Stück Fleisch von seinem Leibe schneiden könnte, wo Ihr es haben wolltet. Nun ist der Ritter bereit, seinem Gelübde nachzukommen, aber du mußt das so machen, daß du sein Blut nicht vergießest. So du aber doch sein Blut vergießen wirst, so wird billig erkannt, was du ihm dafür schuldig bist.« Da das der Kaufmann vernahm, hätte er sein Geld gern genommen. Da sprach aber die Frau: »Nein, das geschieht nun nicht, da du es vorher nicht hast annehmen wollen«, und rief den Richter darum an, daß er sage, was Rechtens wäre. Der entschied aber allerseits, daß der Kaufmann schneiden dürfe, vom Blutvergießen aber nicht die Rede sein könne, und der Ritter also billig zu entlassen sei. Wie jene das vernahm, dankte sie dem Richter und zog also von dannen, ritt wieder an ihren Hof, legte das Gewand von sich und kleidete sich wieder in ihre Kleider, als ob sie gar nicht fortgewesen wäre. Während der Zeit kam auch der Ritter zu ihrem Hofe und begab sich zu der Frau; die fragte ihn, wie es ihm gehe, ob er sich mit dem Kaufmann vertragen hätte, und er hub an und sagte ihr alles, wie es ihm vor dem Richter ergangen war und wie ein Ritter gekommen sei, der allen Leuten unbekannt gewesen wäre, der habe ihn mit seiner Weisheit vom Tode errettet. Da fragte ihn die Frau, warum er ihn nicht mit an den Hof gebracht hätte; er aber sagte, er sei alsogleich von dannen gezogen, und sie wüßten nicht, wohin er gekommen sei; eines aber wisse er, daß er alle seine Tage nie einen klügeren Ritter gesehen habe. Da sprach sie: »So du den Ritter sähest, ist es dir so, als ob du ihn dann erkennen würdest?« Er aber sagte: »Jawohl.« Da eilte sie in ihre Kammer und legte die Kleider wieder an, die sie vorher angehabt hatte, und trat also vor ihn hin. Da erkannte er, daß sie es gewesen sei, und empfing sie und sprach: »Gesegnet sei der Tag, wo du geboren wardst.« Danach brachte es die Jungfrau mit ihrer Klugheit zuwege, daß sie ihr Vater dem Ritter zum Weibe gab, und sie brachten ihre Tage in Seligkeit zu.

VON GALLICUS, DEM KAISER ZU ROM

Einst herrschte der gewaltige Kaiser Gallicus zu Rom, der setzte zu einem Rechte fest, daß, wer von fremden Landen an seinen Hof käme, dem werde sogleich ein gebratener Fisch vorgesetzt, und jedermann solle darauf merken, ob er den Fisch auf der einen Seite bis auf die Gräten verzehre und ihn dann auf die andere Seite umkehre; wer das tue, der solle alsbald gefangengesetzt werden, und den dritten Tag solle man ihn ohne Gnade aufhängen. Allein die drei Tage lang, während welchen er im Gefängnisse lag, konnte er alle Tage, was für eine Bitte er wollte, an den König tun, ausgenommen für sein Leben, die wurde ihm gewährt. Also kamen ihrer viele um ihren Hals; und eines Tages kam ein Graf an den Hof, der seinen Sohn mit sich brachte. Der ward von allen männiglich empfangen, und sogleich wurde ihm nach dem Gesetze des Kaisers ein gebratener Fisch aufgetragen, und davon aßen sie beide, der Vater und der Sohn. Und da sie die eine Seite des Fisches gegessen hatten, da kehrte ihn der Graf auf die andere Seite um, und da das die Diener sahen, hinterbrachten sie es alsbald dem Kaiser. Der aber befahl, man solle ihn fangen. Wie das der Sohn sah, ging ihm des Vaters Leid sehr zu Herzen, und er verlangte, man solle ihn für seinen Vater sterben lassen. Das gewährte ihm der Kaiser und ließ ihn ins Gefängnis legen, den Vater aber ledig. Wie das geschehen war, sprach jener: »Ihr wisset wohl des Kaisers Gebot, daß ich dreierlei vor meinem Tode bitten kann. Darum begehre ich, daß Ihr zu dem Kaiser gehet und ihn bittet, daß er mir seine Tochter mit einem Pfaffen sende und sie mir zum Weibe gebe.« Da gingen die Boten hin und sagten es dem Kaiser; der konnte nicht gegen sein Gesetz tun und mußte es gestatten und gab ihm seine Tochter, und diese schlief die Nacht bei ihm. Danach am andern Tage begehrte er, daß ihm der Kaiser alle seine Habe geben solle, und da ihm solches gewährt worden war, teilte er alles unter das Hofgesinde; davon wurden sie ihm aber gar hold und günstig. Danach am dritten Tage, da er nun sterben sollte, sandte der Kaiser zu ihm, daß er seine Bitte tun solle, er müsse sogleich sterben. Da sprach er: »Weil ich denn sterben soll, so bitte ich, daß der Kaiser einem jeden, der da spricht, er habe es von meinem Vater gesehen, daß er den Fisch umkehrte, beide Augen ausstechen lasse.« Wie das dem Kaiser gesagt worden war, fragte er überall herum auf dem Hofe, wer es gesehen habe. Da leugneten sie es alle und sagten, keiner habe das gesehen. Wie das des Kaisers Tochter vernahm, da sprach sie: »Weil es denn ihrer keiner gesehen hat, daß sein Vater den Fisch umgewendet, so ist der Sohn billig zu entlassen.« Und da der Kaiser die Weisheit des Knaben vernahm und wie ihm seine Tochter günstig war und auch alles Hofgesinde, da nahm er ihn gütig auf, machte ihn zum Erben über all sein Gut, und so ward er nach dem Tode seines Schwiegervaters zum Kaiser gemacht und herrschte gewaltig und weislich über das Reich bis an sein Ende.

DES RITTERS HUND

Es lebte einstmals ein edler Ritter, der hatte nur einen einzigen Sohn; den hatte er so lieb, daß er ihm drei Ammen anschaffte, die sein pflegten. Er hatte aber auch einen Falken und einen Vogelhund, den er gar lieb hatte. Es hatte aber der Hund die Tugend, daß, wenn der Ritter zu einem Strauß ausreiten wollte und es ihm wohl gelingen sollte, er vor ihm herlief, wenn er zu Rosse saß, und sprang und war gar fröhlich; sollte es ihm aber übel ergehen, so fiel der Hund dem Pferde in den Zügel und hielt ihn fest und schrie. Daran erkannte der Ritter wohl, ob er reiten oder daheim bleiben solle, und darum war ihm der Hund desto lieber. Nun geschah es aber einstmals, daß der Ritter zu einem Turniere ritt, und eines Tages gingen die Ammen alle aus dem Hause, so daß niemand darinnen blieb; nur der Hund lag bei dem Kinde, das in einer Wiege lag. Da kroch eine gräßliche Natter herbei und wollte das Kind töten; das ersah aber der Falke, und er flatterte so sehr hin und her, daß er den Hund aufweckte, und als der Hund die Natter erblickte, machte er sich auf und lief gegen sie an, und sie stritten so lange miteinander, bis der Hund die Natter tötete. Es hatte aber die Natter den Hund gebissen, daß er blutete und die Erde bei der Wiege gar blutig war; von dem Streite aber, den sie miteinander gehabt, hatten sie die Wiege umgestürzt, allein dem Kinde war doch kein Leid geschehen. Wie nun der Hund die Natter getötet hatte, da legte er sich zu der Wand nieder und leckte seine Wunden. Danach kamen alsbald die Ammen wieder nach Hause, und da sie sahen, daß die Wiege umgestürzt dalag und der Hund am Maule blutig war, da meinten sie, er habe das Kind getötet, und liefen alle davon. Da begegnete ihnen aber die Frau vom Hause und fragte sie, was ihnen wäre. Da sagten sie, während sie aus gewesen, da wäre der Hund gekommen, der dem Herrn so lieb sei, und habe das Kind getötet. Wie das die Frau hörte, eilte sie klagend nach Hause; aber die Ammen machten sich weiter auf die Flucht. Während der Zeit kam der Ritter und fand seine Frau, die noch nicht hineingekommen war, weinend, und er fragte so, was ihr wäre. Da sagte sie ihm, sein Hund, der ihm so lieb wäre, habe ihr Kind gebissen und getötet. Darüber erschrak der Ritter gar sehr und eilte zornig in sein Haus; und wie der Hund ihn kommen hörte, da lief er ihm entgegen und spielte um seine Füße herum. Da ward der Ritter voller Zorn, zückte das Schwert und stach den Hund zu Tode, und dann ging er hin und wollte das Kind beschauen. Da fand er es aber gesund und wohlgemut in der umgestürzten Wiege und sah die Natter tot und zerrissen bei derselben liegen. Da merkte er wohl, daß der Hund dieselbe um des Kindes willen getötet und dem Kinde das Leben erhalten hatte, und darum gereute es ihn sehr, daß er dem Worte des Weibes geglaubt und dem Hunde seine Treue so vergolten hätte.

VON JULIO DEM KAISER

Einst herrschte der gewaltige Kaiser Julius zu Rom. Der ließ eine Glocke in seinem Palaste aufhängen und setzte als Gesetz fest, daß, wer des Abends auf der Gasse betroffen würde, nachdem man dieselbige Glocke geläutet hätte, der danach Morgens ohne Gnade gehangen werden sollte. Es war aber ein Ritter in derselbigen Stadt, der hatte gar ein schönes Weib, die heimliche Buhlschaft mit einem andern trieb. Nun begab es sich eines Abends, daß selbiger ihr Buhle an ihr Haus kam und ihr das durch einen Schrei zu wissen tat, den sie wohl verstand. Und wie sie seine Ankunft vernommen hatte, stand sie leise auf und ging herab zu ihrem Buhlen; und wie ihr Mann erwachte und sie nicht in ihrem Bette fand, stand er leise auf, machte die Haustüre zu und sperrte sie aus und legte sich dann zu Bett. Wie nun die Frau an die Türe kam und merkte, daß das Haus zugeschlossen war, da erschrak sie gar sehr und bat ihren Mann mit heißen Zähren, daß er ihr aufmachen sollte. Der wollte es ihr aber nicht gewähren. Während dieser Zeit läutete man aber mit der Glocke. Wie das die Frau hörte, so tat ihr das gar wohl, als sie merkte, daß sie der Mann nicht einlassen wollte, und sie sprach: »Ich merke wohl, daß du nichts anderes willst, als daß ich sterben soll und von den Hütern der Stadt ergriffen und geschmäht werde; das soll aber nicht geschehen, denn ich will mir den Tod selbst in diesem Brunnen suchen.« Es stand aber ganz nahe am Hause eine sehr schöne Zisterne, und wie die Frau das gesagt hatte, nahm sie einen großen Stein und warf denselben in den Brunnen, als wenn sie es selbst gewesen sei, und eilte dann wieder zur Türe. Wie das der Ritter hörte, erschrak er gar sehr, eilte aus dem Hause und beugte sich schnell über den Brunnen; indessen war aber die Frau in das Haus gewischt und schlug die Türe hinter sich zu. Wie das der Ritter hörte, eilte er nach der Tür und fing an fleißig zu bitten, daß sie ihn einließe. Das wollte sie aber nicht erhören und erhob ein großes Geschrei: »O du Bösewicht, wie hältst du deinen Treueschwur an mir; denn wenn ich wähne, du seiest zu Hause, da gehst du andern Weibern nach; das soll dir aber nicht ungestraft hingehen!« Während der Zeit aber kamen die Hüter der Stadt und fanden den Ritter vor dem Hause, fingen ihn und führten ihn zu dem Richter. Des andern Tages aber ward er vor Gericht geführt, und was er auch reden mochte, es half ihm alles nichts. Er ward dem Tode überantwortet und danach aufgehängt.

VON TITO DEM KAISER

Man liest von Tito dem Kaiser, daß er zwei Hofmeister hatte, denen er gar wohl traute und ihnen alle seine Schätze anempfahl. Nun war der eine gar geizig und hatte an einer heimlichen Stelle ein Loch in den Turm gebrochen, das niemand bemerkte, und kam dann mit seinem Sohne und stieg hinein und stahl viele Güter, indessen sein Sohn Wache halten mußte. Das hatte er aber lange Zeit getrieben und war reich davon geworden. Danach nahm aber der andere Hofmeister wahr, daß des Schatzes von Tage zu Tage immer weniger wurde, und kam deshalb in große Sorge und dachte bei sich: ›Ich muß doch von der Sache etwas mehr in Erfahrung bringen, ehe ich jemandem davon sage.‹ Und ging und schaute sich allenthalben um, ob er irgendwo etwas verändert oder eine Stelle fände, wo man hineinkommen könnte, und kam zuletzt zu dem Loche, welches der Hofmeister durch die Mauer gemacht hatte. Wie er das gefunden hatte, da bedachte er sich nicht lange, sondern ließ ganz im geheimen eine Grube in die Erde machen, die eine Mannshöhe tief war. Wie das fertig war, füllte er sie mit Pech an und ging von dannen. Danach kam am andern Abend der andere Hofmeister nach seiner alten Gewohnheit an den Turm, führte seinen Sohn mit sich und stieg in das Loch, fiel aber dadurch bis an den Hals in die Grube. Da überkam den Hofmeister große Furcht, und er warnte den Sohn, daß er ihm nicht nachkäme. Wie das der Sohn vernommen hatte, stieg er vorsichtig neben der Mauer hinab und schaute, wie dem Vater wäre. Da sah er aber, daß er mit dem Leben nie aus der Grube davonkommen möge. Darum dachte er bei sich: ›Wenn man meinen Vater hier also findet, ist das uns allen eine Schmach.‹ Und besann sich kurz, zog sein Schwert und schlug seinem Vater das Haupt ab, nahm es mit sich von dannen und ließ den Leichnam des Vaters liegen. Als man denselben nun des Morgens in der Grube fand, konnte ihn niemand erkennen. Da befahl der König, daß man ihn an einem Roßschweife durch die Stadt schleifte. Da weinten alle, die in dem Hause waren; das merkten aber die, welche mitritten, und also ward er erkannt.

DIE ELSTER

Man liest von einem Ritter, der einst in der Stadt seinen Sitz hatte, daß er ein schönes und feines Weib hatte, die aber heimlicher Buhlschaft pflog. Nun begab es sich einmal, daß der Ritter über das Meer nach dem Heiligen Grabe fuhr, und während er da draußen war, sandte die Frau nach ihrem Buhlen; der kam zu ihr, und sie lebten ganz fröhlich miteinander. Nun hatte der Ritter eine Elster, die redete so deutlich wie ein Mensch; und da sie sah, daß jene also miteinander lebten, verdroß sie das sehr, und sie sprach zu der Frau mit solchen Worten: »Du tust gar unrecht, daß du deinem Herrn die Treue brichst; wisse, daß ich ihm nichts verschweigen werde, so er zurückkommt.« Wie das die Frau hörte, da befahl sie ihren Jungfern, daß sie Fenster und Türe zusperrten, so daß es finster wurde, als wenn es Nacht wäre; dann nahm sie Wasser in ein Becken, stellte sich über das Vogelhaus und sprengte das Wasser auf den Vogel, als wenn es regnete. Das merkte sich die Elster gar wohl. Kurze Zeit nachher kam der Ritter, und sobald ihn der Vogel erblickte, sagte er ihm alle Mär, die er gesehen hatte. Darüber erschrak der Ritter gar sehr und frug fleißig nach, wie es um die Sache stehe. Da leugnete aber die Frau alles und sprach: »Willst du die Wahrheit inne werden, so frage sie nur, wann es geschehn ist, dann magst du ihr glauben.« Und wie er die Elster fragte, da sprach sie: es wäre in der dritten Nacht geschehen und habe gerade sehr geregnet. Alsbald sprach die Frau: »Nun kannst du wohl einsehen, daß sie nicht die Wahrheit spricht, denn daß es dieselbige Nacht ganz heiter gewesen ist, wirst du wohl wissen.« Wie das der Ritter hörte, da dachte er nicht anders, denn die Elster habe gelogen, und schlug es sich ganz aus dem Sinn. Danach aber über etliche Tage fand er ein Becken auf einem Balken über dem Vogelhause stehen, in welchem noch Wasser war. Da erinnerte er sich wieder an das, was ihm die Elster gesagt hatte, und dachte, wenn das geschehen ist, so müssen es die Jungfern wissen, und ging zu ihnen und zwang sie mit Schlägen und Drohungen, bis daß sie ihm alles verrieten, wie sie mit dem Vogel getan hatten, und also kam die Wahrheit an den Tag.

VON DER KRAFT EINER WURZEL

Honorius herrschte einst gar gewaltig in Rom. In dessen Reiche war ein Ritter, der ritt eines Tages von einer Stadt zur andern und kam von ohngefähr zu einem Dorfe, das ganz in Feuer stand. Nun sah er in einem Hause eine Natter, die tat gar wehmütig und kläglich, weil sie ringsum vom Feuer umgeben war. Darüber erbarmte sich der Ritter und befahl seinem Knechte, daß er der Natter heraushelfen solle. Der aber redete ihm ab und wollte es nicht tun. Da nahm der Ritter den Spieß seines Buben, hob sie damit aus dem Feuer heraus und zog sodann seine Straße. Nun war der Ritter aber müde, darum hielt er auf einem Anger an bei einem kühlen Brünnlein und ruhte. Und als sie eine kleine Weile da niedergesessen hatten, da sahen sie die Natter, welcher der Ritter aus dem Feuer geholfen hatte, die schnell auf ihn losfuhr. Wie sie aber die

Diener daran hindern wollten, verbot es ihnen der Ritter, und als sie zu ihm kam, lief sie ihm an den Mund hinan und legte ihm eine Wurzel hinein. Sobald aber das geschehen war, da deuchte es ihm, wie wenn jemand zu ihm spräche: »Schlinge das hinunter, aber sage es niemandem.« Als er aber solches verstanden hatte, da schlang er sie hinunter, und somit ging die Natter wieder ihres Weges. Danach besann sich aber der Ritter nicht lange, sondern ritt heim zu seinem Hause. Nun begab es sich aber einstmals, daß er zu seinem Vergnügen des Abends in einem Baumgarten speiste und seine Frau mit ihm; da hörte er auf einmal ein großes Geschrei von Sperlingen, die einen Streit in einem Baume ausmachten und sich einen Richter gesetzt hatten. Einer aber von ihnen klagte, wie sie mit andern Sperlingen in eine Scheune gekommen wären, darin hätten sie ausgedroschenen Hirsen gefunden, den hätten sie alle gegessen; das hätten ihm andere nicht gegönnt, wiewohl sie den Hirsen nicht gesät hätten, und ihm darum ein Auge ausgebissen. Und wie die andern vernommen hatten, daß dem Sperlinge unrecht geschehen war, da machten sich alle über ihn her und bissen ihn, daß er tot vom Baume fiel. Das verstand aber der Ritter durch die Kraft der Wurzel alles ganz wohl, und wie der dem Streite also fleißiglich zuhörte, nahm das die Frau wunder, und sie begehrte, daß er ihr sage, was die Sperlinge meinten, da er ihnen so fleißig zuhöre. Darauf antwortete der Ritter und sprach: »Ich habe nur dem Sperlinge zugesehen, der jetzt von den andern zerbissen worden ist; aber was sie damit meinen, das ist mir unbekannt.« Indessen ließ die Frau nicht ab mit Bitten und bat noch emsiger als zuvor; und als sie sah, daß ihr der Ritter die Wahrheit nicht bekennen wollte, da verschwur sie Essen und Trinken bis auf den Tag, da er ihr die Wahrheit sagen würde, machte sich kurz darauf krank und ließ sich beichten und absolvieren. Darüber ward der Ritter gar betrübt. Nun kam es aber eines Tages, daß er also traurig in seinem Hofe herumging; da hörte er einen Hahn, der sprach zu dem andern: »Ich meinte, wir hätten einen Herrn, nun sehe ich aber wohl, daß wir keinen haben, denn mein Herr läßt sich von seiner Frau nach Herzenslust über den Löffel barbieren. Die soll nun gar krank sein; aber ihre Krankheit werde ich täglich wohl inne, wenn ich jeden Tag zwei meiner Weiber weniger habe, und es ist der Fall, daß sie die Krankheit nunmehr noch acht Tage hat, so bleibt mir kein Weib mehr im Hofe. Wäre aber mein Herr ein richtiger Mann, so nähme er zwei starke Knüttel und schlüge sie an ihr entzwei, ich wollte wetten, sie würde gesund.« Das verstand der Ritter alles gar wohl und dachte bei sich: ›Sicherlich will ich euch folgen‹, und damit ritt er hinaus ins Feld. Und wie er in den Wald kam, da schnitt er sich zwei starke Knüttel ab und kam damit des Abends heim und ging zu seiner Frau und bat sie, daß sie aufstünde und mit ihm äße. Das schlug sie ihm aber ab und sagte zorniglich, sie wolle nicht essen. Darüber ward der Ritter erzürnt und schlug sie ohne Erbarmen so lange, bis er die Knüttel an ihr zerbrochen hatte; sie aber wollte doch noch nicht mit ihm essen. Und wie der Hahn das Geschrei hörte, da kam er geflogen und schaute zu; und als er sah, daß sein Herr beide Knüttel zerschlagen hatte, da schrie er: »Stich sie mit den Stümpfen!« Wie das der Ritter vernahm, folgte er ihm und stach sie, daß das Blut herausrann; und wie die Frau des Ritters Ernst ersah, da stand sie auf und aß mit ihm.

VON GORDIANUS DEM KAISER

Einst herrschte zu Rom der gewaltige Gordianus. In dessen Reiche war aber ein edler Ritter, der nahm ein schönes Weib, die ihm gar lieb war, und sie lebten also etliche Zeit fröhlich miteinander. Nun kam es aber dem Ritter in den Sinn, daß er nach Preußen reiten wollte, und er sagte das seinem Weibe. Die ward davon sehr betrübt, und da sie seinen Ernst vernahm, da begehrte sie mit fleißigen Bitten, daß er sie mit sich reiten ließe, und trieb das so lange, bis der Ritter überredet ward, daß er ihr das gestattete. Da schickte sich die Frau in allen Sachen dazu an und ward fertig mit ihrem Manne. Als sie aber dahin kamen, wurden sie von allen männiglich für zwei Ritter gehalten, und als sie nun zur Schlacht auszogen, da kämpfte die Frau gar ritterlich neben dem Manne manchen Tag. Jedoch begab es sich zuletzt eines Tages, daß die Heiden die Oberhand gewannen und unter andern den Ritter samt seinem Weibe gefangen nahmen: Die legten sie gar schwer in einem Turme gefangen, darin sie lange Zeit mit großem Leide lagen. Wenn aber der Ritter klagte, zeigte sich die Frau weit fester. Nun geschah es, daß des heidnischen Königs Geburtstag kam, den er alle Jahre mit großer Freude beging; und als der gekommen war, da befahl er, daß man alle Gefangenen losließ und ins Bad führte. Wie das der Ritter inne ward, erschrak er darüber dermaßen um seiner Frauen willen, und hätte sich das Bad gern erspart, auf daß man seinen Gesellen auch desselben überhoben hätte. Das wollte ihm aber der König nicht gewähren und ließ sie ins Bad führen. Alsbald erkannte man, daß der eine Ritter ein Weib war und nicht ein Mann, und die Mär kam auf der Stelle zum König. Der sandte gleich nach der Frau, die war aber ausnehmend schön, und fragte sie nach allem, wie das gekommen war. Da sagte sie ihm alles; und als der

König das hörte, da dachte er täglich darüber nach, wie er den Ritter töten möchte. Endlich kam er darauf hinaus, daß er den Ritter fangen und an eine Säule in seiner Kammer mit Riemen binden ließ, und legte sich dann vor dessen Augen zu dem Weibe, also daß es der Ritter mitansehen mußte. Nun hatte aber der König einen Topf mit Wein bei sich vor dem Bette stehen, und so es ihm gelüstete, trank er daraus und umarmte danach die Frau. Das sah der Ritter alles wohl. Nun ermahnte der Ritter die Frau, wie er merkte, daß der Heide schlief, bei ihrer Treue, sie solle ihn losmachen. Das schlug sie ihm aber zorniglich mit Worten ab, und der Ritter nahm alles gütlich hin. Nun begab es sich aber, daß beide einschliefen, der Heide und die Frau; da sah der Ritter, wie sich eine giftige Spinne in den Topf hinabsenkte. Des freute sich der Ritter sehr und merkte auf das, was da kommen sollte. Und gleich darauf, wie es Gott wollte, erwachte der Heide, griff nach dem Topfe und trank; und sobald er getrunken hatte, da platzte er und starb eines jämmerlichen Todes. Wie das die Frau ersah, da erzürnte sie sich gar sehr gegen den Ritter, als wenn er daran schuld sei, stand vom Bette auf, nahm des Heiden Schwert und machte sich damit über den Ritter und verwundete ihn gar sehr. Nun kam es aber von ohngefähr, daß sie einen Hieb auf die Riemen tat, mit welchen der Ritter gebunden war, so daß der Ritter frei ward. Darüber freute er sich gar sehr; aber die Frau erschrak, daß sie nicht wußte, was sie beginnen sollte. Da beruhigte sie der Ritter also, daß sie mit ihm von dannen ziehen durfte. Das tat die Frau, und damit kehrte der Ritter tugendsam nach Hause zurück und kam ohne alles Leid aus dem Lande und fuhr heim. Wie aber die Freunde seine Ankunft vernahmen, wurden sie dessen über die Maßen froh und kamen ihm alle entgegen und empfingen ihn und fragten ihn, wie es ihm ergangen wäre. Und als sie alle an dem Tische saßen und aßen und sich seiner und seines Weibes freuten, da sagte er ihnen seine Gefahren auf seinem Abenteuer, gerade wie wenn es einem andern geschehen wäre, und fragte sie darüber, was eine solche wohl wert wäre, die also übel tue an ihrem Manne. Da redete ihrer jeder auf seine Weise, welcher Strafe eine solche verfallen sei. Da sprach er: »Sehet, dieses Abenteuer ist mir widerfahren; deshalb richtet über sie, wie ihr versteht – meinetwegen ist sie sicher.« Da vereinigten sich aber seine Freunde dahin, daß sie sie in ein Gewölbe sperrten und ihr nichts zu essen gaben, bis daß sie Hungers darin starb.

VON EINEM FÖRSTER UND VON SEINEM SOHN, DEN EIN KAISER TÖTEN WOLLTE

Es war einmal ein König, der hieß Hannibal, der ein gewaltiges Reich, aber nur eine Tochter hatte, die ihm gar lieb war. Da geschah es, daß er mit seinen Rittern und seinem Gesinde auf eine Jagd ritt, und es entstand ein großer Nebel in einem finstern Walde, der schied den König von seinem Gesinde, weil er einem Hirsche nachsetzte; und wie der König zu dem Hirsche kam, da fand er weder diesen noch sein Gesinde, denn sie suchten ihren Herrn in einem Teile des Waldes, und er sie im andern. Wie er nun also allein in der Irre war, da nahm die Nacht zu, und dieweil er also herumritt und nicht wußte, wohin er sich wenden sollte, da sah er ein Licht in der Ferne, spornte sein Roß darauf zu und kam an ein Häuslein in dem Walde, klopfte an und bat um Gottes willen um eine Herberge. Es war aber die Nacht gar finster, und der Hausherr, ein Förster, kannte den Herrn nicht und fragte, wer er wäre und wo er hin wolle, und warum er so spät im Walde herumreite. Da antwortete ihm sein Gebieter: »Ich bin ein einzelner Mann und bin durch Zufall in diesem Walde irre gegangen, darum bitte ich dich, daß du mich heute beherbergest.« Da antwortete der Förster und sprach zu ihm: »Gehet in Gottes Namen herein, was ich habe, teile ich gern mit Euch.« Da ging der Herr hinein, und der Wirt empfing von ihm sein Roß, stellte es in einen Stall und deckte den Tisch und setzte ihm auf, daß er genug hatte. Unter andern Reden fragte jener aber den Förster, wer der Herr des Waldes wäre. Da antwortete er ihm: »Mein Herr, der König, ich aber bin sein Diener, und hüte seinen Wald; und das ist meine Hausfrau, die kommt schier nieder.« Da nun nach dem Essen Schlafenszeit war, da bettete er den König in eine Kammer; und im ersten Schlafe hörte der König eine Stimme, die sprach dreimal: »Nimm hin!« Von der Stimme schrak aber der König aus dem Schlafe auf und sprach: »Was ist das, daß ich höre: nimm hin, und habe doch nichts empfangen?« Da entschlief der König zum andern Male, und es kam eine Stimme und sprach dreimal: »Gib wieder!« Er erschrak aber und sprach: »Was ist das? Zum ersten hörte ich: nimm hin, und bekam doch nichts, und nun höre ich: gib wieder, ob ich gleich nichts empfangen habe.« Und er entschlief zum dritten Male, und derweile bekam die Försterin gar ein schönes Kind, ein Knäblein. Zum dritten Male drang aber eine Stimme zu ihm und sprach dreimal: »Fliehe! In dieser Nacht ist ein König geboren worden, der nach dir regieren wird.« Wie das der König hörte, da schüttelte ein Grausen alle seine Glieder, und er sprach zu sich: ›Was ist das, daß ich höre: fliehe? Wo soll ich hinfliehen oder warum?‹ Und da er also bei sich dachte, hörte er die Stimme des neugeborenen Kindes und merkte, daß es ein männliches Kind war, und dachte bei sich nach und sprach: ›Ich glaube nicht, daß das Kind nach mir regieren wird, und solange ich lebe, will ich schon Einhalt tun, daß dem nicht so geschieht.‹ Wie nun der Morgen kam, da setzte er sich auf sein Roß und rief den Förster zu sich und sprach: »Lieber, ich muß dir sagen, daß ich der Kaiser, dein Herr bin.« Wie das der Förster vernahm, da erschrak er sehr, so daß er zur Erde fiel, und bat ihn um Gnade, daß er ihm vergäbe, so er ihn in der Nacht beleidigt hätte. Da sprach der Kaiser: »Fürchte dich nicht! Ich danke dir, daß du mir in der Not durch eine Herberge zu Hilfe gekommen bist, sondern sage mir vielmehr, ob deine Hausfrau heute nacht ein Kind bekommen hat.« Da antwortete der ihm und sprach: »Herr, wohl hat sie ein männliches Kindlein zur Welt gebracht.« Und der König sagte zu ihm: »Zeige mir das Kindlein!« Und als jener ihm das Kind gezeigt hatte, da sah der König das Kind gar fleißig an und erblickte an seiner Stirn ein Zeichen, das er sich wohl merkte, und sprach zu dem Förster: »Das Kind will ich mir aufziehen und zum Sohne annehmen; nach fünf Wochen werde ich nach ihm senden.« Da sprach der Förster: »Herr, ich bin des nicht würdig, daß Ihr mein Kind erzieht; allein Gott vergelte es Euch, daß Ihr Euch also demütigt.« Also kam des Königs Gesinde und begleitete ihn in seinen Palast. Nach einem Monat aber rief der König drei seiner geheimsten Diener herbei und sprach: »Bei dem Eide, den ihr mir geschworen habt, reitet hin zu dem Förster im Walde, wo ich einst auf der Jagd übernachtet, und bringt mir das Kindlein, dessen seine Frau in der Nacht, da ich da war, genas, und wenn ihr das Kind dann fest habt, so tötet es still und heimlich, daß solches niemand gewahr werde, und bringt mir sein Herz her und unterlasset das nicht bei eurem Leben.« Da sprachen die Diener: »Herr, Euer Wille soll erfüllt werden.« Und alsbald ritten sie zu dem Förster in den Wald und baten ihn um das Kindlein, sie wollten es dem Kaiser bringen, auf daß es allda erzogen werde. Der Förster aber tat wie ein einfältiger und unschuldiger Mann und überantwortete ihnen sein Kindlein. Sie ritten aber danach durch den Wald und redeten also zusammen: »Hier ist eine passende Stelle, das Kind nach des Kaisers Gebot zu töten.« Alsbald setzten sie das Kind auf die Erde und sahen es ernstiglich an; und es sprach einer zum andern: »O weh, was für eine Sünde wäre es, das Kind zu töten, welches also schön und unschuldig ist.« Und sie sprachen alsdann alle zusammen, daß es große Sünde sei: »Also wollen wir uns wohl bedenken, wie wir das Kind am Leben erhalten und es bei dem Kaiser verantworten mögen, daß wir recht getan haben.« Da antwortete ihrer einer und sprach: »Liebe Gesellen, hier im Walde sind viele junge Schweinlein, von denen töten wir eins und bringen sein Herz dem Kaiser, und wir sprechen, das sei des Kindes Herz, und also werden wir verschont, und auch das Kind stirbt unsertwegen nicht.« Da sprachen die andern Gesellen: »Der Rat gefällt uns gar wohl; laßt uns aber einander schwören, daß keiner solches verrate.« Das geschah also; und hierauf legten sie das Kind in einen hohlen Baum, und das Ferkelherz brachten sie dem Kaiser. Der nahm aber das Herz und warf es ins Feuer und sprach: »Gebt acht, ob der nach mir regieren wird; sehet zu, was ihn nun vorwärtsbringen und wozu ihm sein Traum frommen mag!« Am andern Tage aber, da das Kind in den Baum gelegt worden war, da ritt ein Graf namens Leupold auf der Jagd in diesen Wald, in welchem das Kind war, und ein Hirsch sprang auf und lief gerade nach dem Baume zu, in welchem das Kind lag, und es folgten ihm viele Hunde nach. Wie die aber das Winseln des Kindes in dem Baume hörten, da standen sie und bellten den Baum an und kümmerten sich weiter nicht mehr um den Hirsch. Wie das der Graf Leupold sah, so wunderte ihn das, und er ritt mit den Seinigen zu dem Baume; und sie lauschten dem Klagen des Kindes und sahen es eingewickelt in ein Tüchlein, und er sprach zu einem seiner Diener: »Machet schnell und bringt mir das Kind!« Der Graf aber nahm das Kind in seinen Schoß und brachte es mit nach Hause. Es hatte aber der Graf kein Kind von seiner Frau und sprach also zu ihr: »Liebe Frau, wir wollen zu unsern Leuten sprechen, daß das Kind unser sei; ich hoffe, wir werden Freude daran erleben.« Da antwortete sie: »Herr, das gefällt mir gar wohl.« In wenig Tagen war aber der Ruf in allen Landen erschollen, die Gräfin habe ein Kind bekommen; des freuten sich gar manche der Ihrigen. Das Kind aber wuchs heran, und alle hatten es lieb; als es aber sieben Jahre vollendet hatte, da ward es bis zum zwanzigsten Jahre in die Schule geschickt. Danach hieß der obengenannte Kaiser einen Hof zusammenrufen, und es wurde dazu geladen edel und unedel, reich und arm; dahin kam auch der Graf Leupold, und dem diente der Knabe wie sein eigner. Nun sah aber der Kaiser den Knaben gar scharf und fleißig an und erblickte an ihm das Zeichen an der Stirn, das er sich in dem Hause gemerkt hatte, wo er geboren war, und erkannte das Zeichen gar wohl. Er sprach aber nach Tische also zum Grafen: »Lieber Graf Leupold, wessen Sohn ist der Jüngling, der vor uns da aufwartet?« Da antwortete ihm der Graf: »Herr, es ist mein Sohn, den mir mein Weib geboren hat.« Der Kaiser aber sprach wiederum: »Saget mir bei Eurem Eid die Wahrheit«; und der Graf sagte: »Wollet Ihr einmal daran zweifeln, ich weiß selbst nicht, wessen Sohn er ist.« Der Kaiser aber sprach: »Wie ist er zu dir gekommen, oder von wem?« Da antwortete ihm der Herzog: »Herr, es sind nun zwanzig Jahre, daß ich im Walde jagte und zufällig in einem Baume ein Kind fand, das in Tücher gewikkelt war.« Der Kaiser aber hörte die Rede mit an und rief heimlich diejenigen zu sich, welche er zu dem Förster nach dem Kinde gesendet hatte, und sprach: »Ihr Lieben, gedenkt ihr noch der Zeit, da ich euch hin zu dem Förster in den Wald nach seinem Sohne sandte? Nun saget mir die Wahrheit bei eurem Leben: wie erging es euch mit dem Kinde?« Da antworteten sie und sprachen: »Herr, wir übten Barmherzigkeit mit dem Kinde, dieweil wir uns der Sünde fürchteten, und töteten an seiner Statt ein kleines Schwein, deren viele da waren, und brachten Euch sein Herz, und das Kind legten wir in den hohlen Baum.« Da sprach der Kaiser: »Das ist der, welcher nach mir Kaiser werden und regieren soll. Aber wohl vermag ich mich dem entgegenzustellen und ihn zum Tode zu bringen.« Er sprach aber zu dem Grafen: »Das Kind soll bei uns am Hofe bleiben.« Der Kaiser aber dachte von Tag zu Tag darüber nach, wie er das Kind zu Tode brächte und es vertilgte. Nun war aber die Kaiserin mit ihrer Tochter in einem andern Lande fern von dem Kaiser; der rief also den Jüngling zu sich und sprach: »Mein Sohn, du mußt zur Kaiserin reiten und ihr einen Brief von mir bringen, denn ich habe lange Zeit von ihr und meiner Tochter nichts gehört.« Der Jüngling sprach: »Herr, ich bin bereit, Euer Gebot zu erfüllen.« Und alsbald rief jener seiner Schreiber einen und befahl ihm, folgenden Brief zu schreiben: »Frau, sobald Ihr diesen Brief erblickt und ihn leset, bei Eurem Leben, unterlasset dann nicht, was Ihr jetzo vernehmt, sondern vertilgt alsbald den Boten, der Euch diesen Brief übergibt, mit einem bösen Tode; verschiebt es aber nicht bis auf den dritten Tag, sondern erfüllt mein Gebot, denn so Ihr das nicht tut, so müßt Ihr für ihn sterben.« Er versiegelte hierauf den Brief mit seinem besonderen Insiegel und überantwortete den Brief dem Jünglinge, auf daß er sich auf den Weg mache. Der Jüngling übernahm die Botschaft gar fleißiglich und begab sich auf den Weg. Er ritt aber schon drei Tage lang, und am dritten Tage kam er zu einem Ritter, gar müde von dem weiten Weg. Der Ritter aber nahm den Jüngling gut auf, weil er des Kaisers Bote und ein schöner, wohlgestalteter Knabe war, und gab ihm zu essen und zu trinken; und nach dem Essen hieß er ihn ausruhen und schlafen gehen, weil er wohl sah, daß er müde war. Der Jüngling aber ward in ein Schlafgemach geführt, legte sich nieder und entschlief alsbald vor Müdigkeit. Der Ritter wollte nun sehen, wie er gebettet sei, und er erblickte die Brieftasche und nahm den Brief heraus und las die Aufschrift und sah, daß er mit des Kaisers Insiegel versiegelt und an die Kaiserin gerichtet war. Da begann er nachzudenken und zu überlegen, ob er den Brief aufbräche und sähe, was in dem Briefe geschrieben stände. Der Ritter aber brach den Brief geschickt auf, weil das Insiegel dick aufgedrückt war, und las darin und fand, daß es auf den Tod des Jünglings abgesehen war und daß man ihn töten solle, sobald man den Brief sähe und gelesen habe; des war der Ritter sehr betrübt, daß der Knabe seinen Tod in dem Briefe mit sich führe, und dachte bei sich, was das für eine große Sünde wäre, daß man einen so jungen und wohlgezogenen Knaben also in den Tod sende. Indessen das geschieht nicht wider Gottes Willen, und er hieß alsbald einen andern Brief schreiben, dergestalt: »Liebe Frau und meine Kaiserin, ich befehle dir bei Todestrafe, daß du den Boten, der dir diesen Brief gibt, mit Freuden aufnimmst und unsere eingeborene liebe Tochter ihm binnen drei Tagen zu seiner Hausfrau gibst, alle Edelleute und Ritter und Knechte zur Hochzeit ladest und sie herrlich und löblich begehest, so gut du kannst; tuest du aber das nicht, so lasse ich dich eines bittern Todes sterben.« Hierauf schloß der Ritter den Brief und hing das nämliche Siegel wieder an ihn, so daß man es nicht merken konnte, und steckte ihn wieder in die Brieftasche. Hierauf weckte er den Jüngling, und es blieb der Knabe über Nacht bei dem Ritter. Wie aber der Morgen kam, segnete er den Ritter, nahm Urlaub und ritt seines Weges. Als er aber zur Kaiserin kam, da ward er schön und wohl empfangen und grüßte sie vom Kaiser und überantwortete ihr den Brief. Als aber die Frau den Brief gelesen hatte und ihn begriffen, da küßte sie den Boten und sprach zu ihm: »Sei willkommen, mein liebes Kind, ich will meines lieben Herrn Gebot gern erfüllen.« Alsbald ließ sie alle ihre Leute zu sich laden, Edelleute und Bürger, die in ihrem Lande waren, sie sollten sämtlich an diesem Tage zur Kaiserin zur Hochzeit ihrer Tochter und ihres Eidams kommen. Alle aber, die das hörten, kamen an dem Tage zur Kaiserin, und zwischen der Jungfrau und dem Jünglinge ward eine große eheliche Heirat angestellt und begangen. Nach der Hochzeit wurden aber den jungen Brautleuten große Gaben und Kleinodien verehrt, und damit fuhren sie alle wieder heim; der Jüngling aber blieb bei seiner Frau und bei der Kaiserin. Und es kam danach der Kaiser schier zu der Kaiserin und hörte schon vorher, wie schön seine Frau die Hochzeit ausgerichtet hätte; das tat ihm aber sehr leid, und er wunderte sich darüber. Und als die Kaiserin vernahm, daß ihr Herr, der Kaiser, in der Nähe sei, da sprach sie zu ihrem Eidam: »Mein Sohn, du mußt deinem Herrn, dem Kaiser, und deinem Schwiegervater entgegenreiten.« Da antwortete der und sprach: »Frau, ich bin bereit zu tun, was Ihr mir gebietet.« Also ritten sie miteinander. Und da sie dem Kaiser begegneten, da empfing die Frau ihren Herrn, und der Herr küßte die Frau und umfing sie; als er aber den Knaben erblickte, da erschrak er gar sehr und ward betrübt und sprach zu der Frau: »Ihr seid ein Kind des Todes.« Da antwortete sie und sprach: »Herr, ich bitte um Eure Gnade; was habe ich wider Euch getan oder wie habe ich den Tod verdient?« Da antwortete der Kaiser: »Frau, ich habe dir bei Todesstrafe geboten und befohlen in meinem Briefe, daß du den Jüngling binnen drei Tagen, sobald du den Brief gesehen, töten sollest. Warum bist du meinem Briefe und Gebote nicht gehorsam gewesen?« Da antwortete die Frau: »Herr, ich habe den Brief noch, den Ihr mir gesendet habt; nach dem habe ich getan und anders nicht, da er besagt, daß ich bei deiner Huld und bei meinem Leben dem Jüngling unsere Tochter geben solle.« »Ist das schon geschehen?« sprach der Kaiser; die Frau antwortete: »Ja, Herr, sie schlafen alle Nächte beieinander.« Da sprach der Kaiser: »Frau, jetzt zeige mir den Brief, den ich dir gesandt habe.« Und wie der Kaiser den Brief gelesen hatte und sein Insiegel daran sah, sprach er: »Oh, eine wie große Torheit ist es von uns, wenn wir etwas anders ordnen wollen, denn Gott beschlossen hat; es geschieht doch.« Und alsogleich küßte er den Jüngling aus Liebe und nahm ihn zu seinem Sohne an; der Jüngling aber ward nach dem Tode seines Schwiegervaters Kaiser und lebte löblich nach der Gerechtigkeit.

VON EINEM SCHWARZEN ROSSE

Es war einst ein Mann zu Rom gewaltig, der hieß Antiochus, und war in denselbigen Zeiten auch ein Ritter, der Leontius hieß. Derselbige Ritter hatte aber ein kleines Gütchen nahe bei der Besitzung des vorhin genannten Römers, welches sein Gebieter gern gehabt hätte. Nun dachte der immer darüber nach, wie er dem Ritter sein Land abgewänne und Herr desselben würde, und rief den Ritter zu sich und sprach mit ihm und sagte: »Gehe hin, verschaffe mir ein schwarzes Roß, einen schwarzen Hund, einen schwarzen Falken und ein schwarzes Jagdhorn, also daß ich heute über acht Tage alles in meinen Händen habe; tust du das nicht, so hast du dein Land verloren.« Wie das der Ritter vernahm, da ward er gar traurig, denn er wußte nicht, wo er das hernehmen sollte, und kam heim zu seiner Hausfrau, die Unsere liebe Frau gar lieb hatte. Die sprach zu ihm: »Gehe hin zu dem ersten besten Priester und beichte, und wenn du selbiges getan hast, dann bleib bei einer Messe, und Gott wird dir seine Hilfe verleihen.« Der Ritter aber beichtete alles lauter und rein, und damit ritt er durch den Wald traurig hin und her; zuletzt kam er an einen Graben, an dem sah er einen Mann sitzen, der einen Stab in der Hand hielt. Derselbige alte Mann aber sprach zu ihm: »Mein Lieber, von wannen kommst du oder wo willst du hin?« Da antwortete er: »Herr, ich komme aus der Kirche, und wo ich hin will, das weiß ich gar nicht.« Da sprach der alte Mann zu ihm: »Nimm diesen Stab und folge diesem Wege hier, kehre dich aber weder zur rechten noch zur linken Seite, da wirst du von ferne eine Feste erblicken, die gar schwarz aussieht, und wenn du dahin kommst, so gebiete den Leuten daselbst von meiner Seite, daß man dir gebe, was du bittest, und sprich also: ›Der des Stabes Herr ist, der gebeut, daß man mir gebe ein schwarzes Roß, einen schwarzen Hund, einen schwarzen Falken und ein schwarzes Jagdhorn.‹ Und wenn du das alles hast, so gehe nicht hinauf, wenn sie dich auch hinauf laden, und blase auch nicht auf dem Horne, lasse auch den Hund nicht laufen, noch den Falken fliegen, sondern bringe alles zusammen deinem Herrn und überantworte mir meinen Stab wieder, wenn ich dich darum bitte.« Der Ritter nahm den Stab und ging drei Tage lang; am dritten Tage sah er aber eine schwarze Burg in der Ferne. Wie er nun in die Nähe derselben kam, da begegneten ihm vier Wappner, wohl gewaffnet, und sprachen zu ihm: »Herr, wohl bekomme es dir! Gehe in die Feste hinauf und lasse dir eine Mahlzeit gefallen.« Der aber antwortete: »Mitnichten, ich komme nicht in das Haus; allein der Herr dieses Stabes gebeut, daß ihr mir ein schwarzes Roß, einen schwarzen Hund, einen schwarzen Falken und ein schwarzes Jagdhorn gebet.« Da antworteten sie: »Wir müssen dem Herrn untertänig sein«, und sie gaben ihm alsogleich das, was er gebeten hatte, und sprachen zu dem Ritter: »Es wird dir gut sein, wenn du dich auf das Roß setzest und in das Horn stößest.« Da antwortete der Ritter: »Das tue ich nicht.« Hierauf nahm er das Roß und den Hund an eine Hand, den Falken an die andere, das Horn aber um den Hals und kam also zu dem alten Manne gegangen und gab ihm seinen Stab wieder und dankte ihm; der alte Mann aber verschwand aus seinen Augen. Nachdem ging aber der Ritter zu dem König und gab ihm das alles zusammen, was er von dem Ritter gefordert hatte. Wie aber der König hörte, daß der Ritter gekommen sei und ihm das alles gebracht habe, da freute er sich sehr; und da er also dasaß, da hörte er die Hunde bellen, und er fragte, was das wäre. Da antworteten sie ihm und sprachen: »Herr, es ist ein Hirsch, dem jagen die Hunde nach.« Da sprach der König: »Führt mir mein schwarzes Roß her, daß ich mich daraufsetze, und den schwarzen Hund, und auch den schwarzen Falken setzet auf meinen Arm, und das schwarze Horn hängt mir um den Hals.« Wie er aber den Hirsch ersah, blies er in das Horn und sprengte mit dem Rosse davon, und der Hund jagte ihm nach. Der Hirsch aber lief geraden Weges in die Hölle; der Hund mitsamt seinem Herrn, der den Falken trug und das Horn am Halse hatte, die jagten dem Hirsche nach in die Hölle hinein, und danach wurden sie nimmermehr gesehen ewiglich.

VON DER UNTREUE EINER KAISERIN

Es nahm einst ein Kaiser, der bereits hoch bejahrt war, aus törichtem Unverstande ein junges Weib, welches einen heimlichen Liebeshandel mit einem jungen Ritter unterhielt. Nun beschloß er einen Zug ins Gelobte Land zu tun, reiste zur Stunde dahin ab und ließ sein Königreich in der Obhut der Kaiserin und seiner Edeln. Es hatte aber der Schiffskapitän, bei welchem er sich eingeschifft hatte, bereits eine reichliche Belohnung in der Absicht erhalten, daß er den unglücklichen Kaiser in das Meer werfen sollte, und kehrte nach vollbrachter Tat mit der Nachricht von dessen Tode nach Hause zurück, worüber die gottlose Kaiserin nicht geringe Freude empfand. Allein der alte Monarch, der noch von seinen jungen Jahren her ein guter Schwimmer war, hatte glücklich ein Eiland erreicht, welches er aber nur von wilden Bestien bewohnt fand. Am dritten Tage nach seiner Ankunft sah er in einem Gehölze einen jungen Löwen mit einem starken und fürchterlichen Leoparden kämpfen, und aus Mitleid für den Löwen, der beinahe schon überwältigt war, zog er sein Schwert und tötete den Leoparden. Der dankbare Löwe blieb von Stund an bei ihm und brachte ihm jeden Tag einige Tiere zur Speise, welche er gejagt hatte, die sich der Kaiser vermittelst eines Feuers, welches anzumachen ihm geglückt war, zurichtete. Darüber war einige Zeit hingegangen, als er eines Tages am Gestade des Meeres spazieren ging und ein Schiff gewahr wurde, welchem er alsbald ein Notzeichen machte, das man auch an Bord bemerkte, und ihn daselbst aufnahm. Alsbald tauchte der getreue Löwe hinter ihm in das Meer, schwamm an der Seite des Schiffes nebenher, bis ihn einige Matrosen, welche bemerkten, wie er von Müdigkeit erschöpft und dem Sinken nahe war, ins Schiff hinaufzogen. Bei des Kaisers Ankunft in seinem Königreiche belohnte er den Schiffskapitän reichlich und begab sich in Begleitung des Löwen in seinen Palast. Als er aber da ankam, vernahm er den Schall von musikalischen Instrumenten und wurde auch andere Freudenbezeigungen gewahr. Auf sein Befragen erfuhr er, daß sich die Kaiserin eben vermählt habe und seine Untertanen nicht anders meinten, als daß er auf einer Reise nach dem Heiligen Grabe umgekommen sei. Er wendete sich also an einen der Palastdiener und bat ihn, dem Kaiser zu melden, es sei ein Minstrel angekommen, und lasse ihn ersuchen, er möge ihm gestatten, durch die Künste seines Löwen ihm eine Unterhaltung zu bereiten. Alsbald erhielt er den Befehl, vor dem neuen Monarchen zu erscheinen; allein kaum hatte ihn der Löwe erblickt, als er ihn auch schon in Stücke riß und gleich darauf auch die Kaiserin. Alle die Edeln aber erstaunten über dieses Schauspiel und wollten sich schon auf die Flucht begeben, als sich der Kaiser entdeckte und sie bat, ihre Furcht abzulegen, da die göttliche Rache erfüllt sei. Hierauf erzählte er ihnen seine Schicksale und faßte die Zügel der Herrschaft wieder.

DIE PRINZESSIN

Es war einmal in Rom ein mächtiger Kaiser, der hatte des Königs von Jerusalem Tochter zur Frau genommen, eine gar feine Dame, die allen, die sie sahen, gar liebreizend erschien; allein sie lebte schon lange Zeit mit dem Kaiser, ohne daß sie ihm ein Kind gebar. Darum waren die Edeln des Reichs gar sorgenvoll, weil ihr Herr keinen Erben hatte, seine Person zu beschützen. Nun begab es sich einmal, daß dieser Anselmus nach dem Abendessen am späten Abend in seinem Garten spazieren ging und selbst darüber nachsann, wie er keinen Erben hätte und der König von Apulien ihn beständig bekriegte, und er nicht einmal einen Sohn besäße, das Land in seiner Abwesenheit zu verteidigen; das machte ihm sehr viel Sorgen, und er ging in sein Kämmerlein und schlief alsbald ein. Da kam es ihm vor, als sähe er ein Gesicht im Schlafe, wie der Morgen heller wäre als gewöhnlich, und der Mond an einer Seite blasser sei als an der andern. Und nachher sah er einen zweifarbigen Vogel, und bei diesem Vogel standen zwei Tiere, welche diesen kleinen Vogel mit ihrem heißen Atem sättigten, und hinter ihnen kamen noch mehrere Tiere; und wie sie ihre Brust an den Vogel gelegt hatten, gingen sie ihres Weges. Dann kamen noch andere Vögel, die süß und lieblich sangen, worüber aber der Kaiser aufwachte. In der Frühe des andern Morgens überdachte Anselmus sein Traumgesicht und wunderte sich, was es bedeuten möge. Darum berief er die Philosophen und Stände seines Reichs zu sich und teilte ihnen seinen Traum mit, und befahl ihnen bei Leibesstrafe, ihm die Bedeutung desselben anzugeben; wer ihm aber eine richtige Deutung desselben geben könne, dem verhieß er eine gute Belohnung. Da sagten sie: »Teuerer Herr, teilet uns Euren Traum mit, und wir wollen Euch sodann verkünden, was er bedeutet.« Also erzählte ihnen der Kaiser denselben vom Anfang bis ans Ende, wie oben geschrieben steht. Wie das die Philosophen gehört hatten, da antworteten sie ihm frohen Mutes und sprachen: »Herr, das Traumgesicht, welches Ihr geschaut hattet, bedeutet Gutes für das Land. Ihr sollt erfahren, was es ist. Der Mond, der auf der einen Seite blasser ist denn auf der andern, bedeutet die Kaiserin, die durch die Empfängnis eines Sohnes, den sie von Euch bekommen, einen Teil ihrer Farbe eingebüßt hat. Der kleine Vogel bedeutet den Sohn, den sie gebären soll. Die zwei Tiere, welche diesen Vogel füttern, darunter sind die weisen und reichen Männer dieses Landes zu verstehen, denen Euer Sohn gehorsamen soll. Die anderen Tiere aber, welche mit ihrer Brust diesen Vogel umringen, bedeuten viele andere Nationen, welche ihm ihre Huldigung darbringen sollen. Die Vögel aber, welche so süß den kleinen Vogel ansangen, bedeuten die Römer, welche sich über die Geburt desselben freuen und singen werden. Das ist die richtige und wahrhaftige Deutung Eures Traumes.« Wie das der Kaiser gehört hatte, da war er gar sehr erfreut, und bald darauf kam die Kaiserin danieder und ward von einem Sohn entbunden, bei dessen Geburt gar große und wundervolle Freude herrschte. Wie das der König von Apulien hörte, dachte er also bei sich: ›Wahrlich, ich habe mein Lebtage gegen den Kaiser Krieg geführt, und nun hat er einen Sohn: Wenn der das Mannesalter erreicht haben wird, da wird er die Unbilden rächen, die ich seinem Vater zugefügt habe; darum dürfte es besser sein, hin zum Kaiser zu senden und ihn um Waffenstillstand und Frieden zu bitten, damit sein Sohn nichts wider mich haben kann, wenn er das männliche Alter erreicht haben wird.‹ Wie er also bei sich gesprochen hatte, schrieb er an den Kaiser und bat ihn um Frieden. Wie aber der Kaiser sah, daß ihm der König von Apulien mehr aus Furcht denn aus wahrer Zuneigung geschrieben hatte, schrieb er ihm wieder, daß, so er ihm gute und hinreichende Sicherheit für die Erhaltung des Friedens geben wolle und sich verbindlich mache, ihm sein Lebtage Dienst und Huldigung zu weihen, er geneigt sei, ihm Frieden zu gewähren. Wie der König den Inhalt des kaiserlichen Schreibens gelesen hatte, berief er seinen Rat zusammen und forderte ihn auf, ihm bezüglich hierauf so gut als möglich zu raten. Die aber sagten ihm: »Es dürfte gut sein, dem Willen und Befehlen des Kaisers in allen Dingen nachzukommen. Fürs erste, daß er wünscht, von Euch Sicherheit für den Frieden zu erhalten, müßt Ihr ihm antworten: ›Ich habe eine einzige Tochter, und der Kaiser nur einen Sohn, darum soll eine Heirat zwischen beiden zustande gebracht werden, denn das wird eine ewig dauernde Bürgschaft des Friedens sein.‹ Endlich fordert er noch Huldigung und Tribut, und es wird gut sein, ihm auch hierin zu gewähren.« Also sendete der König seine Boten an den Kaiser und ließ ihm sagen, er wolle seine Wünsche in allen Dingen erfüllen, so es seiner Hoheit gefalle, daß sein Sohn und des Königs Tochter miteinander verheiratet würden. Alles das gefiel dem Kaiser wohl, und er sendete ihm die Antwort zurück, daß, wenn seine Tochter eine reine Jungfrau geblieben sei von ihrer Geburt bis auf diesen Tag, so wolle er in diese Heirat willigen. Darüber freute sich aber der König sehr, denn seine Tochter war eine reine Jungfrau. Darum, als das schriftliche Schutz- und Trutzbündnis untersiegelt war, rüstete der König ein feines Schiff aus, in welchem er seine Tochter mit vielen edeln Rittern und Damen und großen Schätzen an den Kaiser schickte, um dessen Sohn zu ehelichen. Und als sie nun in die See gestochen waren, gen Rom zu, da erhob sich auf einmal ein so fürchterlicher und erstaunlicher Sturm, daß das Schiff an einem Felsen scheiterte und alle ertranken bis auf die junge Prinzessin, welche ihre Hoffnung und Zuversicht also fest auf Gott gesetzt hatte, daß sie gerettet ward. Wie nun nach drei Stunden das Ungewitter aufhörte, da schwamm die Dame in dem zerbrochenen Schiffe, welches umgestürzt war, fort über die Wellen, als sie auf einmal ein ungeheurer Walfisch verfolgte, bereit, sie und das Schiff zu verschlingen. Allein das junge Fräulein schlug, als die Nacht kam, mit einem Steine Feuer an, wodurch das Schiff gänzlich erleuchtet ward, und danach wagte sich der Walfisch aus Furcht vor dem Lichte nicht an dasselbe. Als aber der Hahn zu krähen anfing, da war die Prinzessin so ermüdet von dem greulichen Ungewitter und Seesturm, daß sie einschlief, und nach einer kleinen Weile löschte das Feuer aus. Da kam der Walfisch und verschlang die Jungfrau. Wie sie aber aufwachte und sich im Walfischbauche eingeschluckt fand, da schlug sie Feuer an und verwundete mit einem Messer den Walfisch an vielen Stellen, der, als er sich verwundet fühlte, nach der Gewohnheit dieser Tiere dem Lande zuzuschwimmen begann. Es lebte aber zur selbigen Zeit in der Nähe der Küste ein edler Graf namens Pirris, der gerade zu seiner Erholung am Meeresufer lustwandelte. Der sah, wie der Walfisch ans Land kam, kehrte schnell nach Hause zurück und versammelte eine große Menge Männer und Weiber, begab sich hierauf wieder an den Ort und kämpfte mit dem Walfisch, verwundete ihn sehr gefährlich, und als er ihn getötet hatte, da schrie das Mägdlein in seinem Bauche mit lauter Stimme und sprach: »O ihr edlen Freunde, habt Erbarmen und Mitleid mit mir, denn ich bin eine Königstochter und eine reine Jungfrau geblieben vom Tage meiner Geburt an bis auf den heutigen.« Wie das der Graf hörte, da wunderte er sich sehr, öffnete die Seite des Walfisches und fand darin die junge Prinzessin und nahm sie heraus; und wie sie in Freiheit gesetzt worden war, da erzählte sie ihm, wessen Tochter sie sei und wie sie all ihr Gut im Meere verloren, und daß sie an eines Kaisers Sohn verheiratet werden sollte. Wie das der Graf gehört hatte, da ward er sehr vergnügt und tröstete sie und behielt sie bei sich, bis sie sich ganz erholt hatte. In derselbigen Zeit aber sendete er Boten an den Kaiser und ließ ihn wissen, auf welche Weise die Königstochter gerettet worden sei. Da war der Kaiser hoch erfreut über ihre Erhaltung, hatte großes Mitleid mit ihr, begab sich selbst zu ihr hin und sprach: »Ach du gutes Mägdlein, aus Liebe zu meinem Sohne hast du vieles Weh erdulden müssen, nichtsdestoweniger will ich dich aber auf die Probe stellen, ob du verdienst, sein Weib zu werden.« Wie er das gesagt hatte, ließ er drei Gefäße vor sie hinstellen. Das erste war von gediegenem Golde gemacht, ringsherum mit kostbaren Edelsteinen besetzt, aber mit Totengebeinen angefüllt, und darauf stand geschrieben: ›Wer mich wählt, findet, was er verdient.‹ Das zweite Gefäß war aus feinem Silber gemacht, aber mit Erde und Würmern gefüllt, und hatte folgende Aufschrift: ›Wer mich wählt, soll finden, was die Natur begehrt.‹ Das dritte Gefäß endlich war von Blei, aber mit kostbaren Steinen gefüllt, darauf stand geschrieben: ›Wer mich wählt, findet, was Gott für ihn bestimmt hat.‹ Diese drei Gefäße zeigte der Kaiser dem Mägdlein und sprach: »Wohlan, liebe Tochter, da sind drei kostbare Gefäße, von denen wähle dir eins. So dieses aber dir und andern Nutzen bringt, dann sollst du meinen Sohn haben; so du aber wählen wirst, was weder dir noch andern frommt, dann sollst du nicht mit ihm verbunden werden.« Wie das das Mägdlein gehört hatte, hob sie ihre Hände gen Himmel auf und sprach: »Mein Herrgott, der du alle Dinge weißt, gewähre mir deine Gnade zu dieser Stunde für meine Wahl, damit ich des Kaisers Sohn bekommen mag.« Und danach beschaute sie das erste, goldene Geschirr, welches auf königliche Weise verziert war, und las die Aufschrift: ›Wer mich wählt, wird finden, was er verdient hat.‹ Da sagte sie: »Obschon dieses Gefäß ganz kostbar und von purem Golde gefertigt ist, so weiß ich doch nicht, was darin ist, darum will ich mir, mein teurer Herr, dieses Gefäß nicht wählen.« Hierauf betrachtete sie das zweite Geschirr, welches von reinem Silber war, und las dessen Inschrift: ›Wer mich wählt, wird finden, was die Natur begehrt.‹ »Wenn ich nun bei mir bedenke, ob ich dieses Gefäß wählen soll, so weiß ich auch nicht, was darin ist; wohl weiß ich aber, daß ich darin finden soll, was die Natur begehrt; nun sehnt sich aber meine Natur nach fleischlicher Lust, und darum will ich dieses Gefäß nicht wählen.« Als sie nun diese zwei Gefäße betrachtet und eine auf sie bezügliche Antwort gegeben hatte, beschaute sie auch das dritte, bleierne Geschirr und las dessen Aufschrift: ›Wer mich wählt, soll finden, was Gott für ihn bestimmt hat.‹ Da dachte sie bei sich selbst: »Dieses Gefäß ist zwar äußerlich weder reich noch kostbar, allein die Aufschrift sagt: ›Wer mich wählt, soll finden, was ihm Gott bestimmt hat.‹ Da nun ohne Zweifel Gott uns nie etwas Böses bestimmt, so werde ich, wenn Gott es will, dieses Gefäß wählen.« Wie das der Kaiser gehört hatte, sprach er also: »O du feines Mägdlein, öffne dieses Gefäß, denn es ist voll köstlicher Edelsteine, und siehe zu, ob du also gut gewählt hast oder nicht.« Wie es aber die junge Prinzessin aufgemacht hatte, da fand sie es angefüllt mit dem feinsten Golde und kostbarsten Steinen, wie ihr der Kaiser gesagt hatte. Danach sagte der Kaiser: »Meine Tochter, weil du also gut gewählt hast, sollst du meinen Sohn heiraten.« Damit bestimmte er ihren Hochzeitstag, und sie wurden mit großem Gepränge vermählt und verblieben in großen Ehren bis an ihr Lebensende.

INHALT